MOEWIG
DOKUMENTATION

Zum Buch

Der Einsatz der Schlachtschiffe auf dem Operationsgebiet Weltmeer während des Zweiten Weltkriegs birgt eine Fülle hochdramatischer Gefechte dieser Giganten der See.
Feindliche U-Boote, Flugzeuge und Schlachtschiffe waren die Gegner jener vier Großkampfschiffe, deren Einsatz und Untergang in diesem Buch von einem Kenner der Kriegshistorie dargestellt werden.

Zum Autor

Franz Kurowski, Journalist und freier Schriftsteller, ist seit 1953 erfolgreich als Buchautor tätig. Viele seiner Dokumentationen sind ins Englische, Französische, Flämische, Portugiesische, Finnische und Niederländische übersetzt worden. In seinem Werk „Unternehmen Paperclip – Alliierte Jagd auf deutsche Wissenschaftler" (Moewig, Bd. 3250/1987) schildert er die technische und geistige Ausplünderung Deutschlands nach dem Zweiten Weltkrieg. In Vorbereitung: „Luftwaffe über Rußland" (Moewig, Bd. 4368).

Franz Kurowski

Giganten auf See

MOEWIG Band Nr. 4365
Verlag Arthur Moewig GmbH, Rastatt

Copyright © 1987 by Arthur Moewig GmbH, Rastatt
Umschlagentwurf und -gestaltung: Franz Wöllzenmüller, München
Verkaufspreis inkl. gesetzl. Mehrwertsteuer
Auslieferung in Österreich:
Pressegroßvertrieb Salzburg, Niederalm 300, A-5081 Anif
Printed in Germany 1987
Druck und Bindung: Ebner Ulm
ISBN 3-8118-4365-6

Inhaltsverzeichnis

Das erste Schlachtschiff sinkt

Der Paukenschlag von Scapa Flow

Die Besatzung von U 47, die nach der ersten Feindfahrt im September 1939 bereits zum Monatsende wieder einsatzbereit war und auf den Befehl zur zweiten Feindfahrt wartete, staunte nicht schlecht, als am 4. Oktober damit begonnen wurde, einen Teil des bereits übernommenen Brennstoffs wieder abzugeben und auch einen Teil der Bordverpflegung wieder zu entladen.

„Da ist etwas am Stock", pflegte Maschinenmaat Scholz immer zu sagen, und das sagte er auch diesmal, und alle waren seiner Ansicht.

Am Freitag, dem 6. Oktober, wurden schließlich die alten Preßlufttorpedos von Bord gegeben und die neuen G7e-Torpedos übernommen, von denen man Wunderdinge erwartete.

Als die Ausladearbeiten gerade in vollem Gange waren, lief U 40 unter Kapitänleutnant Barten, von einer Probefahrt zurückkehrend, eben ein. Als dieses Boot in vielleicht 50 Meter Seitenabstand U 47 passierte, hob Barten die Flüstertüte und rief zu Prien hinüber:

„Prien, alter Junge! Läufst du wieder aus?"

Der Kommandant von U 47 blickte sich um und erkannte den Kameraden.

„Wie du siehst!" rief er zurück und benutzte die Hände als Schalltrichter.

„Sag mal, alter Junge, der Führer der U-Boote wird dich doch nicht etwa nach Scapa Flow schicken wollen?" Das war ein absoluter Volltreffer, und Günther Prien war es mit einem Male, als stehe er bis zum Hals in Eiswasser. Dennoch faßte er sich sofort.

„Leider tut er das nicht, Barten. Vielleicht sprichst du mal mit dem ‚Großen Löwen' darüber. Er hat höchstwahrscheinlich noch gar nicht an diese Möglichkeit gedacht."

„Also schön, Prien, wohin es auch gehen möge, gute Fahrt und reiche Beute!"

Das Boot war vorübergelaufen, und nur Engelbert Endrass, der I. WO des Bootes, hatte bemerkt, daß der Kommandant bei diesem kurzen Zwiegespräch von Erregung gepackt war.

„Wollen wir tatsächlich nach Scapa Flow hinein, Herr Kaleu?" fragte er.

„Unsinn, Endrass! Scapa scheint sich bei euch allen zu einem Komplex auszuwachsen", schloß er diese kritische Unterhaltung, um sofort ablenkend nach Obersteuermann Spahr zu fragen, von dem er genau wußte, daß er auf der Werft war, was ihm der Erste Wachoffizier bestätigte.

„Gut, ich möchte Sie und Spahr heute Abend um 19.00 Uhr auf der ‚Hamburg' in meiner Kammer sprechen."

In seiner Kammer auf dem Wohnschiff ‚Hamburg'
ließ Günther Prien am Abend dieses Tages die beiden
Männer zu sich kommen, von denen es mit abhing, ob
das Boot heil nach Scapa hinein- und wieder herauskommen
würde.

Als die zwei Männer eintraten, hockte Prien vor seiner
Koje, auf die er Seekarten und Luftbildaufnahmen
ausgebreitet hatte. Prien stand auf, schloß die Kammer
hinter den beiden und lehnte sich dann gegen die
Wand.

„Wir gehen 'rein nach Scapa Flow!" sagte er anstelle
einer Begrüßung und blickte die beiden Männer, die als
einzige von der Besatzung nun Bescheid wußten, eindringlich
an. Keiner der beiden zeigte Erregung oder
Furcht, sondern blickte dem Kommandanten fragend
ins Gesicht.

Prien erklärte ihnen, daß er durch den Kirk Sound gehen
werde, weil dies nach seiner Meinung die einzig erfolgversprechende
Einlaufmöglichkeit sei.

„Sehen Sie sich die Aufzeichnungen und Karten an
und sagen Sie mir in 90 Minuten Bescheid, ob die Aufgabe
durchführbar ist. Ich schließe Sie jetzt mit den Unterlagen
ein und komme um 20.30 Uhr zurück."

Als Günther Prien nach Ablauf der 90 Minuten zurückkehrte
und die Kammer öffnete, um einzutreten, ergriff
Obersteuermann Spahr das Wort. Er sagte nur einen
einzigen Satz:

„Bei Stauwasser ist es möglich!"

Endrass fügte hinzu, auch er sei der Überzeugung,
daß sie es schaffen müßten.

„Dann ist alles in Ordnung! Wir laufen übermorgen früh um sechs Uhr aus."

Das war ein Sonntag, genau eine Woche, nachdem Prien zum „Großen Löwen" gerufen und mit dem Plan vertraut gemacht worden war.

Am Morgen des 8. Oktober war U 47 bereit zum Auslaufen. Die Besatzung war schon an Bord gegangen, als Kapitän zur See von Friedeburg sich noch einmal an den Kommandanten wandte:

„Also, Prienchen, wie es auch kommen mag – viele tausend Tonnen sind dir sicher! – Und nun Mast und Schotbruch!"

„Danke Herr Kapitän!"

Ein letzter Händedruck, dann schritt Prien über die schmale Stelling an Bord und enterte auf den Turm. Als er auf der Brücke stand, erscholl seine weittragende Stimme:

„Vor- und Achterleine los! Kleine Fahrt voraus!"

Die Leinen wurden losgeworfen, donnernd sprangen die beiden Diesel an, und U 47 legte ab. Das Boot lief durch den Kaiser-Wilhelm-Kanal in die Nordsee, unternahm südlich von Helgoland seine Tauch- und Trimmversuche und marschierte am 9. Oktober auf dem „Borkumweg" zur Doggerbank. Am Abend des 12. Oktober hatte das Boot den Raum querab zu den Orkneys erreicht.

Am frühen Morgen des 13. Oktober gab es einen Zwischenfall, der um ein Haar das gesamte Unternehmen in Frage gestellt hätte. Kurz nach Mitternacht fiel der Steuerborddiesel aus, weil sich im Schmieröl für den Jumbo Seewasser befunden hatte.

Nur mit dem Backborddiesel laufend, hinkte das Boot weiter. Als Günther Prien kurz nach Mitternacht seine Kammer verließ, ging er zunächst durch das Kugelschott in die Zentrale, nachdem er einen kurzen Blick in die davor liegenden beiden Räume geworfen hatte, in denen der Funk-und Horchraum untergebracht waren.

„Alles klar, Böhm?" fragte er den Zentralemaaten.

„Jawohl, Herr Kaleu!" erwiderte der Stabsmaschinist.

Obersteuermann Spahr stand am Navigationstisch. Wortlos trat Prien heran und blickte ihm über die Schulter. Spahr hatte soeben den erkoppelten Kurs auf die Karte übertragen. Er blickte auf. Die beiden Männer nickten einander zu, und Prien fragte Spahr nach dem Steuerborddiesel.

„Oberleutnant Wessels ist bei Strunk, Herr Kaleu!" erwiderte Spahr.

Prien ging weiter, passierte die Kombüse, in der der Schmutt bei der Vorbereitung des Frühstücks war.

„Wie sieht es mit einem guten Kaffee aus, Walz?" fragte er den Koch.

„In zwei Minuten, Herr Kaleu!" erwiderte der Gefreite. Dann erreichte Prien den Dieselraum, wo soeben Wessels mit Stabsobermaschinist Strunk sprach, der die Reparatur am Steuerborddiesel leitete.

„Wie lange dauert es noch, Wessels?" fragte der Kommandant.

„Nicht mehr lange, Herr Kaleu! – Wann beabsichtigen Sie das Boot auf Grund zu legen?"

„Um 04.30 Uhr", entgegnete Prien.

„Dann werden wir die Reparatur sofort durchführen."

Prien wußte ebensogut wie die gesamte Besatzung, daß ohne den Steuerborddiesel jede Unternehmung undurchführbar war. In diesem Augenblick scholl die Stimme des I. WO durch die Bordsprechverbindung:

„Kommandant bitte auf die Brücke!"

Prien zog in der Zentrale das Ölzeug über, rief sein „aufwärts" in den Turm, damit ihm niemand von oben auf den Kopf stieg und enterte auf. Er nickte dem Rudergänger im Turm zu und glitt dann durch das geöffnete Luk auf den Turm.

„Morgen, Endrass, was liegt an?" fragte er.

„Habe um 01.30 Uhr den Kurs befehlsgemäß geändert, sonst keine besonderen Vorkommnisse!" meldete der I. WO.

Ein gegen den Turm anprallender Brecher ließ grünweiße Gischt über den Turmrand sprühen. Prien zog den Südwester tiefer in die Stirn. So weit er blicken konnte, war die See von gischtendem Schaum übersprüht. Aber die Sicht war inzwischen besser geworden. Durch sein Fernglas suchte der Kommandant die Kimm ab. Er sah einige dunkle Flecke. Das waren die Inseln, die sie um diese Zeit erreichen mußten. Dann ließ er den Kurs auf 130 Grad legen und befahl dem Wachhabenden, die Besatzung um 04.45 Uhr im Bugraum zu versammeln.

Es war Endrass klar, daß der Kommandant dann der gesamten Besatzung das Ziel des Bootes verkünden werde und daß es dann überraschte Gesichter gab.

Auf Priens Anfrage an die Zentrale, wie groß die Wassertiefe hier sei, wurden ihm 90 Meter durchgegeben. Er nickte zufrieden, denn das war die Tauchtiefe, die er gern hatte, um sich auf Grund zu legen und den Tag über in der Sicherheit der See den nächsten Abend und die Dunkelheit abzuwarten.

„Auf Tauchstationen!" befahl er. „Alarmtauchen!" hallte sein Befehl wenig später.

Die Männer der Brückenwache verschwanden im Boot und purzelten wie reife Pflaumen in die Zentrale hinunter, wo Oberleutnant (Ing.) Wessels soeben die Tauchtanks fluten ließ, nachdem er das „Luk ist dicht" des Kommandanten gehört und das Turmluk dichtgedreht hatte.

Leicht vorlastig glitt U 47 hinunter. Das Gehämmer des einen Diesels verstummte, dann sprangen die E-Maschinen an und hummelten ihr Lied. Dazwischen hörten alle das Wasser, das rauschend in die Tauchtanks schoß. Mit geschlossenen Abgasklappen stieß U 47 dem Grund der See entgegen, das Tiefenmanometer zeigte bereits sechzig Meter an, als der LI das Boot in Trimm brachte, indem er auch den achternen Tauchtank fluten ließ. Unmittelbar über Grund fing der LI das Boot ab. Ganz leicht setzte es schließlich auf Grund auf und legte sich nur wenige Grade nach Steuerbord über.

„Boot liegt auf Grund!" meldete Wessels.

„Alle überflüssigen Geräte ausschalten!" befahl der Kommandant und beobachtete die Männer, die durch die Zentrale in den Bugraum gingen, wo derjenige Teil, der dort wohnte, sich bereits aufgestellt hatte.

Genau 04.45 Uhr ging Prien nach vorn. Er trat in den Bugraum ein, und als er stehenblieb und sich räusperte, war es hier so still, daß man die Tropfen des herabfallenden Kondenswassers auf den Flurplatten vernehmen konnte.

„Männer", eröffnete der Kommandant seine knappe Ansprache, „wir laufen heute nacht nach Scapa Flow ein." Gemessen und jedes Wort betonend, nannte Prien das Ziel, um sodann fortzufahren, daß er die Aufgabe nicht für leicht, dennoch aber für durchführbar halte.

Danach befahl er jedem, der nichts mit der Reparatur des Steuerborddiesels zu tun hatte und nicht zur Grundwache gehörte, sich auf die Koje zu legen und zu schlafen.

„Die Wache weckt den Koch um 15.00 Uhr. Um 17.00 Uhr wird gegessen", verkündete er. „Danach wird es für die gesamte Dauer der Unternehmung kein warmes Essen mehr geben, aber für jeden eine Tafel Schokolade und belegte Brote, die auch auf den Stationen gegessen werden dürfen." Nach einigen weiteren knappen Ermahnungen kam Günther Prien zum Schluß:

„Während der Unternehmung herrscht absolute Ruhe! Kein Befehl und keine Meldung dürfen wiederholt werden. – Und nun wird geschlafen. – Gute Nacht!"

Während die wachfreien Besatzungsmitglieder sich auf ihre Kojen legten, ging der Kommandant in seine Kammer und erledigte die üblichen Eintragungen in das Kriegstagebuch des Bootes für diese Feindfahrt und für den vergangenen 12. Oktober. Dann legte sich auch Prien schlafen.

Geraume Zeit vor dem geplanten Auftauchen war Kapitänleutnant Prien wieder auf den Beinen. Sein erster Weg führte in den Dieselraum. Die Arbeit am Steuerbord-Diesel war bereits beendet, und nur Oberleutnant (Ing.) Wessels machte seine Eintragungen in das Maschinentagebuch.

„Wie sieht es aus, Wessels?" fragte Prien.

„Der reparierte Steuerborddiesel wird prächtig laufen, Herr Kaleu!" erwiderte der LI.

„Danke, das war gute Arbeit!"

Prien ging wieder zurück in die Zentrale. Obersteuermann Spahr stand am Navigationspult und rechnete seine Unterlagen noch einmal durch. Scapa Flow war nun auch für den letzten Mann der Besatzung zu einem Begriff geworden.

Um 17.00 Uhr des 13. Okt. 1939 war alles wieder auf Wachstationen, aber zunächst gab es das versprochene warme Essen.

In der Höhle des Löwen

Nach Beendigung der Mahlzeit gingen Zentralemaat Böhm und Obermaschinist Römer in die Zentrale, beziehungsweise in den E-Maschinenraum. Jeder nahm die Sprengladung mit, die anzuschlagen und im Falle der Aufbringung des Bootes durch den Gegner zu zünden war. Im Bugraum führte Torpedomaat Bleeck diese Aufgabe durch. Diese drei Besatzungsmitglieder hatten

17

vom Kommandanten Befehl erhalten, die Sprengladungen zu zünden, sobald alle Mann aus dem Boot waren.

Danach wurden im Bugtorpedoraum zwei Reservetorpedos in ihre Schnell-Ladeposition hinter die Rohre eins und zwei vorgeschafft, hochgehievt und verzurrt, so daß sie in kürzestmöglicher Zeit nachgeladen werden konnten, wenn sich dies als notwendig erweisen sollte.

In der Zwischenzeit hatte Stabsmaschinist Böhm seine Station in der Zentrale wieder eingenommen, Obersteuermann Spahr war erneut mit der Karte von Scapa Flow beschäftigt, und Oberleutnant (Ing.) Wessels stand an der Anzeigentafel, während die Männer am Tiefenruder und an den Entlüftern bereitstanden.

Matrosengefreiter Schmidt saß als Gefechtsrudergänger im Turm, und die Brückenwache hatte sich im Ölzeug in den Turm begeben, um bei Auftauchen des Bootes sofort auf die Brücke entern zu können. Es waren die Bootsmänner Samann und Dzillas und der Ausguck, Gefreiter Hänsel, der II. WO von Varendorff und Oberleutnant zur See Endrass. Als letzter kletterte der Gefreite Smyczek in den Turm und hockte sich auf den Sitz hinter den Torpedorechner.

Der Kommandant stand noch immer im Horchraum, in dem ihm Funkmaat Blank soeben meldete, daß keinerlei Geräusche zu hören seien.

Prien dankte ihm mit einem Nicken, dann ging er in die Zentrale und enterte in den Turm auf.

„Auf Sehrohrtiefe auftauchen!" befahl er, als alles auf Tauchstation gemeldet worden war. Die Pumpen begannen zu arbeiten. Zischend blies die Preßluft die

18

Tauchtanks aus. Die E-Maschinen liefen an, das Boot hob sich vom Grund und stieg mit sanftem Hummeln aufwärts.

„Boot steigt! Sechzig Meter gehen durch!" meldete der LI, um alle zehn Meter erneut zu melden. Dann kam die entscheidende Meldung: „Boot hängt im Sehrohr!"

Günther Prien saß bereits im Sattelsitz des Angriffssehrohrs. „Sehrohr aus!" befahl er. Surrend trieb der Motor das Sehrohr in die Höhe. Durch Pedalbewegungen seiner Füße ließ Günther Prien den Sitz mit dem Sehrohr herumschwenken. Er sah weder vorn noch an Back- und Steuerbord etwas; auch achtern war die Luft rein.

„Erste Seewache sich klarhalten. Auftauchen!"

„Boot ist durch!" meldete Oberleutnant (Ing.) Wessels.

Günther Prien riß das Luk auf und schnellte sich auf den Turm. Ein einziger rascher Rundblick. Die See war leer. Ein Wink und dichtauf folgten ihm die Brückenwächter sowie die beiden Wachoffiziere.

Alle Ausgucks meldeten binnen Sekundenfrist ihre Sektionen frei. Obgleich es schon wieder Nacht sein mußte, war der Himmel seltsam hell gerötet, als sei es kurz vor Sonnenaufgang. Einen Moment dachte der Kommandant daran, daß dies der Widerschein des Rose-Ness-Leuchtfeuers sein könnte, dann verwarf er diesen Gedanken wieder.

„Beide Diesel langsame Fahrt voraus!" befahl er.

Jetzt kam die Stunde der Wahrheit für den Steuerbord-Jumbo. Würde er mitmachen? Er spuckte und rülpste, dann lief er rund wie der Backborddiesel.

U 47 schob sich mit kleiner Fahrt beider Diesel langsam der Küste entgegen. Abermals glitt vor ihnen ein strahlendes Leuchten über den Himmel, das zunächst an den oberen Rändern hellweiß und an den unteren rosa überhaucht erschien. Dann zerlegte sich dieses Licht in alle Spektralfarben.

„Polarlicht!" rief der II. Wachoffizier.

Flackernd stand das Licht über der See und schien den ganzen Himmel in Brand zu setzen. Dann war es auf einmal wieder verschwunden.

„Belüfter einschalten, alle Schotts auf und Bootskörper gut durchlüften!" befahl der Kommandant. Jankend begannen die Luftumwälzer zu arbeiten und trieben den Mief aus dem Boot, um die frische Seeluft mit dichtem Schwall hineinzublasen und den letzten Winkel der Stahlröhre damit zu füllen.

Prien blickte prüfend in den Himmel. Noch war es sehr wolkig. Aber wenn erst der Wind die dichten Wolken zerfetzt und zur Seite geschoben hatte, würde es noch heller werden, und dann war U 47 wie auf einem Präsentierteller zu sehen.

Er stand vor einer Entscheidung, die er sofort fällen mußte. Sie lautete: Angriff oder dessen Verschiebung um 24 Stunden. In 24 Stunden war das Nordlicht sicherlich verschwunden.

Prien wandte sich an seinen I. WO: „Was meinen Sie, Endrass?" fragte er diesen und deutete auf das soeben wieder aufblitzende Polarlicht.

„Das bedeutet für uns gutes Büchsenlicht, Herr Kaleu!" bemerkte der Bayer trocken.

Diese kaltschnäuzige Antwort entschied. Die Unentschlossenheit war plötzlich verschwunden. Prien war nun sicher: Er mußte den Angriff in dieser Nacht starten. Zögern bedeutete Unsicherheit unter die Besatzung streuen, und das brauchte er am wenigsten.

„Beide Maschinen AK voraus!" befahl er.

Mit schneller hämmernden Kolben und lautem Dröhnen trieben die beiden Diesel das Boot jetzt mit fast 17 Knoten Fahrt vorwärts seinem Ziel entgegen. Die Roller klatschten gegen den Turm und stoben als Gischtwolken in die Höhe. Aber der Seegang war schwächer geworden.

„Brücke an Zentrale: Auf das Echolot achten, wegen der Untiefen."

Maschinen-Hauptgefreiter Hölzer, der in der Zentrale am Echolot stand, äugte angestrengt auf dessen Anzeige. Er meldete die Tiefen und jene Distanzen, die das Boot noch Wasser unter dem Kiel hatte.

Obersteuermann Spahr saß im Turm. Er markierte nun die erkoppelten Bootsstandorte auf der Karte und verglich sie mit den durchgegebenen Lotungswerten, die ihm Zentralemaat Böhm in den Turm heraufmeldete.

Hoch über dem Boot tauchten Wolkenballen auf, wurden von der steifen Brise zerrissen und trieben über das Boot hinweg nach Osten.

Als sie voraus das Leuchtfeuer von Rose Ness gewahrten, meldete einer der Wachgänger, Bootsmaat Dzillas, einen kleinen Dampfer, der vor dem Leuchtfeuer dicht unter der Küste aufgetaucht war. Aber diese Meldung konnte durch keinen anderen Mann auf der Brücke bestätigt werden. Dennoch ließ Prien das Boot vorfluten, und das war gut so; denn schließlich sichtete auch Oberleutnant zur See Endrass das Wach- oder Fischerboot.

Mit Alarmtauchen ging es in den Keller; denn wenn U 47 in dieser Phase des Angriffs gesichtet wurde, dann würden binnen weniger Minuten sämtliche Wachstationen an der Küste alarmiert sein und alle Einheiten aus Scapa Flow auslaufen, um den gefährlichen Hai zu stellen.

Und damit wäre der Plan, nach Scapa Flow einzudringen, endgültig geplatzt.

„Luk ist zu!" rief der Kommandant, als er eingestiegen war und das Luk dichtgedreht hatte.

„Fluuuten!" befahl der LI und gab die Tauchtanks in der Reihenfolge an, in der sie geflutet werden sollten. Stark vorlastig, weil der achtere Tauchtank noch nicht geflutet worden war, stieß U 47 in die Tiefe hinunter. Das Gedonner der Diesel verstummte. Die Abgasklappen waren dichtgedreht, und nun begannen die E-Maschinen zu arbeiten.

Prien blickte auf die Uhr in der Zentrale und sah, daß sie 23.07 Uhr anzeigte. Das Boot glitt rasch tiefer, und Wessels versuchte, es schnell wieder in Trimm zu bekommen, indem er auch den achteren Tank fluten ließ. Die Fahrt nach unten wurde gehemmt, dennoch setzte U 47 in etwa 30 Meter Wassertiefe heftig auf Grund auf. Ein Manometer zersplitterte und eine Stopfbuchse machte Wasser. Beides wurde sofort repariert.

Der Hochraum meldete Schraubengeräusche. Es waren diejenigen eines Fischerbootes, die sich ebenso schnell wieder entfernten, wie sie aufgekommen waren.

Der Kommandant ließ das Boot ein zweites Mal auf Sehrohrtiefe gehen, um durch einen erneuten Rundblick einer Überraschung vorzubeugen; denn beim Durchbrechen der Wasseroberfläche mit noch leerem Turm ist ein U-Boot am empfindlichsten. Aber auch diesmal war nichts auf der See zu sehen, und um 23.31 Uhr glitt U 47 an die Wasseroberfläche zurück.

Sie liefen nun direkt auf den Holm Sound zu. Die Umrisse der Küste waren deutlich zu erkennen. Die Wolken fast verschwunden, aber das Polarlicht zuckte nach wie vor mit greller Helle wie ein überdimensionales Elektroschweißgerät auf und erlosch wieder.

An Backbord zeigte sich der steile Küstenumriß von Ronaldsay Island, und dahinter lag der Ward Hill, der die Insel hoch überragte.

Prien suchte durch sein lichtstarkes Fernglas die Küstenumrisse und die Buchten davor ab. Er erblickte das Rose-Ness-Leuchtfeuer. Daneben gleich darauf die etwa 10 Meter hohe Steinbake mit dem Toppkreuz darauf. Das war die Einfahrt.

„Ich habe die Einfahrt in den Holm Sound", berichtete er der Besatzung, die in der Enge der Stahlröhre völlig blind war und auf jeden Bericht wartete, um an den Aktionen wenigstens aus zweiter Hand teilzuhaben.

Prien ließ einen neuen Kurs legen, der sie direkt in den Sound hineinbringen mußte. Als sie herangekommen waren, wurde U 47 vom ständig stärker werdenden Strom erfaßt und vorwärtsgetrieben. Einmal wären sie um ein Haar auf einen kaum aus dem Wasser aufragenden Felsen aufgelaufen. Nur eine schnelle Ruderkorrektur ließ sie noch so eben freikommen.

Matrosengefreiter Schmidt als Gefechtsrudergänger arbeitete mit phänomenalem Reaktionsvermögen auf jeden Zuruf des Kommandanten. Befehl und Ausführung waren eins.

Das Leuchtfeuer von Rose Ness lag nun an Steuerbord querab. U 47 passierte es, und Sekunden darauf richtete Prien sein Fernglas auf einen dunklen niedrigen Fleck.

„Ich habe das Wrack!" bemerkte er beiläufig, als er das Blockschiff erblickte, das quer zur Einfahrt lag.

Die Strömung trieb U 47 genau auf das Blockschiff zu. Dann bemerkte Prien die stählernen Trossen, die sich vom Schiff aus nach Land hinüberzogen und das Wrack in seiner Position festhielten. Aber die beiden anderen Blockschiffe, die nach den Unterlagen und Luftaufnahmen ebenfalls hier liegen mußten, waren noch immer nicht auszumachen.

„Hundertprozentigen Ausguck nach den Sperren halten", schärfte Prien den Wachgängern ein.

Obersteuermann Spahr war in den Turm gekommen und bemerkte in letzter Sekunde, daß das Boot nicht in den Kirk Sound sondern in den Skerry Sound hineinlief. Wenn sie den bisherigen Kurs beibehielten, der immer weniger Wasser unter dem Kiel anzeigte, dann mußten sie gleich auf Dreck laufen.

„Hart Steuerbord legen, Herr Kaleu!" rief er auf die Brücke hinauf. Prien schaltete unverzüglich.

„Hart Steuerbord!" befahl er. Rudergänger Schmidt handelte sofort und drückte den elektrischen Ruderknopf, bis ‚Hart Steuerbord' anlag und er Vollzugsmeldung geben konnte.

Im Bauch des Bootes klammerten sich alle Männer an Geräten und Leitungen fest, als ohne jede Vorwarnung das Hauptrudermanöver ausgeführt wurde. Es krachte und schepperte von dem losen Geschirr, das durcheinanderpolterte. Unterdrückte Flüche wurden laut, ein Mann stieß sich das Schienbein auf und stöhnte unterdrückt.

In der Zentrale des Bootes zählte Hauptgefreiter Hölzer die Wassertiefe aus. Seine Stimme klang ein wenig fremd, als er meldete, daß nur noch 70 Zentimeter Wasser unter dem Kiel waren. Dann knirschte der Kiel des Bootes über Grund.

„Beide AK!" befahl Prien.

Erleichtert stieß Hölzer den Atem aus, als die Wassertiefe zunahm und die drohende Gefahr vorüber war. Auf die hoch aus dem Wasser ragende Insel Mainland zulaufend, ließ Prien eine weitere Ruderkorrektur vornehmen und wieder auf mittlere Fahrtstufe gehen.

Noch immer zuckte das Polarlicht über den Himmel und tauchte die See in grünsilbrige Helligkeit, die auch das Boot umspielte.

„Wir befinden uns im Fahrwasser des Kirk-Sounds!" meldete Obersteuermann Spahr.

„Dieselmaschinen aus! – Beide E-Maschinen einschalten! Beide Halbe Fahrt!"

Das laute Hämmern der auf- und niedersausenden Kolben der beiden Jumbos verstummte, und das leisere Hummeln der E-Maschinen setzte ein, die nun das Boot mit fünf Knoten in der Stunde weiter antrieben.

An Backbord voraus tauchten die drei Wracks auf, die ihnen zeigten, daß sie diesmal auf dem richtigen Kurs lagen. Nach vorn öffnete sich der Kirk Sound mit jedem Meter, den das Boot zurücklegte, weiter. Etwa 300 Meter vor der Steilküste von Mainland ließ der Kommandant Hartruder Backbord legen und auf den neuen Kurs 300 Grad gehen.

Der seit einer halben Stunde bereits nach Scapa Flow hineinlaufende Gezeitenstrom trieb das Boot rasch auf die Blockschiffe zu. Hier, an der engsten Stelle zwischen Mainland und Lamb Holm, lag das letzte Hindernis, das es noch zu überwinden galt. Rasch wurde U 47, vom Strom geschoben, darauf zugetrieben. Eine Ruderkorrektur erfolgte, dann noch eine. Aber der Strom riß das Boot abermals nach Steuerbord und schließlich nach Backbord herum und Schmidt im Turm mußte ununterbrochen korrigieren und Gegenruder halten, um den befohlenen Kurs nicht zu verlieren.

Prien steuerte das Boot jetzt genau auf die Lücke zwischen zwei Wracks zu. Als das Boot bis auf ein paar Dutzend Meter herangekommen war, sah er plötzlich die stählerne Trosse, die jenes Schiff, vor dem sie herlaufen würden, fest mit dem Land verband. Er ließ noch etwas dichter an das Wrack heransteuern, weil dort die mächtige Trosse höher lag. Dann waren sie herangekommen.

„Wahrschau!" brüllte Prien, und alle Männer duckten sich unter das Brückenschanzkleid. Krachend und berstend rumpelten die Kettenglieder der Trosse über den Turm und rissen die Antenne mit. Dann schlugen sie

achtern auf und dröhnten und polterten über das Achterschiff, bis sie hinter dem Heck ins Wasser klatschten.

„Wir sind drin!" sagte Prien nur.

Sie hatten es geschafft.

Das Boot war von dem Wrack und der Trosse freige-
kommen und erreichte die breiteste Stelle des Kirk
Sounds, wo die Strömung wesentlich schwächer wurde
als in der Enge. Als U 47 Kap Howequoy umrundete, sahen sie vor sich das stille Wasser der weiten Bucht von
Scapa Flow. Damit hatten sie auch jene kritische Stelle
überwunden, an der eine Minensperre eingezeichnet und
mit einem Fragezeichen versehen war. Sie näherten sich
nun dem Hauptankerplatz der englischen Flotte. Sie waren in jener Bucht, in der im Sommer 1919 eine Reihe
deutscher Großkampfschiffe von ihren Besatzungen
selbst versenkt worden waren.

Bootsmaat Dzillas gab die erste Sichtmeldung durch.
Sie erwies sich als Windei, wie Endrass bemerkte, und
konnte demzufolge auch nicht bestätigt werden. Langsam lief U 47 durch die Bucht, drehte und glitt mit kleiner Fahrt in einem großen Bogen wieder zurück.

Plötzlich bemerkte Bootsmaat Dzillas abermals einen
schwarzen Fleck. Er zögerte mit der Meldung, dann aber
gab er sich einen Ruck und meldete seine Wahrnehmung
halblaut dem I. WO. Engelbert Endrass schwenkte sein
Fernglas in die angegebene Richtung. Eine Sekunde ver-
ging, noch eine, dann hatte er es:

„Zehn Grad Steuerbord voraus ein Schiff!" meldete er.

Kapitänleutnant Prien richtete sein Glas ebenfalls auf
diese Stelle und bestätigte schließlich:

„Stimmt! Ein dicker Eimer, Entfernung etwa 5000 Meter."

Plötzlich war die Spannung da. Alles schien förmlich zu knistern. Das war die Chance, oder nicht?

Zwei Angriffe – „Royal Oak" sinkt

„U-Boot-Zieloptik auf den Turm!"

Von unten wurde das Gerät heraufgereicht und auf die Zielsäule aufgesetzt. Damit war die Zieloptik automatisch mit dem Torpedorechner verbunden, hinter dem Matrosengefreiter Smyczek im Turm saß.

Engelbert Endrass, als I. WO zugleich auch Torpedo-waffen-Offizier, trat an die Zielsäule heran. Breitbeinig stand er hinter dem Gerät und stellte die Optik nach. Der Schatten wurde größer, in seinen Umrissen erkennbar.

„Sieht aus wie ein Schlachtschiff der Royal Sovereign-Klasse oder auch der Queen-Elizabeth-Klasse", meinte er zögernd.

„Eher Royal Sovereign-Klasse", erwiderte Prien, der sein Fernglas auf diesen aus der Dunkelheit deutlicher hervortretenden Riesen gerichtet hielt.

Leise tauschten sie ihre Eindrücke aus, und dann erklang auch die Stimme des II. WO, Leutnant zur See von Varendorff, dazwischen:

„Ein zweites Schiff hinter dem ersten!" meldete er. Sekunden später sahen alle dieses zweite Schiff, das zu zwei Dritteln von dem vorn liegenden Schiff verdeckt wurde.

28

„Sieht wie die ,Repulse' aus", bemerkte von Varendorff.

Prien blickte auf seine Uhr. Das war seine Gewohnheit, damit er später in das KTB die richtigen Zeiten eintragen konnte. Sie zeigte 55 Minuten des 14. Oktober an.

„Alle Rohre klar zum Überwasserschuß!" befahl er und löste mit diesem Befehl im Bugtorpedoraum hektische Betriebsamkeit aus. Die Mündungsklappen wurden aufgedreht, die Rohre bewässert. Dann meldete Torpedo-Obermechanikermaat Bleeck:

„Rohre eins bis vier klar zum Überwasserschuß!"

Engelbert Endrass, der diese Meldung erhielt, bestätigte sie und gab sie an den Kommandanten weiter.

Prien nannte die einzustellenden Schußwerte, und nachdem er einige Sekunden überlegt hatte, befahl er:

„Wir schießen zwei Zweierfächer, auf jedes Schiff einen."

Der Mann hinter dem Torpedorechner im Turm gab die befohlenen Werte ein, er übernahm alle noch eingehenden Korrekturen, um schließlich den Torpedorechner auf die Torpedos umzuschalten, so daß diese die Schußunterlagen automatisch erhielten.

„Frage Feuererlaubnis?" sagte Endrass.

„Feuer frei", erwiderte der Kommandant.

Der Zielgeber meldete bereits „Hartlage". Aber noch zögerte der Torpedowaffen-Offizier mit der Abgabe des Schusses. Dann hatte er beide Schiffe optimal im Visier.

„Zweierfächer aus Rohr eins und zwei — lllos!"

Zweimal in Sekundenabstand ruckte das Boot nach oben, als die Torpedos ihre Rohre verließen. Mit dumpfem Ploppen hatten die Ausstoßpatronen die Torpedos aus dem Rohr gestoßen, und nun liefen sie mit ihrem Eigenantrieb weiter, dem Ziel entgegen. Die Ausgleichstanks wurden geflutet, um das Boot wieder in Trimm zu bekommen.

Nach einer kurzen Ruderkorrektur erfolgte nunmehr der Befehl für den zweiten Fächerschuß aus den Rohren drei und vier. Doch nur ein Abschuß war zu vernehmen, nur ein Aal flitzte aus dem Rohr und klatschte auf die See herunter, um sein Ziel anzusteuern. Der zweite Aal in Rohr vier verließ das Rohr nicht.

„Was ist los, Bleeck?" fragte Endrass den Torpedochef im Bugraum.

„Rohr vier wahrscheinlich Abfeuerversager, Herr Oberleutnant!" meldete Bleeck Sekunden später.

Leutnant zur See von Varendorff hatte schon beim ersten Fächerschuß die Stoppuhr gedrückt. Er zählte die verrinnenden Sekunden. Dreieinhalb Minuten vergingen in lähmender Langsamkeit. Gleich mußte hier die Hölle los sein, wenn jene 350 Kilogramm Trinitrotoluol, die jeder Torpedo mitführte, an einem der Schiffe hochgingen. Eigentlich hätte es schon längst knallen müssen.

U 47 war inzwischen herumgeglitten, und als von Varendorff meldete, daß die vorausberechnete Laufzeit herum sei, schlug Prien enttäuscht auf das Brückenschanzkleid.

Auf einmal stieg vorn an dem Schiff, das sie als „Repulse" angesprochen hatten, die Treffersäule eines Torpedos in die Höhe. Als die Wassersäule in sich zusammengefallen war, starrten die Männer auf der Brücke von U 47 verblüfft auf das getroffene Schiff, auf dem sich noch immer nichts rührte.

„Hecktorpedo schießen, Endrass!" befahl der Kommandant.

Endrass beugte sich über das Sprachrohr, das ihn mit dem Bug-und Hecktorpedoraum gleichzeitig verband.

„Rohr fünf fertigmachen!"

„Rohr fünf klar!" meldete der Torpedomixer aus dem Hecktorpedoraum.

„Rohr fünf — llos!" Zugleich mit dem Abschuß durch die elektrische Abfeuerung schlug der Torpedomaat noch auf die Handabzugstaste, für den Fall, daß die elektrische Abfeuerung versagen sollte. Das war so üblich auf allen U-Booten und war eine zusätzliche Sicherung, daß die Aale auch zur berechneten Zeit liefen.

Wieder der leichte Ruck, diesmal glitt das Achterschiff in die Höhe und kam wieder in Trimm, als der achtere Ausgleichstank geflutet wurde.

„Noch einmal, Herr Kaleu?" fragte der TWO, als hinter ihnen alles still blieb. Günther Prien brauchte sich nicht erst zu besinnen, für ihn war eines wichtig: daß er einen dicken Pott versenkte, wo er nun schon mal hier in Scapa Flow saß. Und das dicke Kriegsschiff lag achteraus. Sobald sie nachgeladen hatten, würden sie umkehren und ihm den Garaus machen, ganz gleich, was dann auf sie zukam.

„Rohre I und II nachladen. — Ist die Ursache für den Torpedoversager gefunden?" fragte er.

Der Torpedowaffen-Offizier befahl das Nachladen der beiden Rohre, hinter denen die Torpedos bereits geheißt waren und nur noch in die Rohre bugsiert werden brauchten. Sekunden darauf meldete Obermechanikersmaat Bleeck dem TWO:

„Rohr vier — Abfeuergestänge wieder klar!"

„Dann Dreierfächer", meinte Prien lakonisch.

U 47 lief weiter ab, und währenddessen herrschte im Bugraum „Zustand", wie sie das hektische Treiben beim Nachladen nannten. Die in Schnell-Ladestellung bereitliegenden Torpedos wurden unter Anspannung aller Kräfte in einer Rekordzeit von weniger als 20 Minuten nachgeladen. Das war, wie Korvettenkapitän Wessels dem Autor nach dem Kriege berichtete, eine einmalige Leistung der Torpedomixer, die in der Enge der Stahlröhre schufteten.

Noch immer war an Bord der „Royal Oak" — dieses Schlachtschiff war entgegen der Meinung Priens getroffen worden — nicht das Geringste zu erkennen, daß der Treffer die Besatzung aufgeschreckt hätte. Es erschien den Männern auf dem Turm von U 47 einfach unvorstellbar, daß dort noch alles schlief und daß keine Bewacher herankamen, um die Ursache der Explosion zu untersuchen.

U 47 lief weiter auf Südkurs ab und entfernte sich mit jeder Schraubenumdrehung mehr von seinem Ziel. Das Boot näherte sich bereits wieder der Insel Mainland. Erst als Bleeck meldete, daß die beiden Torpedos nachgeladen seien, drehte das Boot wieder auf Angriffskurs, und Prien berichtete den auf ihren Stationen in der Stahlröhre wartenden Männern:

„Boot greift wieder an!"

U 47 lief ein zweites Mal den beiden Zielen entgegen. In den Rohren I, II und IV lagen die drei einsatzklaren Torpedos. Die Ausstoßpatronen waren wieder mit Preßluft gefüllt. Der Umriß der „Royal Oak" wurde größer und größer. Auf dieses Schiff, das vorn lag, wollte Prien nun schießen lassen. Alle drei Torpedos sollten auf dieses vorn liegende Ziel geschossen werden. Würde es diesmal klappen?

„Rohre I, II und IV klar zum Überwasserschuß!"

„Mündungsklappen auf, Rohre gewässert!" meldete Bleeck.

„Sind Sie klar, TWO?"

„Jawohl, Herr Kaleu!" erwiderte Endrass hinter der UZO stehend und durch die Zieloptik auf das Schiff starrend, das mehr und mehr in die Optik einwanderte und größer und größer wurde und schließlich wie ein Berg die ganze Optik ausfüllte. Die Werte wurden durchgegeben. Der Torpedorechner münzte sie in die Schußwerte ein, die zu den Torpedos weitergeleitet wurden.

Als schließlich nur noch ein Ausschnitt der „Royal Oak" durch die Zieloptik gesehen werden konnte, als schon geraume Zeit das stereotype „Hartlage! – Hartlage!" durchgegeben wurde, gab Prien Feuererlaubnis.

„Fächerschuß aus den Rohren I, II und IV – lllos!"

Nacheinander, in einer Sekunde Abstand zueinander, flitzten die Torpedos von der in den Bugraum hineinwölkenden Preßluft ausgestoßen und dann mit eigener Kraft weiterlaufend, aus den Rohren, klatschten auf das Wasser und zogen, in sieben Meter Tiefe eingestellt, ihren Weg zu dem Schlachtschiff hinüber.

Drei scharfe Torpedos liefen mit insgesamt 1050 Kilogramm hochwirksamen Sprengstoffes auf das große Schiff zu. 30 Knoten war ihre Geschwindigkeit, und Lt. z. S. von Varendorff, der die Stoppuhr gedrückt hatte, notierte im Geiste, daß diese drei Schüsse ab 01.13 Uhr gefallen waren.

Mit Hartruderlegen drehte U 47 bereits weg und lief ab. Der Kommandant starrte durch sein Glas auf den Schiffsriesen, dessen Aufbauten klar zu erkennen waren.

„Zeit ist um!" meldete von Varendorff, und Sekunden später stieg an der Vorderkante Brücke des Schlachtschiffes die erste feuerdurchmischte Torpedo-Detonation wie ein Walspout in die Höhe. Wie lange eine Sekunde währen konnte, schoß es Prien durch den Sinn, als er auf den Aufschlag des zweiten Torpedos wartete. Da war er! Die schlanke Wasserpinie des Einschlages stieg an der Achterkante Brücke unter dem Schornstein empor und dann der dritte Wassergeysir, mit roten Flammen durchsprüht vor dem achteren oberen Geschützturm einhauend, hoch emporschnellend und den Geschützturm noch übersteigend.

Nacheinander dröhnten drei Detonationen durch die stille Bucht von Scapa Flow. Der Blick auf die angehaltene Stoppuhr zeigte von Varendorff, daß es 01.16 Uhr war.

Und mit einem Male wurde die Nacht tobsüchtig. Der achtere Treffer löste eine gewaltige Explosion aus. Eine haushohe, breite Flamme peitschte aus dem Achterschiff in die Höhe und überflutete das Deck der „Royal Oak"

mit gespenstischer, greller Helle. Dann traf die Druck-
welle dieser Detonation das U-Boot und warf es wild hin
und her.

Ein fürchterliches Krachen erreichte die Ohren der
Männer auf der Brücke von U 47, und dann sahen sie,
wie Deckssteile aus dem Achterschiff herausgerissen wurden, wie der gewaltige Geschützturm sich quasi in seine
Bestandteile auflöste und diese kreischend und heulend
als stählerne Geschosse in die See einhieben.

Unwillkürlich duckten sich die Männer auf dem
Turm. Und dann fiel diese gewaltige Detonationssäule
wieder in sich zusammen, und statt ihrer stieg eine dicke,
wabernde Qualmwolke aus dem riesigen Leck empor
und hüllte das schnell Schlagseite bekommende
Schlachtschiff ein, aus dessen Bauch einige weitere Detonationen grollten.

„Eine Munitionskammer ist hochgegangen", rief
Prien unterdrückt.

Endrass beugte sich über das Sprachrohr, das ihn mit
der Besatzung in der Stahlröhre des Bootes verband und
berichtete den atemlos vor Spannung auf ihren Gefechtsstationen stehenden Männern:

„Das Schlachtschiff, das wir torpediert haben, ist soeben durch die Explosion einer achteren Munitionskammer aufgerissen worden." Er machte eine Pause, beobachtete und berichtete dann weiter: „Es legt sich auf die
Seite und sinkt langsam. Jetzt kann ich gerade noch die
Umrisse erkennen. Nun ist wegen der dichten Rauchwolke und der größer werdenden Entfernung nichts mehr zu
sehen", schloß der TWO den Bericht für die Männer.

U 47 lief mit AK ab, und wenig später wurden die ersten Bewacher, U-Jäger und Zerstörer, gesichtet, die blindlings Leuchtgranaten schossen und die ersten Schreckwasserbomben warfen. Scheinwerfer durchstachen mit ihren langen Lichtdolchen die Nacht. Irgendwo heulten Sirenen. Leuchtkugeln stiegen in den Himmel empor, blieben am äußersten Punkt ihrer Flugbahn, scheinbar aller Schwerkraft spottend, am Himmel stehen, um dann auseinanderzuplatzen.

Aber was war das? Richteten sich die Scheinwerfer wirklich gegen den Himmel? Glaubten sie etwa an einen Angriff der Luftwaffe, nachdem sie ein paarmal vorher schon Fliegeralarm gegeben hatten?

Auf Südsüdostkurs lief U 47 dicht unter der Küste von Mainland entlang zur Ausgangsstelle der Scapa Flow-Bucht. Wenn dort Zerstörer standen, würde es ihnen schlecht ergehen.

Gefreiter Hänsel sichtete einen Zerstörer, der von achtern, einen hohen Schnauzbart aus Gischt aufwühlend, in Lage Null auf U 47 zuflitzte und rasch näherkam.

„Zerstörer von achtern schnell aufdampfend in Lage Null!" meldete er sofort.

„E-Maschinen zuschalten!" reagierte Prien auf diese Herausforderung.

Die Schrauben rotierten nun mit höchstmöglicher Drehzahl, dennoch drohte der Gegenstrom das Boot festzuhalten. Der sie verfolgende Zerstörer wurde ebenfalls langsamer, holte aber Meter um Meter auf.

„Hecktorpedo fertigmachen!" befahl Prien. Das inzwischen nachgeladene Heckrohr wurde zum Schuß vorbereitet. Endrass wartete noch mit dem Schuß; denn wenn sie erst geschossen hatten, war die Jagd auf sie eröffnet. Das war klar. Und es sah so aus, als suche der Zerstörer ebenfalls den Himmel mit seinen beiden Scheinwerfern ab.

„Zerstörer erbittet Erkennungssignal, Herr Kaleu!" meldete von Varendorff plötzlich. „Was sollen wir antworten?"

„Nichts", erwiderte Prien. „Der wird schon aufhören."

Der Zerstörer versuchte es noch einmal und dann — drehte er ab und verschwand in der Nacht ohne auch nur einen Schuß auf das deutsche Boot, das er offenbar nicht erkannt hatte, abgegeben zu haben.

Jetzt, bei Niedrigwasser, konnten sie nicht mehr die nördliche Ausfahrt aus Scapa Flow benutzen, da die Wassertiefe nun zu niedrig war und sie auf Dreck laufen würden. Prien ließ den Kurs auf die südliche Ausfahrt legen. U 47 wurde dabei vom Gezeitenstrom des Kirk Sounds erfaßt und rollte und schlingerte heftig.

Sie passierten die Blockschiffe in einem Seitenabstand von weniger als 100 Meter, die Fahrt auf „Beide kleine Fahrt" gedrosselt. Der Strom schien sie mehrfach gegen das Wrack werfen zu wollen. Rudergänger Schmidt gab immer wieder Gegenruder, um die Versetzung durch den Strom auszugleichen, und als sie auf gleicher Höhe mit dem Wrack waren, gab Prien einen neuen Befehl an die Maschine:

„Beide große Fahrt!" rief er.

Sie schoben sich am Wrack vorbei, umrandeten in letzter Sekunde die weit ins Meer hinein vorspringende

Mole der Insel Lamb und — waren wieder im Kirk Sound und liefen auf Parallelkurs zur Außenkontur der Insel Mainland weiter.

Hinter ihnen dröhnten die Detonationen der weiterhin blind geworfenen Wasserbomben. Leuchtgranaten zogen eine verwirrende Vielfalt von Spuren über den Himmel. Der Strom verlor jetzt an Stärke. Das Boot kam rascher vorwärts, und jede Schraubenumdrehung brachte sie weiter aus dem Nahbereich ihrer Gegner heraus.

„Beide AK!" ließ Prien auf Höchstfahrt gehen.

Rose Ness-Leuchtfeuer kam wieder in Sicht, und nun packte die offene See das Boot und ließ es steigen und fallen. Prien ließ sein Fernglas an seiner Brust. Die Arme schmerzten von dessen stundenlangem Halten. Dann wandte er sich dem Sprachrohr zu.

„Wir sind 'raus aus Scapa Flow. Neuer Kurs ist Südsüdost, Richtung Heimat!"

Ein Jubelruf hallte durch das Boot, mit dem sich die angestaute, unterdrückte Erregung Luft machte. Aber sofort war Stille, als sich der Kommandant räusperte.

„Ihr habt euch so gehalten, wie ich es erwartet habe, Männer! Ich bin stolz darauf, Kommandant einer so tüchtigen Besatzung zu sein. Wir haben ein Schlachtschiff versenkt und ein weiteres beschädigt."

Die Uhr in der Zentrale zeigte an, daß Mitternacht des 14. Oktober 1939 um gut zwei Stunden vorüber war, als der Kommandant zu seinen Männern gesprochen hatte. Als sie an diesem Abend des 14. Oktober BBC-London einschalteten, erfuhren sie in der englischen Nachrichtensendung, daß die Britische Admiralität den Verlust ihres Schlachtschiffes „Royal Oak" bekanntgab, und daß die ersten 15 Überlebenden in Sicherheit seien.

Die „Royal Oak" war ein britisches Schlachtschiff mit 29.150 BRT. Es war am 17. Nov. 1914 in Dienst gestellt worden und verfügte über eine Maschinenanlage von vier Schraubenturbinen mit insgesamt 40.000 PS und einer gewaltigen Bewaffnung (siehe Anlage: Technische Daten der „Royal Oak").

Auf der Liste der Überlebenden des Schiffes standen schließlich 375 Namen. Alle übrigen Besatzungsmitglieder hatte die Bucht von Scapa Flow behalten.

Aufgrund der englischen Meldung entwarf Kapitänleutnant Prien einen Funkbericht an den Führer der U-Boote:

„Unternehmen planmäßig durchgeführt. ‚Royal Oak' versenkt, ‚Repulse' beschädigt. Erbitte Einlaufweg Eins 16.10. abends. U 47."

„Geben Sie diesen Funkspruch sofort an die Befehlsstelle des FdU, Blank", schärfte Prien dem Funkmaaten ein.

Am 17. Oktober 1939 frühmorgens erreichte U 47 den Weg I und lief nunmehr von hier aus direkt in Richtung Wilhelmshaven, III. Einfahrt.

Das Ende der Schlachtschiff-Ära?

Hatten jene Experten, die das Schlachtschiff für überholt betrachteten, am Ende Recht gehabt? War der amerikanische Flieger-General Mitchell auf dem richtigen

Wege, als er dem Schlachtschiff ein schmähliches Ende unter dem Bombenhagel der Flugzeuge prophezeite? Oder war der britische Admiral Sir Percy Scott im Recht, als er voraussagte, daß im heraufziehenden Zeitalter des Torpedos, der mit Torpedorohren ausgestattete Kreuzer oder Zerstörer dank seiner besonderen Schnelligkeit dem Schlachtschiff den Garaus machen würde? Nun hatte sich erwiesen, daß auch ein U-Boot als Torpedoträger in der Lage war, ein Schlachtschiff zu versenken. Sollte die kurze Ära der Schlachtschiffe bereits zu Ende sein?

Für ihre Voraussagen konnten die beiden genannten Experten auf eine Reihe von Versuchen hinweisen, bei denen in Frankreich, Großbritannien und in den USA nach dem Ersten Weltkrieg einige erbeutete deutsche und österreichische Großkampfschiffe mit Erfolg beschossen, torpediert und bombardiert worden waren. Und nun der absolute Beweis durch den Erfolg Priens.

Nach dem spektakulären Erfolg von U 47 und der Versenkung des Schlachtschiffes „Royal Oak" schienen jedenfalls alle jene Kritiker bestätigt, die das Ende der Schlachtschiff-Ära bereits jetzt vorausgesagt hatten. Allerdings waren diese meistenteils davon ausgegangen, daß es das Flugzeug sei, das den Giganten der See den Garaus machen würde.

Daß es ein U-Boot war, welches den ersten großen Erfolg des Zweiten Weltkrieges gegen ein Schlachtschiff errang, stand jedoch ihrer Prophezeiung nicht entgegen. Wenn es nicht das Flugzeug allein war, dann waren es eben Flugzeug und U-Boot, die den Anfang vom Ende der Zeit der Riesenschiffe mit dem Paukenschlag von Scapa Flow eingeläutet hatten.

Daß sich fast fünf Jahre später diese Voraussage als richtig erweisen sollte, hätten selbst die Vertreter dieser These nicht geglaubt. Wie dies geschah, nach welchen Kämpfen und blutigen, opfervollen Auseinandersetzungen die überlebenden Schlachtschiffe und Schlachtkreuzer eingemottet, abgewrackt oder bei Atombombenversuchen ihr Ende fanden, das ist Inhalt dieses Buches.

Der Leser wird die Kämpfe der Giganten untereinander, gegen die feindlichen Luftwaffen und Träger-Luftwaffen in den Weiten des Weltmeeres miterleben. Er wird das ganze Grauen ebenso wie die schlichte selbstverständliche Opferbereitschaft dieser Männer erleben, die mit ihren „stählernen Särgen" ausliefen und oftmals das Schicksal erlitten, dem auch ihre Widersacher schließlich nicht entgingen.

Gehen wir zunächst zurück in jene Zeit, welche die Ära der Schlachtschiffe heraufziehen ließ.

Beginn eines neuen Zeitalters

Der russisch-japanische Krieg

Als am 8. Februar 1904 der russisch-japanische Krieg ausbrach, verfügten die Großkampfschiffe beider Flotten bereits über ein ganzes Arsenal an tödlichen Waffen. Im gleichen Zuge waren aber auch jene Waffen zur Frontreife entwickelt worden, die den Schlachtschiffen gefährlich werden konnten: Minen und Torpedos.

Wie gefährlich diese Waffen für die seinerzeitigen Linienschiffe waren, das sollte sich bereits im Angriff jener zehn japanischen Zerstörer gegen die in Port Arthur liegenden Teile der russischen Fernostflotte erweisen.

Die zehn Zerstörer schossen in der Nacht zum 9. Februar 1904 ihre Torpedos und beschädigten damit die beiden russischen Linienschiffe „Retvizan" und „Cesarevic" sowie den schweren Kreuzer „Pallada".

Das russische Linienschiff „Petropavlovsk" lief am 13. April dieses Jahres auf eine Mine. Dieses Linienschiff zerbarst in der Explosion seiner achtzehn geladenen Minenköpfe. Dann traf es noch das Linienschiff „Pobeda", das aber aus eigener Kraft den Hafen erreichte.

Die beiden japanischen Linienschiffe „Hatsuse" und

„Yashima" erhielten am 15. Mai 1904 je einen Minentreffer. Während des Abschleppens lief „Hatsuse" auf eine weitere Mine. Das schwer getroffene Schiff kenterte und sank binnen zweier Minuten.

Zum Schluß war es dann wieder das russische Linienschiff „Sevastopol" das vor Port Arthur auf eine Mine lief, aber nur schwer beschädigt wurde.

In diesen Darstellungen ist eher der Abgesang der Linienschiffe denn ein neuer Auftrieb für diese Seegiganten zu erkennen. Wenn es schon einigen Minen gelang, eine ganze Schlachtflotte lahmzulegen, dann sollte man diese Art der Seekriegsführung überdenken. Doch dem war nicht so!

Während der Seeschlacht in der Korea-Straße nahe der Insel Tsushima stießen am 27. Mai 1905 die Großkampfschiffe Japans und Rußlands aufeinander. Zum ersten Male in der Geschichte des Seekrieges standen sich hier die Giganten der See gegenüber.

Es ging den Russen darum, die bei Port Arthur erlittene Schlappe auszuwetzen, bei der sie nicht nur eine Reihe Linienschiffe verloren, sondern auch noch bei ihrer Aufgabe von Port Arthur dort fünf Linienschiffe zurücklassen mußten.

Die neue russische Fernostflottille, die aus herbeigerufenen Linienschiffen und Kreuzern der Ostseeflotte bestand, sollte unter Führung von Admiral Rozestvenskij diese Niederlage in einen endgültigen Sieg umwandeln. Sie hatte sieben Monate Zeit gebraucht, um aus der Heimat nach Fernost zu gelangen.

Bei Tsushima standen den Russen acht Linienschiffe,

drei Panzerkreuzer und drei Küstenpanzerschiffe zur Verfügung, während die Japaner auf vier Linienschiffe und acht Panzerschiffe zurückgreifen konnten.

In der sich entwickelnden Seeschlacht gelang es den schnellen japanischen Panzerkreuzern, die feindliche Schlachtflotte zu umlaufen und dabei alle schweren russischen Einheiten mit einem wahren Granathagel zu überschütten. Bis zum Abend waren vier russische Linienschiffe gesunken. In der darauf folgenden Nachtschlacht fiel schließlich der Rest japanischen Zerstörerangriffen zum Opfer.

Aus diesem Titanenkampf, der zum Teil auf bisher für unmöglich gehaltene Entfernungen von 7000 Meter geführt und von den schweren Geschützen des Kalibers 30,5 cm entschieden wurde — die überlegene Geschwindigkeit der japanischen Schlachtkreuzer hatte sich dabei als großer taktischer Vorteil herausgestellt —, ging die Forderung nach weiteren noch schnelleren, besser gepanzerten und bewaffneten Linienschiffen hervor.

Die bereits in den ersten Jahren des 20. Jahrhunderts erhobene Forderung der Seekriegsexperten wurde nach der Seeschlacht von Tsushima unabdingbare Entwicklungsstufe. Wenn bis dahin die Verdrängungsgrößen der Linienschiffe bei höchstens 18.000 tons gelegen hatte, ging sie nunmehr sehr schnell darüber hinaus.

Eines stand allerdings dieser Entwicklung noch im Wege, das war die Tatsache, daß bis dahin Linienschiffe durch das Dazwischenschalten von sekundärer Artillerie zur Erhöhung der Feuerkraft, mit zwei schweren verschiedenen Kalibern ausgestattet waren. Dies stellte nicht nur ihre Einheitlichkeit in Frage, sondern war auch für die sich entwickelnde moderne Feuerleitung ein Problem. Der Vorteil dieser Großkampfschiffe war, daß die „halbschweren" Geschütze bereits einzeln oder paarweise in Türmen aufgestellt waren.

Der Weg von diesen Schiffen zum Schlachtschiff, bei dem jedes schwere Geschütz dasselbe Kaliber hatte, dem sogenannten „all big gun one caliber Battleship", war nur eine Frage der Zeit.

War diese Voraussetzung erfüllt, dann konnte die gesamte schwere Artillerie von einer Feuerleitstelle geleitet werden. Diese Feuerleitstellen waren übrigens bereits bei Tsushima erfolgreich getestet worden. Dank der neuen optischen Instrumente, verbunden mit der Weiterentwicklung der Richtmittel und der Optimierung der Schieß- und Beobachtungsverfahren, war dieses zentrale Feuerleitverfahren entwickelt worden.

Vorläufer dieser Schlachtschiffe mit einer schweren Waffe eines Kalibers waren die vier deutschen Panzerschiffe der „Brandenburg"-Klasse, die ab 1893 fertiggestellt wurden. Sie verfügten über jeweils sechs 28 cm-Schiffsgeschütze in Zwillingstürmen.

Damit verfügte die Kaiserliche Marine Deutschlands über die modernsten und stärksten Panzerschiffe der Welt.

Eine weitere entscheidende Entwicklung auf dem Wege zum modernen Schlachtschiff war die Entwicklung der Dampfturbine. Diese trat ihren Siegeszug im Jahre 1897 an, als die „Turbinia", das erste Schiff der Welt, das mit einer Turbine des Engländers Parsons ausgerüstet war, anläßlich der großen britischen Flotten-schau dieses Jahres ihre Jungfernfahrt machte und mit ihren 34 Knoten in der Stunde allen übrigen Schiffen sehr schnell davonfuhr.

Allerdings war die „Turbinia" nur ein winziges Schiff von 45 tons Wasserverdrängung. Dennoch war die De-monstration dieses neuen Turbinenantriebs Anlaß ge-nug, die britische Admiralität damit vertraut zu machen. Diese ließ die beiden Zerstörer „Viper" und „Cobra" mit Turbinenantrieben versehen. „Viper" machte mit diesem Antrieb mehr als 37 Knoten Fahrt.

Nach verschiedenen Tests zeigte sich, daß die turbi-nengetriebenen Schiffe bei höheren Fahrtstufen weniger Kohlen verbrauchten als die Kolbenmaschinen-Antrie-be. Lediglich bei kleiner Fahrtstufe war der Kolbenma-schinen-Antrieb wirksamer. Dennoch: der Turbinenan-trieb trat seinen Siegesmarsch durch alle Marinen der Welt an.

Mit der „Dreadnought" baute Großbritannien das er-ste Schlachtschiff mit nur einem Kaliber der Großge-schütze.

Ohne auf die weitergehenden hektischen Entwick-lungsstufen einzugehen, deren Darstellung nicht Sinn die-ses Buches ist, sei hier auf das deutsche Flottengesetz von 1900 und die beiden deutschen Flotten-Novellen zu die-sem Gesetz verwiesen. Ziel dieses Gesetzes und seiner bei-den Novellen war es, den Bestand an Linienschiffen auf 38 zu erhöhen. Die Flotten-Novelle von 1912 sah noch einmal eine Erhöhung auf 41 Linienschiffe vor. Auch der Bau von Kreuzern wurde in gleicher Weise forciert.

Im übrigen wurden ab 1907, als der bei Tsushima erwiesene Wert der Großkampfschiffe allgemein anerkannt war, der Bau von Großkampfschiffen von allen großen Seemächten und einer Zahl kleinerer Staaten forciert oder aufgenommen. Hierbei gab die britische Marine die Richtung an. Die allgemeingültige britische Sicht der Dinge war der Tatsache angepaßt, daß in einer künftigen Auseinandersetzung zur See sich moderne britische Schiffe gegen die Linienschiffe der Vor-Dreadnought-Klasse zu bewähren hatten. Die mit der neuen Schiffsartillerie von 30,5 cm Kaliber gegebene große Gefechtsentfernung sah die neuen Schiffe gegenüber den alten im Vorteil. Die bedeutend verbesserte Geschwindigkeit sah die neuen Schlachtschiffe ebenfalls im Vorteil, weil sie für die langsameren Linienschiffe ein viel zu bewegliches und schnelles Ziel waren und diese nur geringe Aussichten hatten, mehr als einen Zufallstreffer anzubringen. Gegen diese einzelnen Treffer aber war die Panzerung der neuen Schiffe ausreichend.

Dank seiner Ausstattung mit zahlreichen, großkalibrigen Geschützen war das neue Großkampfschiff ebenfalls dem alten Linienschiff gegenüber überlegen; denn es konnte den Gegner niederkämpfen, noch bevor dieser überhaupt auf Schußentfernung herangekommen war.

Daß natürlich auch der Gegner in seiner Schiffsentwicklung nicht stehenblieb, war klar. Es zeigte sich rasch, daß alle führenden Seenationen ihre Großkampfschiffe und dabei auch die Schlachtkreuzer überwiegend mit 30,5 cm-Geschützen ausstatteten.

Das Wettrüsten im Kriegsschiffsbau, das in Europa

einsetzte, führte schließlich in Deutschland und England zu Großkampfschiffen mit 10 Geschützen des Kalibers 30,5 cm.

In den USA wurde der Bau der Großkampfschiffe mit der Indienststellung der Schlachtschiffe „Michigan" und „South Carolina" im Jahre 1910 in der ersten Phase abgeschlossen. In Frankreich entstanden um die gleiche Zeit die Schiffe der „Jean Bart"-Klasse.

Die Italiener zogen mit der „Conte di Cavour"-Klasse und der Klasse der „Caio Duilio"-Schlachtschiffe nach. Sie waren von dem Konstrukteur Cuniberti entwickelt worden, der auch die davor in Dienst gestellte „Dante Alighieri" gebaut hatte. Diese italienischen Schiffe waren bis zwei Knoten in der Stunde schneller als alle vergleichbaren Großkampfschiffe der übrigen Nationen. Rußland und andere Staaten zogen nach.

Die in England ausbrechende „Flottenpanik", die 1909 aufgrund des Baues des ersten Großkampfschiffes mit 30,5 cm-Bewaffnung in Deutschland einsetzte, forcierte den Flottenaufbau. Das britische Parlament bewilligte noch im selben Jahr acht weitere Großkampfschiffe. Ferner ging man in Großbritannien zu Geschützen vom Kaliber 34,3 cm über. Nicht weniger als drei Gruppen zu jeweils vier Schlachtschiffen und drei Schlachtkreuzern wurden mit diesem Kaliber ausgerüstet. Die Amerikaner zogen 1910 nach, indem sie ein neues 35,6 cm-Geschütz einführten und in ihren Schlachtschiffen der „New York"-Klasse einbauten.

Turmveränderungen vielerlei Art wurden bei allen Marinen durchgeführt. Man war inzwischen zum Einsatz der schweren Geschütze in Drillingstürmen übergegangen.

In Bezug auf die Armierung erfolgte um die gleiche Zeit der Übergang zur Floßpanzerung, der die Zitadellpanzerung ablöste, und nur noch die lebenswichtigen Teile des Schiffes schützte, die dann mit stärkeren Panzerplatten gesichert wurden.

Bis zum Kriegsbeginn 1914 waren in Deutschland bei der Firma Krupp Schiffsgeschütze mit einem Kaliber von 40,6 cm entwickelt worden. Das Geschoßgewicht dieser Geschütze betrug 990 Kilogramm. Auch Großbritanniens und Frankreichs Waffenschmieden hatten zu dieser Zeit 40,6 cm-Geschütze gebaut.

Schlachtschiffe und Schlachtkreuzer im Ersten Weltkrieg

Planungen und Einsätze

Im Ersten Weltkrieg plante die Britische Admiralität zunächst den Vorstoß ihrer Schlachtflotte in die Deutsche Bucht. Damit wollte sie die deutsche Küste so dicht wie möglich blockieren. Erst unter dem Einfluß Churchills wurde die Home Fleet im nordschottischen Raum zusammengezogen. Die deutsche Küste stand damit nicht mehr im Operationsgebiet der Flotte. Vielmehr sollten die nun im Atlantik stehenden britischen Großkampfschiffe die Fern- und Wirtschaftsblockade Deutschlands aufnehmen.

Neuer Brennpunkt des Kampfgeschehens wurden die Atlantikzugänge. Damit war die deutsche Flotte, deren Führung sich auf den Einsatz in großen Seeschlachten in der mittleren Nordsee spezialisiert hatte, nicht mehr wirksam genug.

In sehr wechselvollen Einsätzen war es bis dahin allerdings zu einigen Seeschlachten gekommen, die in ihren Ergebnissen den bisherigen Planungen und Kalkulationen in etwa gerecht wurden.

Die Seeschlacht vor dem Skagerrak zwischen der deutschen Hochseeflotte und der britischen Grand Fleet vom 31. Mai bis zum 1. Juni 1916 wurde zur größten Seeschlacht zweier Kriegsflotten überhaupt. Daß sie sich rein zufällig entwickelte, ändert nichts an dieser Tatsache. Sowohl der deutsche Flottenchef, Vizeadmiral Reinhard Scheer, als auch der britische Admiral J. Jellicoe waren der Ansicht, daß ihr Gegner nur aus einer Teilstreitmacht und nicht aus der gesamten Flotte bestehe und daß sie den Kampf wagen mußten, um diese Teilstreitmacht zu vernichten.

Das Gefecht der Schlachtkreuzer wurde für England verlustreich. Die folgende Nachtschlacht brachte auch keine Entscheidung. 37 britische und 21 deutsche Großkampfschiffe standen sich insgesamt gegenüber. Die englischen Verluste beliefen sich auf 115.025 tons Kriegsschiffsraum, während die deutsche Hochseeflotte 61.180 tons verlor. Der große taktische Erfolg der deutschen Hochseeflotte änderte jedoch nichts an der strategischen Lage des Krieges.

Über den Verlauf der Hauptphase dieser Seeschlacht berichtete der seinerzeitige Flottenchef:

„Die Wirkung unserer Schlachtschiff-Salven war vernichtend. Die Engländer verloren drei Schlachtkreuzer. Möglicherweise wären ihre Verluste nicht eingetreten, wenn ihr Horizontalschutz — vor allem im Bereich der Munitionskammer — besser ausgebildet gewesen wäre. Diese Schwäche wurde den britischen Schiffen zum Verhängnis.

Als erster Schlachtkreuzer sank die ‚Indefatigable' —

die ‚Unermüdliche' – und zwar 27 Minuten nach Feuereröffnung unter dem Beschuß des deutschen Schlachtkreuzers ‚Von der Tann'. Dabei erhielt der Gegner zwei 28 cm-Treffer, von denen einer im Vorschiff und der zweite am vorderen schweren Turm einschlug. 30 Sekunden nach dem Einschlag barst der Schlachtkreuzer unter einer gewaltigen Explosion auseinander. – – –

Eines der beiden Geschosse mußte zumindest alle Decks bis zur Munitionskammer durchschlagen und die Detonation der dort lagernden Munition entfacht haben.

Das gleiche Schicksal erlitt der viel größere und damit auch relativ widerstandsfähigere Schlachtkreuzer „Queen Mary".

37 Minuten nach Gefechtsbeginn schossen die deutschen Schlachtkreuzer ‚Derfflinger' und ‚Seydlitz' aus 135 hm Distanz je eine Salve auf die ‚Queen Mary'. Von den vier 30,5 cm-Granaten der ‚Derfflinger' trafen drei den britischen Schlachtkreuzer und durchschlugen dessen Panzerdecks.

Zur gleichen Zeit schlugen aber auch zwei 28 cm-Granaten der ‚Seydlitz' bei der ‚Queen Mary' ein. Sie durchschlugen ebenfalls das Panzerdeck. Die Wirkung dieser fünf Treffer war ungeheuerlich. Das Schiff wurde durch eine schwere Detonation auseinandergerissen und in ein einziges Flammenmeer gehüllt. Kurz darauf versanken die beiden Schiffsenden." (Siehe: Scheer Reinhard: Deutschlands Hochseeflotte im Weltkrieg, Leipzig 1920)

Die „Invincible" – die „Unbesiegbare" – erlitt das gleiche Schicksal. Sie wurde von den deutschen

Schlachtkreuzern „Lützow" und „Derfflinger" beschossen. Die 30,5 cm-Granaten trafen das Schiff hart. Eine davon durchschlug einen der mittleren Türme. Die Stichflamme brachte die darunter lagernde Munition zur Detonation. Auch dieses Schiff brach in zwei Teile auseinander und sank.

Von den insgesamt über 3.200 Mann Besatzung dieser drei britischen Schlachtkreuzer konnten nur insgesamt 16 Seeleute gerettet werden. Alle anderen gingen mit ihren Schiffen auf Tiefe.

Das erste Gefecht deutscher gegen britische Schlachtkreuzer hatte bereits am 24. Januar 1915 bei der Doggerbank stattgefunden.

Schon bald nach Beginn dieses Krieges hatte sich in der allgemeinen Anschauung ein Wandel vollzogen. Die Einsätze der britischen Schlachtkreuzer „Invincible" und „Inflexible" gegen das deutsche Kreuzergeschwader unter Vizeadmiral Graf Spee und ihr Erfolg bei den Falklandinseln gab dem Verfechter dieses Gedankens der schnellen schwerbestückten Schlachtkreuzer, Lord Fisher, Auftrieb. Die britische Marine ließ die beiden als Schlachtschiffe der „Revenge-Klasse" gebauten Einheiten „Repulse" und „Renown" in Schlachtkreuzer umkonstruieren.

Zugleich beschloß die Britische Admiralität, wieder durch Lord Fisher inspiriert, den Bau von drei weiteren leichten Schlachtkreuzern: „Glorious", „Courageous" und „Furious". Diese sollten ein Maximum an Schlagkraft und Geschwindigkeit mit geringem Tiefgang (unter Hinblick auf geplante Vorstöße in die Ostsee) miteinander verbinden.

Ab 1916 lagen in England bereits die Pläne zu vier Schlachtkreuzern vor, die mit 38,1 cm-Geschützen bestückt werden sollten. Es war allerdings nur die „Hood" deren Bau ausgeführt wurde und die für längere Zeit als der Welt größtes Kriegsschiff galt. Die Stornierung der übrigen drei Schlachtkreuzer war auf den Verlust der drei britischen Schlachtkreuzer in der Skagerrakschlacht zurückzuführen.

Der japanische und amerikanische Schlachtschiffbau

Die Japaner, die in der Seeschlacht bei Tsushima mit Linienschiffen von 15.440 tons angetreten waren, die über eine Bewaffnung von vier 30,5 cm-Geschützen und 14 Geschützen des Kalibers 15,2 cm verfügten, wozu noch 20 Geschütze von 7,6 cm und vier Torpedorohre kamen, waren teils im Ausland gebaute, teils auf ausländische Konstruktionen zurückgehende Schiffe. Das Linienschiff „Mikasa" beispielsweise, mit der oben genannten Bewaffnung, war in England gebaut worden. Die in Japan auf Kiel gelegten Schiffe der „Ikoma" und der „Ibuki"-Klasse bildeten hier die Vorstufe zum Schlachtkreuzer. Bereits im Jahre 1908 konnten die ersten japanischen Großkampfschiffe „Setsu" und „Kawachi" begonnen werden. In die Konstruktion dieser Schiffe flossen bereits die Erkenntnisse der Seekämpfe von 1905 ein.

Das japanische Flottenbauprogramm sah 1911 ein

neues Großkampfschiff vor, die „Fuso". Hinzu kamen vier Schlachtkreuzer, die mit 35,6 cm-Geschützen bestückt waren. Drei weitere Großkampfschiffe, die „Yamashiro", „Hyuga" und „Ise" wurden Ende 1912 bewilligt. Eines der neuen Großkampfschiffe, und zwar die „Kongo", wurde im Ausland gebaut. Nach diesem „Muster" wurden die übrigen Schlachtschiffe in Japan selber gebaut.

Im Februar 1916 nahm Japans Führung die umfassenden Pläne für den Neubau großer Schiffe an, die von den Marine-Ministern Yamamoto und Saito seit langem eingebracht worden waren. Diese bereits 1910 erstmals vorgelegten Pläne gingen nun in die Verwirklichung. Sie sahen den Bau von jeweils acht Schlachtschiffen und acht Schlachtkreuzern vor. Das japanische Parlament bewilligte jedoch nur Mittel für den Bau der beiden ersten Schiffe dieses Programms, für die „Nagato" und die „Mutso". Beide Schlachtschiffe waren als erste mit 40,6 cm-Geschützen ausgestattet.

Da Japan mit diesen Bauten vor allem für die USA zu einer Gefahr werden konnte, die den Verlust ihrer Einflußsphäre in Fernost fürchten mußten, wurde man auch dort wieder aktiv.

Ein großes Flottenbauprogramm wurde noch im Jahre 1916 beschlossen. Es bestand in zehn Schlachtschiffen und sechs Schlachtkreuzern, die in spätestens sieben Jahren sämtlich in Dienst gehen sollten. Es war — daran bestand bei den Flottenmächten der Welt kein Zweifel — der Wunsch der Amerikaner, Großbritannien den Rang als größte Seemacht der Welt abzulaufen.

Die Schlachtschiffe der „Colorado"-Klasse machten den Anfang. Sie lehnten sich eng an die vorangegangene Klasse der „California"-Schlachtschiffe an. Alle wurden mit 40,6 cm-Geschützen ausgestattet. Sechs Schlachtschiffe der „South Dakota"-Klasse schlossen sich an. Zur gleichen Zeit sollten sechs Schlachtkreuzer der „Lexington"-Klasse gebaut werden. Doch die beiden letzteren wurden noch nicht begonnen.

Der Erfolg der deutschen U-Boote im Atlantik während des Ersten Weltkrieges ließ es den USA schließlich geraten erscheinen, zunächst 250 Zerstörer und eine Anzahl an U-Jägern zu bauen.

Das US-Bauprogramm wiederum veranlaßte die Japaner zur Forcierung ihres Großschiffsbau-Programms. Das japanische Parlament bewilligte den Bau von zwei Schlachtschiffen der „Kaga"-Klasse und zwei Schlachtkreuzer der „Akagi"-Klasse. Damit wollte man die inzwischen in Ostasien gewonnene Vormachtstellung wahren und für die Zukunft sichern. Die Gegnerschaft der USA in Ostasien wurde in diesem Zeitpunkt zum erstenmal so deutlich, daß dies in Japan ein lautes Alarmzeichen auslöste.

So sah sich die japanische Marine 1919 im Pazifik in voller Abwehrbereitschaft der amerikanischen gegenüber.

Der US-Marineminister Daniels sah sich aufgrund dieser Entwicklung 1919/20 zu einer neuen Flottenvorlage im Kongress veranlaßt, in der er den Bau von zwei weiteren Schlachtschiffen und einem Schlachtkreuzer vorsah. Gleichzeitig wirkte er darauf ein, daß das gestoppte Bauprogramm von 1916 für Großkampfschiffe nunmehr zur vollen Ausführung gelangen müsse. Der Kongress lehnte jedoch die beiden Schlachtschiffs-Neubauten ab. Lediglich der Bau des Schlachtkreuzers wurde von ihm genehmigt.

Die sechs Schlachtkreuzer der „Lexington"-Klasse wurden in Bau gegeben. Anstelle der 35,6 cm-Geschütze wurden solche vom 40,6 cm-Kaliber eingebaut. Mit weiteren Verbesserungen der Panzerung wurden diese Schlachtkreuzer um 7000 tons schwerer. Der Bau der sechs Schlachtschiffe des Typs „South Dakota" setzte ebenfalls ein.

Der Druck der US-Außenpolitik im gesamten ostasiatischen Raum im Verein mit diesen Neubauten brachte die Japaner erneut auf den Plan. Marineminister Kato legte im Winter 1919/20 ein weiteres Neubauprogramm vor, nach welchem insgesamt 188 neue Kriegsschiffe gebaut werden sollten. Die Budgetkommission genehmigte 103 Neubauten, darunter vier neue Schlachtschiffe und vier Schlachtkreuzer. Kreuzer- und Zerstörerbauten überwogen. Die beiden zurückgestellten Schlachtkreuzer der „Akagi"-Klasse durften nun ebenfalls gebaut werden.

Im Juli 1920 nahm das japanische Parlament in einer Sondersitzung dieses Programm an. Es sollte bis 1928 ausgeführt werden. Auf den letzten vier Großkampfschiffen beabsichtigten die Japaner Geschütze des Kalibers 45,7 cm einzubauen. Es waren Schiffe von enormer Standfestigkeit, die auch in Bezug auf die Geschwindigkeit nicht gegenüber den Schlachtkreuzern zurückstehen sollten.

Die Washingtoner Flottenkonferenz

Daß diese japanischen Absichten Großbritanniens Schiffbau beeinflußten, verstand sich; denn auch Großbritannien hatte ja großes Interesse an einer Vormachtstellung im ostasiatischen Raum. Das Prestige Großbritanniens zur See war durch die Japaner ebenso in Gefahr geraten, als auch durch die US-Bestrebungen, stärkste Seemacht der Welt werden zu wollen.

Unter dem Eindruck dieser Tatsachen bewilligte das britische Parlament im Juli 1922 die Mittel für den Bau von vier großen Schlachtkreuzern, die allerdings Ersatzbauten sein sollten. Darüber hinaus war bereits der Bau zweier weiterer Schlachtschiffs-Gruppen zu je vier Einheiten in den politischen Beratungen. Diese sollten ebenfalls mit 45,7 cm-Geschützen bestückt werden.

Da Großbritannien durch die Kosten des Ersten Weltkrieges finanziell am Boden lag, wurde jetzt auf politischem Wege versucht, dieses gegeneinander Aufschaukeln der Produktion zu stoppen.

Lord Curzon regte im Frühjahr 1921 in einem Gespräch mit dem amerikanischen Botschafter in London an, eine gemeinsame Konferenz abzuhalten, mit dem Ziel, unter allen Beteiligten zu einer gemeinsamen Basis der Flottenrüstung – und Beschränkung – zu gelangen.

Da auch in den USA erkannt wurde, daß die selbstgesteckten Ziele nicht erreicht werden konnten, ohne daß es zu einem Bruch zwischen den beiden Ländern kam, und man außerdem an keine weitere Vergrößerung der

Schiffe gehen durfte, ohne die Passierbarkeit des Pana-
makanals durch dieses zu gefährden, waren die USA zu
dieser Konferenz nur zu gern bereit.

Diese Konferenz gewann auch noch an Notwendig-
keit, wenn man die japanischen Absichten erkannte, jedes Mittel anzuwenden und alle Anstrengungen zu unternehmen, um seine Flottenaufbaupläne zu verwirkli-
chen. Aus diesen Gründen schien eine Eindämmung des
japanischen Flottenbaues durch ein Abkommen, das
auch die Japaner band, unabdingbar zu sein.

Da außerdem die Zeit günstig war und Japan sich diese Forcierung der Anstrengungen ebenfalls nicht leisten
konnte, weil es dann im Lande zu einer schweren Krise
kommen würde, war dieses Abkommen nicht nur für die
USA und Großbritannien, sondern auch für Japan und
alle übrigen beteiligten Staaten der Ausweg.

So ließ US-Präsident Harding am 10. Juni 1921 eine
Anfrage an Großbritannien, Japan, Frankreich und Italien richten, ob eine derartige Konferenz begrüßt werden
würde. Dies wurde auf diplomatischem Wege bejaht,
und so erfolgte schließlich am 12. August 1921 die Einla-
dung an alle zur Teilnahme vorgesehenen Staaten, zu der
am 21. November 1921 beginnenden Flottenkonferenz
nach Washington zu kommen.

Diese Seerüstungskonferenz wurde vom Delegations-
führer des Gastgeberlandes, Staatssekretär Hughes,
eröffnet. Dieser forderte alle Teilnehmerländer auf, das
Wettrüsten zu beenden, das nur dann normal und notwendig sei, wenn ein Staat sehe, daß der andere seine
Flottenstärke vergrößere. Hughes legte einen vorbereite-

ten Abrüstungsplan vor, nach welchem einmal bereits vorhandene ältere Großkampfschiffe ausgesondert, und zum anderen das gegenwärtig bei allen Marinen laufende Bauprogramm gestoppt werden sollte.

Die drei Mächte, welche dies in Sonderheit anging, waren Großbritannien, Japan und die USA. Von diesen hatten die USA und Großbritannien bereits 20 und 22 in Dienst befindliche Schlachtschiffe. Die USA hatten 10 weitere Einheiten in Bau.

Japan hingegen verfügte nur über sechs einsatzbereite Schlachtschiffe und hatte zwei in Bau. Alle drei Staaten verfügten − in der Reihenfolge ihrer Erwähnung − über 12, 11 und 9 ältere Linienschiffe.

Am Ende der sich über drei Monate hinziehenden Verhandlungen unterzeichneten die Delegierten der teilnehmenden Länder das Washingtoner Flottenabkommen. Dieses bedeutete für die USA ihre Gleichstellung mit Großbritannien, womit England seine Vormachtstellung als größte Seemacht der Welt aufgegeben hatte. Japan rangierte deutlich darunter und mit noch weiterem Abstand folgten Frankreich und Italien.

Da sich Frankreich und Italien zu stiefmütterlich behandelt fühlten, verweigerten sie die Ratifizierung dieses Abkommens. Erst nach langem Tauziehen erklärten sich beide Länder doch noch im Dezember 1922 zur Ratifizierung bereit. Der Vertrag hatte nun bis zum 31. Dezember 1936 Gültigkeit.

Die hier vereinbarte zahlenmäßige Begrenzung an Großkampfschiffen lautete: Großbritannien 22 (später 20), USA 18, Japan 10, Frankreich 7 (hinzu kamen 3 ältere Linienschiffe) und Italien 6 (dazu vier ältere Linienschiffe).

Hinzu kam die Festlegung der höchstzulässigen Verdrängung der Schlachtschiffe auf maximal 35.000 tons. Das Hauptkaliber wurde auf 16 Zoll gleich 40,6 cm festgelegt. Ersatzbauten durften erst dann auf Kiel gelegt werden, wenn das zu ersetzende Großkampfschiff 20 Jahre alt war. Bei der Modernisierung alter Schiffe durfte die zusätzliche Wasserverdrängungsquote nicht mehr als 3000 tons betragen.

Im nächsten Flottentreffen, das im Jahre 1930 stattfand, sollte der Kreuzerbau reglementiert werden. Doch nur Großbritannien, die USA und Japan ratifizierten dieses Abkommen, Frankreich und Italien lehnten es ab.

Ende 1934 kündigte Japan fristgerecht das zum 31. Dezember 1936 auslaufende Washingtoner Abkommen. In England arbeitete man fieberhaft am Zustandekommen einer neuen Konferenz. So kam es schließlich zum Flottenabkommen vom 26. März 1936. Dazu hätte auch Deutschland eingeladen werden sollen. Dieser englische Vorschlag scheiterte am Einspruch Frankreichs. Japan, das gekündigt hatte, und Italien, das wegen seines Abessinienkrieges unter Sanktionen gestellt worden war, und daraufhin ebenfalls abgesagt hatte, waren nicht dabei. Frankreich, Großbritannien und die USA unterzeichneten.

Ein Jahr vorher war es bereits zwischen England und Deutschland zum Deutsch-Englischen Flottenvertrag gekommen.

Das deutsch-englische Flottenabkommen
von 1935

Nach Ende des Ersten Weltkrieges wurde Deutschland im Versailler Vertrag der Bau von Linienschiffen über 10.000 tons Deplacement verboten.

In den Zwanzigerjahren entschloß sich die deutsche Reichsmarineführung zum Bau eines schnellen und artilleristisch hochgezüchteten „Panzerschiffes", das mehr Kreuzer, denn Schlachtschiffersatz war.

Die Bewaffnung dieses Schiffes war mit seinen sechs 28 cm-Geschützen und acht 15 cm-Geschützen extrem stark.

Das deutsch-englische Flottenabkommen vom 18. Juni 1935, in dem sich Deutschland freiwillig dazu verpflichtete, die eigene Flottenstärke auf 35 Prozent der englischen zu begrenzen, war für Deutschland nach den Worten des Oberbefehlshabers der Kriegsmarine, Generaladmiral Raeder, „nur annehmbar, weil wir hofften, dadurch England für alle Zeiten als Gegner auszuschalten und unter Umständen sogar zu einem Bündnis mit ihm zu kommen."

Allerdings war in der vereinbarten Begrenzung der deutschen Flottenstärke genügender Spielraum vorhanden, um eine angemessene Flotte aufzubauen.

Der Bestand der britischen Marine an Großkampfschiffen betrug zu diesem Zeitpunkt 12 Schlachtschiffe, drei Schlachtkreuzer, acht Flugzeugträger, 19 Schwere und 35 Leichte Kreuzer. Daraus ergab sich für Deutschland eine erlaubte Tonnage an Großkampfschiffen von

184.000 tons, an Flugzeugträgern von 47.000 tons und an Schweren Kreuzern von 51.000 tons.

Der Istbestand der deutschen Marine betrug zum Zeitpunkt des Vertragsabschlusses drei Panzerschiffe der „Deutschland"-Klasse mit zusammen etwa 35.000 tons.

Bereits im Jahre 1934 hatte Deutschland die beiden Schiffe „Scharnhorst" und „Gneisenau" geplant, die nicht als Schlachtkreuzer, wie dies oftmals vermerkt ist, sondern als Schlachtschiffe gebaut wurden. Damit war man vom Bau der Panzerschiffe des Deutschland-Typs abgekommen. Diese Schiffe wurden noch nicht mit einem Dieselmotoren-Antrieb versehen, sondern erhielten Höchstdruck-Turbinenanlagen. Beide Schlachtschiffe hatten ein Deplacement von 31.800/38.900 tons. Bei 19 Knoten Fahrtstufe konnten sie 10.000 Seemeilen zurücklegen. Während die „Scharnhorst" am 3. Oktober 1936 vom Stapel lief, folgte die „Gneisenau" am 8. Dezember dieses Jahres nach.

Im Jahre 1935 ging auch Frankreich zum Bau eines 35.000 Tonnen-Schlachtschiffes über und folgte damit dem italienischen Beispiel. Es entstanden die Schlachtschiffe der „Richelieu"-Klasse. Deutschland hatte nach Abschluß des deutsch-englischen Flottenabkommens die beiden Schlachtschiffe „Tirpitz" und „Bismarck" auf Stapel gelegt. Ihre offizielle Verdrängung wurde mit 35.000 tons angegeben. Ihre tatsächliche Verdrängung betrug für die „Bismarck" 42.900/52.600 tons und für die „Tirpitz" 41.700/50.900 tons. Das zulässige Höchstkaliber von 40,6 cm wurde nicht genutzt. Beide Schiffe erhielten je acht Geschütze von 38 cm und 12 von 15 cm-Kaliber. (Siehe: Daten der deutschen Schlachtschiffe und Schlachtkreuzer)

Beide Schlachtschiffe liefen 1939 von Stapel. Die „Bismarck" am 14. Februar und die „Tirpitz" am 1. April.

Da diese Schiffe sich — ohne daß vorher diese Absicht bestand — über die vertragliche Größe von 35.000 tons hinaus bewegten, weil immer neue Forderungen zu einer beträchtlichen Gewichtssteigerung führten, waren sie des öfteren Grund zur Anfeindung Deutschlands und wurden auch im Nürnberger Kriegsverbrecherprozeß als Vertragsverletzung gebrandmarkt. Da aber bereits 1938 die Deplacementsgrenze auf 45.000 tons heraufgesetzt worden war, kann dieser Vorwurf nur als bewußte Diffamierung gedeutet werden.

In den USA waren denn auch nach dem Flottenvermehrungsgesetz vom 17. Mai 1938 sechs Schlachtschiffe von 45.000 tons in Auftrag gegeben worden.

Auch Großbritannien sah sich 1938 dazu bewogen, eine Serie von 45.000 tons-Großkampfschiffen in Auftrag zu geben, mit jeweils neun Geschützen des Kalibers 40,6 cm, in drei Drillingstürmen.

Letzte Entwicklungen

Als am 1. September 1939 in Europa der Zweite Weltkrieg ausbrach, begannen die USA, die bereits 1937 den Bau von zwei großen Schlachtschiffen, der „Washington" und der „North Carolina"-Klasse in Auftrag gegeben hatten, mit einer drastischen Verstärkung ihrer Seestreitkräfte. Anfang 1940 erteilte US-Präsident Franklin D. Roosevelt die Genehmigung zum Bau folgender Einheiten:

6 Schlachtschiffe der „Iowa"-Klasse (45.000 tons)

5 Schlachtschiffe der „Montana"-Klasse (58.000 tons)

6 Schwere Kreuzer der „Alaska"-Klasse (27.000 tons; davon wurden jedoch nur zwei fertiggestellt).

Hinzu kamen und sollten — obwohl in diesem Werk nicht Gegenstand der Betrachtungen — erwähnt werden: 11 Flugzeugträger der „Essex"-Klasse, 40 Kreuzer, 115 Zerstörer und 67 U-Boote.

Japans Anstrengungen bis zum Kriegsausbruch in Ostasien

Während sich die führenden Seenationen der Welt im Großen und Ganzen an die Abmachungen hielten, sah sich Japan nach der Kündigung des Washingtoner Flottenabkommens nicht mehr an irgendwelche Vereinbarungen gebunden. Bereits im Herbst 1934 waren dort die Pläne für Schiffsneubauten entstanden, die alles vorher Dagewesene weit übertrafen. Zunächst waren es die Schlachtschiffe der „Yamato"-Klasse.

Es sollte eine kleine Schlachtflotte entstehen, die allen fremden Großkampfschiffen an Schlagkraft und Panzerung überlegen war. Als Obergrenze für diese geplanten „Giganten der See" war ein Deplacement von 63.000 tons vorgesehen. Die Kaliberstärke ihrer Geschütze wurde auf 46 cm geplant und auch eingesetzt. Vier dieser Schiffe wurden geplant, von denen die ersten beiden bereits nach Abschluß der Entwurfsarbeiten 1937 begonnen wurden. Die beiden übrigen wurden 1940 auf Stapel gelegt.

Ab 1938 waren drei weitere Großkampfschiffe in Planung, von denen zwei als verbesserte „Yamato"-Typen, das dritte aber als absolut größtes Schiff der Welt, mit 50,8 cm-Geschützen, geplant war.

Zum Bau dieser drei Giganten kam es jedoch nicht mehr. Die Konzeption hatte sich durch die ersten Kriegserfahrungen dem Bau von Flugzeugträgern zugewandt. Alles deutete auch in Ostasien auf einen großen Krieg zwischen den USA und Japan hin.

Japan, das den Japanisch-Chinesischen Krieg für sich entschieden und zur Ausrufung der Nationalregierung Chinas in Nanking durch Wang Tsching-wei am 30. März 1940 beigetragen hatte, sah sich nach seinen Erfolgen auf dem Wege zur Erringung einer japanischen Vorherrschaft in Ostasien durch die amerikanischen Aktionen des Jahres 1940 gestoppt.

Am 26. Januar dieses Jahres war der amerikanisch-japanische Handelsvertrag ausgelaufen. Von diesem Zeitpunkt an wurden Zug um Zug alle wichtigen Ausfuhren aus den USA nach Japan gestoppt. Am 9. Oktober 1940 stellten die USA die Hilfeleistungen in Gestalt von Weizenlieferungen für den Fernen Osten ein.

Durch eine massive Unterstützung von Niederländisch-Indien durch Großbritannien und die USA gelang es, dieses riesige Gebiet aus der japanischen Wirtschaftszone und dem japanischen Wirtschaftssystem herauszuhebeln. Mit der Hilfeleistung, die Großbritannien, die Niederlande und die USA ab dem 1. Januar 1941 in Form von finanzieller und militärischer Hilfe für China leisteten, stellten sich die genannten Staaten offen auf die Seite der Gegner Japans. Damit verfolgten sie die Absicht, Japans Streben nach einer Vormachtstellung in Ostasien Einhalt zu gebieten.

Japan handelte unverzüglich und begann im Juli 1941 mit dem Angriff gegen Indochina, das von Frankreich besetzt worden war. Nippons Soldaten eroberten das Land.

Daraufhin erfolgte ein sofortiger Stop der Ölzufuhr aller Kontrahenten nach Japan. Insbesondere die Erdölquellen von Niederländisch Indien versiegten umgehend.

Nur wenn es Japan gelang, auf diesen ostasiatischen Erdölfeldern Fuß zu fassen, hatte dieses Land noch eine Chance, seinen Plan von einem großasiatischen Reich unter japanischer Führung zu vollenden.

Die große japanische Verbindungskonferenz zwischen der Regierung und der höchsten militärischen Führung des Landes beschloß am 3. September 1941, daß Japan den USA den Krieg erklären müsse, wenn das US-Ölembargo nicht bis zum Oktober 1941 aufgehoben sein würde.

Alles war vorprogrammiert. Der Krieg, der in Europa

bereits zwei Jahre tobte, konnte nun auch auf den asiatischen Kontinent übergreifen.

Wenden wir uns zunächst dem europäischen Kriegsschauplatz zu.

Die deutsche Kriegsmarine

Überlegungen zur Seekriegsführung

Im Februar 1937 beschrieb der seinerzeitige Oberbefehlshaber der Kriegsmarine, Generaladmiral Erich Raeder, eine Möglichkeit, wie der Kräfteausgleich zwischen der schwachen deutschen Reichsmarine und der britischen Marine herbeigeführt werden könne. In seinem Vortrag „Gedanken der Seekriegsführung" erläuterte er:

„Ein energischer Ansatz von wenigen eigenen Streitkräften gegen empfindliche Seeverbindungen oder Objekte des überlegenen Gegners kann allein durch den strategischen Druck stärkere Kräfte fesseln und damit einen Kräfteausgleich bewirken. Solche Wechselwirkung bewußt herbeizuführen, wird bei unserem herrschenden Kräfteverhältnis zum Gegner ein Leitgedanke der operativen Führung sein."

Diese Voraussage hatte einen durchaus realistischen Hintergrund, der auf den Marine-Einsatz des Ersten Weltkrieges zurückging. In diesem Kriege hatte das deutsche Ostasiengeschwader unter Vizeadmiral Graf von Spee und zwei Panzerkreuzern und drei Kleinen Kreuzern im pazifischen und Indischen Seeraum der

Handelsflotte des Gegners schwerste Verluste beigebracht und 47 große Handelsschiffe versenkt.

In der Seeschlacht bei Coronel gelang es dieser kleinen Flotte sogar, der britischen Home Fleet schwerste Verluste beizubringen, die in diesem Kampf drei Großkampfschiffe verlor. Allerdings war sich der deutsche Admiralstab im Ersten Weltkrieg über die sich ihm mit der Diversionswirkung bietenden Möglichkeiten nicht im klaren.

Generaladmiral Raeder jedenfalls war sich dieses Phänomens bewußt und erklärte präzise, „daß nur stärkster Ansatz jedes noch so kleinen Kampfmittels und volle Ausnutzung der Hohen See die Erfüllung der Kriegsaufgaben ermöglicht."

Aus dieser Erkenntnis entsprang die operative Überlegung, wie sie in den „Grundlagen zur Kriegsführung im Atlantik" niedergelegt wurden. Dabei sollte die Atlantik-Kriegsführung und das „Hinaustragen des Seekrieges in die Weiten des Ozeans" Bestandteil der Gesamtkriegsführung werden. Dies vor allem deswegen, weil „in absehbarer Zeit mit den vorhandenen Einheiten die Aufgaben in den heimischen Gewässern nicht zu lösen" sein würden.

Dies bedeutete, daß der Oberbefehlshaber der deutschen Kriegsmarine dem Gegner das Gesetz des Handelns vorschreiben wollte.

Um dieses Vorhaben auch in die Tat umzusetzen, wollte Generaladmiral Raeder vor allem auch leistungsfähige Marineflieger-Verbände aufstellen lassen, die einmal als zusätzliche schwere Waffe und vor allem als

Aufklärungsmöglichkeit dienen sollte. Diese Absicht scheiterte an Görings Einspruch, der verkündete: „Alles was fliegt, gehört mir!"

Bei allen diesen Überlegungen wurde die Neutralität Englands vorausgesetzt, die dadurch gegeben schien, daß Hitler das deutsch-englische Flottenabkommen hatte unterzeichnen lassen.

Allerdings war Admiral Albrecht, Kommandierender Admiral der Ostseestation, im August 1938 bereits der Überzeugung, daß der wahrscheinlichste Krieg nur jener gegen eine englisch-französisch-russische Koalition sein könne.

Nachdem auch Hitler Ende Mai 1938 zugeben mußte, daß man mit einer Gegnerschaft Englands rechnen müsse und Weisungen gab, den Kriegsschiffsbau zu beschleunigen, ließ Raeder den weiteren Aufbau der Kriegsmarine bei operativer Einstellung auf einen eventuellen Konflikt mit England untersuchen. Der Planungsausschuß legte dem OB der Marine das Ergebnis seiner Untersuchungen vor, die Raeder Ende 1938 Hitler vortrug. Kernpunkt dieser Ausarbeitung war die Forderung nach einer Flotte, die wenigstens Englands lebenswichtige Zufuhren bedrohen könne. Dies bedeutete den forcierten Aufbau einer starken U-Boot-Waffe und den Bau von Panzerschiffen.

Wenn man allerdings nicht diesen einseitigen Weg verfolgen wollte, der nicht zum vollen Erfolg führen könne, dann müsse man eine schlagkräftige Flotte mit den stärksten Schiffstypen als Rückgrat bauen. Diese könnte nicht nur die englischen Seeverbindungen unterbrechen, sondern auch den britischen Seestreitkräften Paroli bieten, sie zersplittern und abnützen. Eine solche Flotte aber werde nicht vor 1948 fertig sein.

Wenn es in den nächsten Jahren zum Krieg komme, wäre eine solche Flotte noch unfertig und damit würde Deutschland weder über jene zuerst geplanten noch über die Schiffe für die zweite Lösung verfügen.

Hitler entgegnete, daß er die Flotte nicht vor 1946 benötigen werde und entschied sich für den Z-Plan (Zielplan). Am 29. Januar 1939 befahl er den Beginn desselben und seine Durchführung bis Anfang 1946. Um dieses hochgesteckte Ziel zu erreichen, gab er der Marinerüstung den Vorrang vor allen anderen Rüstungsaufgaben, selbst vor dem Flugzeugbau.

Als Hitler aber im Frühjahr 1939 das Londoner Flottenabkommen kündigte, wurden die Marineexperten hellhörig, obgleich Hitler versicherte, daß sich an seiner Zielvorstellung des Ausbaues der Kriegsmarine bis zum Jahre 1946 nichts geändert habe.

Dieser Zeitplan sah folgendes Flottenbauprogramm vor:

10 Großkampfschiffe (einschließlich der „Scharnhorst" und der „Gneisenau"), darunter sechs Schlachtschiffe von jeweils 50.000 tons.

12 Panzerschiffe von 20.000 tons und größer

3 Panzerschiffe von 10.000 tons

4 Flugzeugträger von jeweils 20.000 tons

5 Schwere Kreuzer von 10.000 tons

16 Leichte Kreuzer von 8.000 tons

6 Leichte Kreuzer von 6.000 tons

22 Spähkreuzer von 5.000 tons

68 Zerstörer, 90 Torpedoboote, 222 U-Boote zwischen 250 und 750 tons

10 Minenschiffe und 227 sonstige Fahrzeuge.

Die Torso-Marine

Die operativen Gedanken, die diesem Z-Plan zu Grunde lagen, zeichneten sich, was die Großkampfschiffe anlangte, durch eine klar umrissene Aufgabe für dieselben aus.

Der Verband der großen deutschen Schlachtschiffe mit ihrem weiten Aktionsradius war im Stande, im Zusammenwirken mit den Flugzeugträgern, die Schlachtschiff-Sicherung der feindlichen Geleitzüge oder auch gegnerische Kampfgruppen zu vernichten.

Im Nordseebereich würden jene Schlachtschiffe mit dem geringeren Aktionsradius, wie jene der „Gneisenau"- und der „Bismarck"-Klasse, einen Teil der Großkampfschiffe Englands im Heimatbereich binden und sie damit der Geleitzugsicherung entziehen.

Im Ozeanischen Zufuhrkrieg sollten außer den Handelsstörkreuzern auch Gruppen von Schlachtkreuzern und anderen Kreuzern eingreifen, wobei die Schlachtkreuzer als Deckungskräfte für die schnellen deutschen Kreuzer und für die Panzerschiffe zu dienen hatten. Der Verband der deutschen Motorschlachtschiffe wiederum konnte, im Zusammenwirken mit den Flugzeugen der

Träger, die Schlachtschiff-Sicherung feindlicher Geleitzüge und gegnerische Kampfgruppen niederkämpfen.

Zur Einhaltung einer logischen und richtigen Reihenfolge des Schiffsbaues erließ die Seekriegsleitung eine Liste der Dringlichkeit für das Bauprogramm. Schlachtschiffe und U-Boote hatten danach Vorrang vor allen anderen Seefahrzeugen.

Dieser Z-Plan, der seinen Erfolg darin sah, die feindlichen Seestreitkräfte zu zersplittern und dadurch einen Kräfteausgleich herbeizuführen, war jedoch nur dann erfolgversprechend, wenn mit der vorgesehenen langen Friedensperiode bis 1946 gerechnet werden konnte.

Als England und Frankreich Deutschland am 3. September 1939, dem dritten Tag des Polenfeldzuges, den Krieg erklärten, war auch Hitler klar, daß England nicht geblufft hatte, als es Polen versprach, ihm in jedem Falle einer feindlichen Aggression zu helfen.

Der OB der Kriegsmarine, Großadmiral Raeder, machte sich nun keine Illusionen mehr über die Aussichten, welche die deutsche Torso-Marine gegenüber ihrem übermächtigen Feind England hatte. Er bemerkte in seinem Kriegstagebuch:

„Die Überwasserstreitkräfte sind noch so gering an Zahl und Stärke gegenüber der englischen Flotte, daß sie – vollen Einsatz vorausgesetzt – nur zeigen können, daß sie mit Anstand zu sterben verstehen." (Siehe Raeder Erich: Mein Leben und: KTB der Skl Teil C, Heft VII PG/32184).

Im Rahmen des Z-Planes waren vor Kriegsbeginn an

schweren Einheiten acht Schlachtschiffe, vier Panzerschiffe von 20.000 tons und größer, drei Schlachtkreuzer, zwei Flugzeugträger, fünf Schwere und sechs Leichte Kreuzer in Auftrag gegeben worden.

Um so schnell wie möglich viele Fahrzeuge für den Zuführkrieg zu erhalten, stellte die Skl ihr Bauprogramm um. Von den schweren Schiffen ließ sie nur die Schlachtschiffe „Bismarck" und „Tirpitz" weiterbauen. Hinzu kam der Schwere Kreuzer „Prinz Eugen" und der Flugzeugträger „Graf Zeppelin". Bei allen übrigen Projekten, darunter auch sechs Schlachtschiffe und drei Schlachtkreuzer, wurde der Bau, soweit er bereits begonnen hatte, abgebrochen.

Erste Kriegseinsätze der deutschen Schlachtschiffe

Die beiden deutschen Schlachtschiffe „Gneisenau" und „Scharnhorst" waren am 21. Mai 1938 und am 7. Januar 1939 in Dienst gestellt worden. Sie sollten sehr bald zum Einsatz kommen. Da die „Scharnhorst" sich noch in der Ostsee zur Gefechtsausbildung befand, unternahm der Flottenchef, Admiral Boehm, mit dem Schlachtschiff „Gneisenau", dem Leichten Kreuzer „Köln" und neun Zerstörern einen Vorstoß gegen die Südküste von Norwegen. Dieser Vorstoß hatte zum Ziel, die britische Home Fleet über eine deutsche U-Boot-Aufstellung von vier Booten zu ziehen. Darüber hinaus war mit diesem

Vorstoß an eine Ergänzung der Handelskriegsführung im Skagerrak gedacht. Nicht zuletzt galt dieser Vorstoß auch der Vortäuschung eines Ausbruchversuchs eines deutschen Schlachtschiffes. Damit sollten die gegnerischen Großkampfschiffe in der Heimat gebunden und den beiden deutschen Panzerschiffen „Graf Spee" und „Deutschland", die sich seit dem ersten Kriegstag im Einsatz befanden, Entlastung gebracht werden.

Der deutsche Flottenverband wurde am 8. Oktober durch die britische Luftaufklärung erfaßt und gemeldet. Dies wiederum löste hektische Aktivität der britischen Marine aus. Die „Humber Force" lief mit drei Leichten Kreuzern und der Schlachtkreuzer-Gruppe „Hood" und „Repulse" aus, der noch zwei Kreuzer und vier Zerstörer beigegeben waren.

Die Home Fleet mit den Schlachtschiffen „Nelson", „Rodney", dem Träger „Furious", einem Kreuzer und acht Zerstörern ging ebenfalls ankerauf.

Trotz des beiderseitigen Einsatzes von Luftstreitkräften endete diese Operation für beide Seiten ohne Erfolg oder Verlust.

Ein zweiter Einsatz der beiden genannten Großkampfschiffe war für den November geplant worden. In der Lagebesprechung der Skl am 12. November wurde die Situation für ein weiträumiges Unternehmen als sehr günstig angesehen. Die Gründe dafür sind im KTB der Skl niedergelegt: „Von den schweren englischen Streitkräften befinden sich zur Zeit „Nelson", „Rodney" und ein Schiff der R-Klasse in schottischen Gewässern. – – –

Keines der augenblicklich im Heimatgebiet befindlichen englischen Großkampfschiffe läuft über 23 Knoten, so daß auch bei einer gewissen maschinellen Störanfälligkeit unserer Schlachtschiffe eine unmittelbare Gefahr nicht erblickt werden kann. Aber auch bei Anwesenheit eines feindlichen Schlachtkreuzers erscheint das Risiko einer derartigen Unternehmung gering. Die Operation wird auf vier bis fünf Tage veranschlagt."

Am Mittag des 21. November liefen die „Gneisenau" unter Kapt. z.S. Förste und die „Scharnhorst" unter Kpt. z.S. K. C. Hoffmann mit den Kreuzern „Leipzig" und „Köln" und zwei Zerstörern zum Nordmarsch aus Wilhelmshaven und den Flußmündungen aus. Um 16.30 Uhr vereinigten sich die Flotte und der Befehlshaber der Aufklärungsstreitkräfte.

Die Führung des Vorstoßes hatte der Seebefehlshaber West, Flottenchef VAdm. Marschall, übernommen. Die operative Leitung wiederum lag bei der Marinegruppe West, Admiral Saalwächter.

Vizeadmiral Marschall beabsichtigte, „mit den Schlachtschiffen überraschend ins Seegebiet Island-Färöer vorzustoßen, dort gegen die vermutete feindliche Bewachungslinie vorzugehen, durch Scheinkurse einen Durchbruch der Schlachtschiffe in den Nordatlantik vorzutäuschen und anschließend unter Ausholung nach Norden und Ausnutzung der langen Nächte mit hoher Geschwindigkeit wieder Heimatgewässer anzulaufen."

Als gegen 23.00 Uhr die leichten Seestreitkräfte ihr

Operationsgebiet erreichten, wurden sie vom Flotten-chef entlassen.

Am anderen Morgen um 05.00 Uhr standen die beiden Schlachtschiffe ungefähr 30 sm nördlich der Färöer-Inseln und liefen mit 15 Knoten Fahrt nach Westen. Dies war jenes Gebiet, in welchem sie die feindliche Bewachung „aufrollen" sollten.

Es war 09.00 Uhr, als VAdm. Marschall beide Schiffe auf 200 hm (20 Kilometer) auseinanderziehen ließ, um eine bessere Aufklärung zu erzielen. (Die Gruppe West hatte um 05.30 Uhr gemeldet, daß die „Condor" beim Start einen Schaden erlitten hatte).

Es war Mittag, als die Ausgucks auf der „Scharn-horst" im Norden eine Rauchwolke sichteten. Das Schlachtschiff drehte darauf zu und stellte fest, daß es sich nur um ein Fischerboot handelte. Das Schiff lief wieder in seine alte Position zurück. Am Nachmittag sichtete dann der Ausguck auf dem Vormars der „Scharnhorst" einen Dampfer an Steuerbord querab. Abermals befahl Kpt. z. S. Hoffmann, auf Nordkurs zu gehen. Kurt Cäsar Hoffmann stieg selbst auf den Vor-mars und beobachtete das Fahrzeug. Er war sehr bald der Überzeugung, einen britischen Hilfskreuzer vor sich zu haben.

Er befahl daher, diesem Gegner nur den Bug zu zei-gen, um solcherart kein gutes Torpedoziel abzugeben. Durch Scheinwerfersignal wurde wenig später das Schiff zum Stoppen aufgefordert. Es gab „verstanden" und morste dann ununterbrochen „fam", was das Erken-nungssignal des Tages war, ohne aber zu stoppen.

Die Abenddämmerung setzte sehr früh ein und der Dampfer drehte ab, ohne die Flagge zu zeigen. Aber durch die lichtstarken Ferngläser wurde auf dem Heck des Abdrehenden ein Geschütz ausgemacht. Dann warf der Dampfer Nebelbojen über Bord.

Um 17.03 Uhr ließ Kpt. z. S. Hoffmann das Feuer eröffnen. Sekunden darauf blitzten auch die Abschüsse auf dem Dampfer auf. Die Distanz der beiden ungleichen Gegner zueinander betrug 75 hm. Fünf Minuten nach Feuereröffnung stiegen auf dem getroffenen Dampfer Flammen empor. Aber er schoß weiter und die Aufschläge seiner Granaten lagen nur etwa 100 Meter hinter dem Heck der „Scharnhorst".

„Gneisenau" war nach der ersten Sichtmeldung eingeschwenkt und erreichte um 17.11 Uhr eine günstige Feuerposition. Ihre ersten Granaten schlugen beim Gegner ein, doch sehr bald ließ Vizeadmiral Marschall das Feuer einstellen.

Es war 17.25 Uhr, als die „Scharnhorst" nach inzwischen eingefallener Dunkelheit auf den gestoppt liegenden Dampfer zulief. Um 17.30 Uhr brandete aus dem brennenden Dampfer eine mächtige Explosion empor. Sekunden später wurde vom Heck des Schiffes ein Morsespruch abgesetzt:

„Please send Boats!"

Vizeadmiral Marschall erteilte der „Scharnhorst" Befehl, die Überlebenden dieses Dampfers zu retten.

Als die ersten übernommen wurden, stellte sich heraus, daß der Gegner der englische Hilfskreuzer „Rawalpindi" unter Captain Kennedy war, ein Schiff mit 16.697

BRT, 19 Knoten schnell, mit einer Bewaffnung von acht 15 cm-Kanonen und zwei 10,2 cm Kanonen. Die Besatzung des Hilfskreuzers betrug 200 Mann.

Nachdem ein Offizier und 27 Seeleute gerettet worden waren, befahl Vizeadmiral Marschall um 19.16 Uhr plötzlich den Abbruch der Rettungsarbeiten und ließ den Verband mit 24 Knoten Fahrt auf Ostkurs ablaufen. Ein abgeblendet laufendes Fahrzeug, wahrscheinlich ein Zerstörer, war gemeldet worden und wurde als Fühlungshalter angesehen, der über Funk andere Verbände heranführen sollte.

„Scharnhorst", das diese Meldung abgegeben hatte, wurde gefragt, um was für ein Schiff es sich handele. Es gab an, daß es sich um ein größeres Kriegsschiff handeln müsse und erhielt den Befehl zu nebeln.

Der deutsche Flottenverband setzte sich ins Nordmeer ab. Die Britische Admiralität hatte unmittelbar nach dem Notruf der „Rawalpindi" alle verfügbaren großen Einheiten auf die „Deutschland" (als welche die „Scharnhorst" irrtümlicherweise von dem Hilfskreuzer angesprochen wurde) angesetzt. Es waren dies insgesamt drei Schlachtschiffe, drei Schlachtkreuzer, ein Flugzeugträger, drei Schwere Kreuzer, acht moderne und acht alte Leichte Kreuzer.

Dieser Verband suchte die deutschen Schiffe vergeblich.

Admiral Forbes, der Chef der Home Fleet, hatte nur die beiden Schlachtkreuzer „Nelson" und „Rodney", den schweren Kreuzer „Devonshire" und sieben Zerstörer zur Verfügung. Sein Verband lag auf dem Clyde vor

Anker. Dorthin hatte die Admiralität einen Teil der Flotte nach der Torpedierung der „Royal Oak" in Scapa Flow verlegt. In Rosyth lagen drei Leichte Kreuzer und zwei Zerstörer.

Der britische Leichte Kreuzer „Newcastle" stand der „Rawalpindi" am nächsten. Er war es, der sich mit AK dem Gefechtsfeld näherte. Die „Newcastle" verlor die „Scharnhorst" jedoch in einem Regenschauer außer Sicht.

Die britische Admiralität berief noch das Schlachtschiff „Warspite", das einen auslaufenden Konvoi sicherte, von dieser Aufgabe ab und setzte es zur Suche nach dem deutschen Verband ein. Der Schlachtkreuzer „Repulse" und der Flugzeugträger „Furious" wurden ebenfalls angesetzt. Allerdings standen sie sehr weit im Westen. Schlachtkreuzer „Hood" wurde zusammen mit dem französischen Schlachtkreuzer „Dunkerque" am 25.11. von Plymouth aus auf eine Lauerpositon geschickt, von der aus die Nordatlantik-Routen gedeckt werden konnten.

Diese Anstrengungen der britischen Seite zeigen auf, daß tatsächlich durch Schlachtschiff-Operationen eine große Diversionswirkung der Gegnerstreitkräfte erzielt wurde.

Die deutsche Funkaufklärung und die angesetzte Luftaufklärung waren sehr rasch über alle gegnerischen Bewegungen im Bilde.

Vizeadmiral Marschall ließ am frühen Morgen des 26. November, als stürmisches Wetter angesagt wurde, den Rückmarsch antreten. Sich an der norwegischen Küste haltend, wurde in Höhe Stadlandet ein Zerstörer gesichtet, der jedoch die Großkampfschiffe nicht sah.

Am Mittag des 27. November lief der Verband in Wilhelmshaven ein. In dem Gefecht mit der „Rawalpindi" hatte nur die „Scharnhorst" einen Treffer auf dem Achterdeck erhalten, der aber das Deck nicht durchschlagen hatte.

Der OB der Home Fleet, Admiral Forbes, suchte den deutschen Verband in nördlicher Richtung bis zum 30. November. Danach gab er die vergebliche Jagd auf. Sein Flaggschiff geriet beim Einlaufen in den Clyde auf eine Mine und wurde schwer beschädigt.

Die deutsche Seekriegsleitung bedauerte, daß Vizeadmiral Marschall sich die Chance hatte entgehen lassen, auch die „Newcastle" zu vernichten. Allerdings erkannte man auch die enormen strategischen Auswirkungen, die diese Verstöße beim Gegner hervorriefen. Diese erste größere Unternehmung war dennoch ein Erfolg gewesen.

Wichtig schien, daß die strategische Diversionswirkung erreicht wurde. Daß dies jedoch nicht der Fall gewesen war, sollte später erkannt werden.

Das Unternehmen „Nordmark"

Nach den laufend eingehenden Meldungen der Funküberwachung und den Agenten-Berichten erkannte die Skl im Dezember 1939 die Tatsache, daß eine große Anzahl britischer Großkampfschiffe in den Reparatur-docks lagen. Dem Marinekommando West wurde am 21. Dezember ein Befehl erteilt, die volle Fahr- und Kriegsbereitschaft der Schlachtschiffe „Scharnhorst" und „Gneisenau" und des Kreuzers „Admiral Hipper" herzustellen und mit diesen zu „möglichst häufigen erfolgversprechendem Einsatz" außerhalb der Nordsee auszulaufen.

Diesmal sollten nicht nur Kräfte gebunden und die britischen Seewege im Nordatlantik durch Anwesenheit deutscher Schiffe bedroht werden, sondern es ging vor allem darum, diesmal auch feindliche Seestreitkräfte zu vernichten.

Der Skl präzisierte den Zweck der Operationen wie folgt:

„1. Vernichtung unterlegener Feindstreitkräfte durch überraschendes Auftreten in Seegebieten, wo gefährliche Gegner sich nicht ständig aufhalten können.

2. Angriff auf die Kanada-Geleitzüge und damit die Störung des bisher vom Gegner angewandten Geleitsystems, das nur leichte Geleitzugstreitkräfte vorsieht. Hierdurch Hineinzwingen schwerer Geleitstreitkräfte in das Operationsgebiet unserer U-Boote.

3. Entlastung der außerheimischen Seegebiete nach Entsendung von Panzerschiffen und Hilfskreuzern durch Abziehen und Bindung schwerer Feindstreitkräfte.

4. Wirksamer Schlag gegen den lebenswichtigen Banngutverkehr von Norwegen zum Gegner." (Siehe: Chef der Seekriegsleitung B.Nr. 1/Skl I op 484/39 GKdos. Chefs. v. 21.12.39)

Der Operationstermin mußte dreimal verschoben werden, ehe der Beginn des Einsatzes zum 18. Februar 1940 befohlen wurde. Der Seebefehlshaber, Vizeadmiral Marschall, ging um 11.00 Uhr dieses Tages mit seinem Verband ankerauf. Das Flaggschiff „Gneisenau" stand unter dem Kommando von Kaptätn z. S. Netzband. „Scharnhorst" wurde von Kpt. z. S. K. C. Hoffmann geführt, während die „Hipper" unter Kpt. z. S. Heye stand. Der Verband wurde von drei Zerstörern der 4. Z-Flottille unter FKpt. Bey geleitet. Hinzu kamen die Torpedoboote „Luchs" und „Seeadler".

Der 19. Februar sah diesen Kampfverband bereits in der nördlichen Nordsee. Da gute Sicht herrschte, gab VAdm. Marschall den Befehl zum Schleudern der Bordflugzeuge beider Schlachtschiffe. Ihr Start erfolgte um 08.45 Uhr. Zwei Stunden blieben die Maschinen des Typs Arado 196 in der Luft. Danach wasserten sie wieder und wurden an Bord genommen. Sie hatten kein einziges Fahrzeug gesichtet.

Da keine Aussicht auf einen raschen Erfolg bestand und der Brennstoff-Vorrat der Zerstörer für den Rückmarsch bereits knapp wurde, trat der Kampfverband den Rückmarsch an. Am Abend des vierten Einsatztages, dem 20. Februar, lagen alle Einheiten wieder auf Wilhelmshaven-Reede.

Der Grund für diese erfolglose Jagd war in der Tatsache zu sehen, daß der Verband in der Nacht vor seinem Einsatz auf der Wangerooger Reede und im Wangerooger Fahrwasser durch Feindflugzeuge erfaßt und gemeldet worden war. Admiral Forbes hatte daraufhin den nach Norwegen bestimmten Geleitzug nach Scapa Flow umgeleitet.

Dadurch wurde dieser deutsche Vorstoß ein Schlag ins Leere. Als Großadmiral Raeder dem Führer am 23. Februar über den Verlauf des Unternehmens „Nordmark" vortrug, erklärte er, daß er beabsichtige, diesen Vorstoß so bald wie möglich zu wiederholen. Er erklärte dazu, daß gute Ergebnisse des B-Dienstes das Risiko dieser Operationen bedeutend herabsetzten.

Das Unternehmen „Weserübung"

Dieses Unternehmen sah fast sämtliche Einheiten der deutschen Kriegsmarine im Einsatz. Die Seekriegsleitung setzte mit dieser Operation die gesamte Flotte aufs Spiel. Hitler sagte dazu in seiner Weisung vom 1. 3. 1940:

„Die zahlenmäßige Schwäche der Kriegsmarine muß durch kühnes Handeln und überraschende Durchführung der Operationen ausgeglichen werden."

Es wurde bei der Seekriegsleitung mit einem Verlust der Hälfte der eingesetzten deutschen Seestreitkräfte gerechnet.

An dieser Unternehmung waren die deutschen Großkampfschiffe „Gneisenau" und „Scharnhorst", die

Schweren und Leichten Kreuzer ebenso beteiligt, wie alle einsatzbereiten Torpedoboote und Zerstörer, sowie auch die U-Boot-Waffe.

Gemeinsam mit den beiden deutschen Schlachtschiffen marschierte auch die „Admiral Hipper" am 7. April 1940 nach Norden. Als die Gruppe die Höhe von Drontheim erreichte, entließ der auf der „Gneisenau" eingeschiffte, stellvertretende Flottenchef, Vizeadmiral Lütjens, den Schweren Kreuzer mit den vier begleitenden Zerstörern nach Drontheim.

Vorher war es bereits zu einem Seegefecht zwischen „Hipper" und dem britischen Zerstörer „Glowworm" gekommen, bei dem der Gegner schwer getroffen wurde, dann aber mit letzter Kraft durch den Qualm auf die „Hipper" zulief und gegen die Steuerbordseite des deutschen Kreuzers stieß. Dabei wurde er unter Wasser gedrückt und kenterte. Die „Hipper" erhielt zwar ein Leck, konnte aber ihre Fahrt fortsetzen.

Am Morgen des 9. April 1940 um 05.00 Uhr stießen „Gneisenau" und „Scharnhorst" auf den britischen Schlachtkreuzer „Renown" mit Captain Simeon als Kommandant. Dieser hatte den Auftrag erhalten, als Hauptschiff einer Deckungsgruppe unter Vizeadmiral Whitworth für die Minenlege-Einheiten vor Bodö zu fungieren.

Bei diesem Gefecht fielen die Türme Anton beider deutschen Schlachtschiffe aus, weil der schwere Seegang sie unter Wasser gesetzt hatte. Die „Renown" wurde von zwei 28 cm-Granaten getroffen, doch diese explodierten nicht und richteten dementsprechend nur geringen Schaden an. „Gneisenau" erhielt drei Treffer aus „Renown's" 38,1 cm-Geschützten. Beide deutschen Einheiten liefen mit hoher Fahrt nach Norden ab.

Am nächsten Morgen stand die deutsche Schlachtschiffgruppe im Seeraum südwestlich Jan Mayen.

Am 12. April traten die Schlachtschiffe ohne weitere Gefechtsberührung den Rückmarsch an.

Zum nächsten Einsatz lief ein starker Flottenverband unter Führung von VAdm. Marschall am 4. Juni 1940 aus, um die im Nordmeer gesichteten starken feindlichen Seestreitkräfte zu bekämpfen und auch den Nachschubhafen der Alliierten, Harstad, zu beschießen. Flottenbefehlshaber Marschall war auch diesmal auf dem Flaggschiff „Gneisenau" eingestiegen, das von Kpt. z. S. Netzband geführt wurde. „Scharnhorst" stand nach wie vor unter dem Befehl von Kpt. z. S. Hoffmann. Der Befehlshaber der Aufklärungsstreitkräfte, BdA, Konteradmiral Schmundt, war auf „Admiral Hipper" eingestiegen. Vier Zerstörer unter Befehl des F. d. Z. Kpt. z. S. Bey sicherten den Flottenverband. Hinzu kamen zwei Torpedoboote. Am 5. Juni wurde gegen 18.00 Uhr die vorgesehene Ölübernahme aus dem Troßschiff „Dithmarschen" durchgeführt.

Am frühen Morgen des 8. Juni sichtete „Scharnhorst" im Seegebiet westlich der Lofoten den leeren britischen Flottentanker „Oilpioneer" mit dem begleitenden U-Jäger „Juniper". Kurz darauf machte auch die „Gneisenau" diese beiden Schiffe aus. Die beiden deutschen Schlachtschiffe eröffneten das Feuer und versenkten sie.

Um 08.25 Uhr wurden die beiden Arado 196 der Schlachtschiffe geschleudert. Der Aufklärer der „Scharnhorst" mit der Besatzung Oblt. z. S. Schrewe und Uffz. Gallinat, sichteten bald darauf ein Hilfskriegsschiff. Wenig später erreichten beide Schlachtschiffe das britische Lazarettschiff „Atlantis", das unbehindert passieren durfte. Der leere Truppentransporter „Orama", ein Schiff mit 19.840 BRT, wurde von der „Hipper" gestellt und versenkt.

Danach wurde die „Hipper" aus dem Verband nach Drontheim entlassen, weil nunmehr ja die Anwesenheit der deutschen Großkampfschiffe dem Gegner bekannt war. „Hipper" wurde von vier Zerstörern geleitet. Nunmehr gingen die beiden Schlachtschiffe auf Nordkurs, um die „Dithmarschen" aufzusuchen und ihre Vorräte zu ergänzen.

Auf dem Wege zu diesem Versorger wurde am Nachmittag des 8. Juni von einem im Vormars der „Scharnhorst" als Ausguck sitzenden Fähnrich „Rauchwolken voraus!" gemeldet.

Minuten später wurden Masten erkannt und schließlich hoben sich die Aufbauten eines Flugzeugträgers über die Kimm empor.

„Höchstfahrt und Klar Schiff zum Gefecht!" befahl Flottenchef Marschall. Die Alarmglocken traten in Tätigkeit und riefen die Besatzungen auf ihre Gefechtsstationen.

Als der Flugzeugträger ganz zu sehen war, erkannte man anhand des „Weyher" (Taschenbuch der Kriegsflotten), daß es die „Glorious" sein mußte, ein Träger, der aus einem leichten Schlachtkreuzer von 22.500 tons Deplacement umgebaut worden war. Er machte 30,5 Knoten Fahrt und konnte 48 Flugzeuge aufnehmen. Seine Bewaffnung bestand aus 16, hauptsächlich zur Luftabwehr dienenden, 12 cm-Geschützen und einer Reihe leichter Flawaffen.

Wenig später wurden auch zwei Zerstörer als Geleitfahrzeuge erkannt. Es waren die „Acasta" und die „Ardent". Dieser Verband, der aus Norden kam, steuerte Südkurs, lief also den beiden deutschen Schiffen genau entgegen.

Wichtig für den deutschen Flottenchef war nur, den Träger daran zu hindern, auf die Luvseite — gegen den Wind — zu drehen; denn dann konnte er seine Flugzeuge starten, was für die beiden Schlachtschiffe verhängnisvolle Folgen hätte haben müssen.

„Gneisenau" eröffnete deshalb bereits aus großer Distanz um 17.28 Uhr das Feuer mit seiner Mittelartillerie auf den am weitesten zurückstehenden Zerstörer „Ardent". Unmittelbar nach der ersten Salve des Flaggschiffs fiel auch die „Scharnhorst" mit ihren 28 cm-Geschützen in das Feuer ein und bekämpfte die „Glorious". Bereits die dritte Salve lag dicht beim Träger.

Der Horchraum der „Gneisenau" meldete nach dem ersten Schußwechsel, daß der Gegner funkte und seinen Standort durchtastete.

„Durch vorbereiteten Funkspruch stören", befahl Admiral Marschall.

Mit „qsa-Knall" (größte Lautstärke) funkte die „Gneisenau" dazwischen und verstümmelte den Funkspruch der „Glorious" derart, daß er nur noch von dem in der Nähe stehenden Schweren Kreuzer „Devonshire", allerdings auch nur verstümmelt, verstanden werden konnte. Dieser aber gab den Spruch nicht an die britische Admiralität weiter, um seinen Standort nicht zu verraten. Allerdings hatte man an Bord der „Devonshire" auch den Eindruck, als handele es sich bei diesem Funkspruch, der in englischer Sprache und als Führungsspruch abgesetzt wurde, um einen Spruch der britischen Admiralität.

Als die vierte Salve der „Scharnhorst" auf den Träger einhieb, verstummte jäh die Funkanlage. Eine Granate der 28 cm-Geschütze hatte sie durch Volltreffer zerstört.

Die beiden Begleitzerstörer der „Glorious" versuchten bei dem sich nun entwickelnden laufenden Gefecht, den Träger durch Schwarzqualmen der Sicht der beiden deutschen Großkampfschiffe zu entziehen. Alle drei Gegnereinheiten gingen auf Höchstfahrt herauf.

Die „Glorious" war nicht in der Lage, mit ihren 12 cm-Granaten die beiden Schlachtschiffe zu erreichen. Durch sein starkes Zeißglas erkannte der deutsche Flottenchef, daß man drüben bemüht war, vier „Swordfishes" startklar zu machen. Dazu hätte allerdings der Träger kehrt machen und den deutschen Schlachtschiffen entgegenlaufen müssen, doch bei einer der nächsten Salven, an denen sich auch die „Gneisenau" mit ihrer Hauptartillerie der vorderen Türme beteiligte, schlug eine schwere Granate in den Flugzeugfahrstuhl und ließ schwere Brände entstehen.

Damit war es dem Träger nicht mehr möglich, die einzige Rettungsmöglichkeit, seine Flugzeuge, zum Einsatz zu bringen.

Nunmehr versuchten die drei Gegner mit Höchstfahrt zu entkommen. Die Zerstörer boten alles auf, um den ihnen anvertrauten Träger zu decken. Sie griffen mit Torpedos an und zwangen beide Schlachtschiffe zu einigen harten Kursänderungen, wenn sie nicht von den Torpedos getroffen werden wollten.

Immer wieder, wenn die „Glorious" aus dem schützenden Tarnmantel des schwarzen Qualms auftauchte, schossen die schweren Geschütze der Schlachtschiffe auf den Träger, während die Mittelartillerie sich auf die Zerstörer einschoß, die mehrfach im aufschäumenden Gischt und Wassersäulen unterzugehen schienen und doch immer wieder daraus hervorkamen.

Die deutschen Schlachtschiffe holten mehr und mehr auf, sie hielten die Geschwindigkeit mühelos mit. Ihre Geschütze hatten sich inzwischen eingeschossen. Jede Salve lag nun deckend im Ziel. Die „Glorious" hatte einige schwere Treffer erhalten und lief mit verminderter Geschwindigkeit und sich immer mehr vergrößernder Schlagseite weiter.

Durch die Ferngläser sahen die Offiziere auf der Brücke der „Gneisenau", wie auf dem Zerstörer „Ardent" erneut ein Torpedoschuß vorbereitet wurde. In dem Augenblick als der Zerstörer zwei schwere Treffer erhielt und sich weit überlegte, schoß er noch einen Torpedo. Sekunden später kenterte der Zerstörer. Sein Torpedo lief keine 50 Meter vor dem Bug der „Scharnhorst" vorbei.

Eine Minute darauf war die „Ardent" von der Wasser-oberfläche verschwunden.

Die südlich davon laufende „Acasta" kämpfte nun allein um das Überleben des Flugzeugträgers. Dieser Zerstörer flitzte durch die Schußlinien der Deutschen, deren Granaten nun auf der „Glorious" einschlugen und den Träger von vorn bis achtern in Flammen hüllten.

Gleichzeitig hämmerte die Mittelartillerie beider deutscher Schlachtschiffe mit 15- und 10,5 cm-Granaten auf den letzten Zerstörer ein. Mitten im Hagel der detonierenden Geschosse und dem Todeshagel der umherschwirrenden Splitter standen die Männer auf der „Acasta" an ihren Geschützen und versuchten, den Gegner zu treffen. Zugleich waren die Torpedomechaniker dabei, den letzten Viererfächer fertigzumachen und diesen der zunächst laufenden „Scharnhorst" anzutragen.

Der Zerstörer drehte plötzlich, weiterhin stark schwarzqualmend, vom Träger fort und lief mit Höchstfahrt auf die „Scharnhorst" zu. Um 18.33 Uhr als bereits alle Waffen dieses Schlachtschiffes auf den nahenden Zerstörer eingeschwenkt waren, fiel dort der Befehl zum Torpedoschuß. Alle vier Aale flitzten durch die See der „Scharnhorst" entgegen und der Zerstörer drehte mit Hartruderlegen Backbord vor dem Bug der „Scharnhorst" her zur Seite.

„Torpedolaufbahnen Steuerbord zehn!" meldete einer der Ausgucks des Schlachtschiffes.

„Hart Steuerbord", befahl der Kommandant der „Scharnhorst", um diesen Torpedos nur die schmale Bugseite zu zeigen. Drei Torpedos wurde auf diese Weise ausgewichen. Der vierte etwas später geschossene Aal aber traf das Schlachtschiff, dessen Ruder schon wieder mittschiffs gelegt war, an Steuerbord im spitzen Winkel in der Höhe des achteren Turms.

Der detonierende Torpedo riß ein großes Loch in die Bordwand des Schlachtschiffes. Turm „Cäsar" und der IV. Turm der Mittelartillerie fielen aus. 49 Soldaten fanden durch diesen Torpedotreffer den Tod. Ein großer Wassereinbruch ließ die „Scharnhorst" Schlagseite bekommen. Durch schnelles und entschlossenes Gegentrimmen des Treiböls gelang es dem Kommandanten, diese Schlagseite auszugleichen. Steuerbord- und Mittelmaschine fielen aus. Die Fahrtstufe der „Scharnhorst" fiel auf 20 Knoten ab.

Während die übrige Artillerie des getroffenen Schlachtschiffes weiter auf den Träger schoß, der nun in eine einzige Flammenwand gehüllt war, gelang es der „Acasta", sich dem Feuer für einige wertvolle Sekunden zu entziehen. Sie machte jetzt nur noch fünf Knoten Fahrt und aus ihrem Achterschiff quollen Qualmwolken heraus, aus denen helle Flammenzungen emporleckten. Sie schoß noch immer und eine ihrer Granaten traf ein Rohr des Turmes B der „Scharnhorst", ohne ihn jedoch außer Gefecht zu setzen.

Die „Acasta" fiel zurück und begann zu sinken. Auch der Träger war nahe daran, unterzuschneiden, als der deutsche Flottenchef „Feuereinstellung" befahl.

Beide englische Schiffe sanken fast gleichzeitig. Von den insgesamt 1500 Soldaten der beiden Besatzungen konnten später nur 45 gerettet werden.

Die deutschen Schlachtschiffe hatten zwar einen beachtenswerten Erfolg errungen, dabei aber einen noch viel größeren möglichen Erfolg verpaßt, denn während sie sich mit dem Träger und seinen beiden kleinen Begleitern herumschlugen, konnte ein weiter nördlich stehender Geleitzug, der bis unter die Halskrause mit den aus Norwegen evakuierten britischen und französischen Truppen besetzt war, und zu dessen Schutz nur der Kreuzer „Southampton" zur Verfügung stand, ungehindert das Nordmeer durchlaufen und nach England zurückkehren.

Noch ein weiteres Ziel hätte sich den beiden deutschen Giganten geboten. Nur etwa 100 Seemeilen von ihnen entfernt lief der Kreuzer „Devonshire" auf Westkurs durch die See. An Bord befand sich der König von Norwegen mit dem königlichen Kronschatz.

Auch nach diesem Gefecht hätte es sich für Flottenchef Marschall gelohnt, weiter nach Norden vorzustoßen, wenn die „Hipper" und die vier Zerstörer noch bei ihm gewesen wären.

Erst nach dem Kriege wurde durch deutsche Meldungen in England bekannt, mit welch einer Tapferkeit und Bravour sich die beiden Zerstörer geschlagen hatten. Dementsprechend wurden sowohl der Kommandant der „Ardent", Lieutenant Commander Barker, als auch jener der „Acasta", Commander Glasfurd mit dem Victoriakreuz ausgezeichnet.

Admiral Marschall faßte nach diesem Gefecht den Entschluß, das Unternehmen abzubrechen und mit beiden Schlachtschiffen nach Drontheim zu gehen. Am

Nachmittag des 9. Juni erreichten beide Schiffe diesen norwegischen Hafen.

Die Mannschaft des hier liegenden Werkstattschiffes „Huascaran" ging sofort an die Abdichtung des Lecks der „Scharnhorst". Die ausgefallenen Maschinen wurden wieder klargemacht.

Die „Gneisenau" aber lief am Morgen des 10. Juni in Begleitung der „Hipper" und der vier Geleitzerstörer erneut aus. Admiral Marschall hatte sich zum Angriff auf einen der vom Marine-Gruppenkommando gemeldeten Rückfahrgeleitzüge entschlossen.

Der Gegner, der bis zum Mittag des 10. Juni noch nichts von der Vernichtung seines Trägers und der beiden Geleitzerstörer wußte, wurde durch die deutsche Meldung im Wehrmachtsbericht des 10. Juni um 13.00 Uhr davon in Kenntnis gesetzt. Das OWK hatte trotz der Warnung des Flottenchefs nicht stillbleiben können und meldete:

„Deutsche Seestreitkräfte, darunter die beiden Schlachtschiffe ‚Gneisenau' und ‚Scharnhorst' operierten unter der Führung des Admirals Marschall zur Entlastung der um Narvik kämpfenden Truppen im Nordmeer. Hierbei wurde am 8. Juni durch eine Kampfgruppe der englische Flugzeugträger ‚Glorious' und ein feindlicher Zerstörer in Grund geschossen. Eine zweite Kampfgruppe vernichtete den 21.000 BRT großen Truppentransporter ‚Orama', den englischen Marinetanker ‚Oilpioneer' und einen modernen U-Boot-Jäger."

Damit war dem Gegner bekannt, daß die beiden deutschen Schlachtschiffe sich im Nordmeer befanden.

Übrigens hatte sich das britische Lazarettschiff „Atlantis", das ungehindert weiterlaufen durfte, genau an die Bestimmungen gehalten, wonach es Lazarettschiffen verboten war Aufklärungsfunksprüche zu tasten. Erst als dieses Schiff dem Schlachtschiff „Valiant" begegnete, wurde die Meldung durch Blinkspruch übermittelt.

Der Vorstoß des Schlachtschiffes „Gneisenau" mit der „Hipper" blieb denn auch erfolglos. Der Gegner hatte inzwischen nach Süden dicht gemacht. Admiral Marschall wurde anheimgestellt, seinen Vorstoß abzubrechen, was er auch tat. Der Verband lief am 11. Juni wieder in Drontheim ein.

Am Nachmittag dieses Tages wurde Drontheim von 12 britischen Bombern angegriffen, welche die auf Reede liegenden Großkampfschiffe bombten. Alle Bomben gingen vorbei, weil die massierte Flakabwehr einen Zielanflug verhinderte.

Am frühen Morgen des 13. Juni um 03.00 Uhr griffen 15 Stukas des Gegners, die von der „Arc Royal" gestartet waren, abermals an. Im dichten Abwehrfeuer wurden acht dieser Maschinen abgeschossen und stürzten brennend in die See. Ihre Bomben fielen wirkungslos ins Wasser, bis auf eine der 250 Kilo-Bomben, die neben dem 15 cm-Turm an der Backbordseite der „Scharnhorst" auf das Deck schlug und glücklicherweise als Blindgänger unschädlich liegenblieb.

Am 20. Juni konnte endlich die „Scharnhorst" dieses gefährliche Gewässer verlassen. Unter Geleitschutz von drei Zerstörern und zwei T-Booten trat sie den Rückmarsch nach Kiel an.

Um diese Rückmarschbewegung zu decken und den Gegner auf sich zu ziehen, unternahmen „Gneisenau" und „Admiral Hipper", seit dem 18. Juni von VAdm. Lütjens anstelle des erkrankten Admirals Marschall geführt, einen Vorstoß gegen die „Northern Patrol" des Gegners. Um 16.00 Uhr liefen sie aus, und eine Stunde darauf verließ auch die „Scharnhorst" in entgegengesetzter Richtung nach Süden laufend die Reede von Drontheim.

Die Kampfgruppe unter VAdm. Lütjens verließ die Schären und schwenkte dann auf Nordkurs ein. Es wurde Mitternacht, und es war noch immer beinahe taghell. Jene drei Torpedolaufbahnen, die von der Steuerbordseite auf das Schiff zueilten, wurden nicht rechtzeitig gesichtet. Als sie entdeckt und gemeldet wurden, war es zu spät für eine Kursänderung. Zwei Torpedos des von einem englischen U-Boot geschossenen Dreierfächers gingen vorbei. Der dritte schlug weit vor dem vorderen Turm ins Vorderschiff der „Gneisenau" hinein und stob an der anderen Seite wieder hinaus. Hätten alle drei Torpedos die „Gneisenau" getroffen, wäre es sicherlich kritisch für diesen Giganten geworden. Dennoch mußte der Einsatz abgebrochen und der Rückmarsch nach Drontheim angetreten werden.

Damit waren die Rückreise-Konvois des Gegners endgültig gerettet. Wieder gingen die Monteure und Schweißer des Werkstattschiffes „Huascaran" an die Arbeit. Es dauerte Wochen, bevor die „Gneisenau" am 25. Juli 1940 den Rückmarsch nach Kiel antreten konnte, wo sie in die Werft ging.

„Admiral Hipper", der Leichte Kreuzer „Nürnberg" und vier Zerstörer geleiteten den Riesen nach Deutschland.

Um ein Haar wäre trotz der kompakten Sicherung, zu der noch am nächsten Morgen zusätzlich fünf Torpedoboote und eine große Luftsicherung stießen, schiefgelaufen, als am Nachmittag des 26. Juli das britische U-Boot „Swordfish" einen Torpedo auf die „Gneisenau" schoß. Der Aal lief genau auf das Schlachtschiff zu, als plötzlich das Torpedoboot „Luchs" mit AK nach vorn preschte und in die Schußlinie hineinlief. Es wurde mittschiffs getroffen, in Stücke gerissen und sank binnen zweier Minuten. 97 Soldaten der 150-köpfigen Besatzung gingen mit dem Torpedoboot unter, welches die „Gneisenau" gerettet hatte.

Am 28. Juli erreichte das Schlachtschiff den Kieler Hafen und ging nach Abgabe der Munition in die Werft.

Der bisherige Kommandant der „Gneisenau" Kpt. z. S. Netzband verließ das Schiff, um als Stabschef der Flotte auf der „Bismarck" einzusteigen, die bald einsatzbereit sein würde. Neuer Kommandant auf der „Gneisenau" wurde Kpt. z. S. Fein.

Damit waren die beiden deutschen Schlachtschiffe — wenn auch nur vorübergehend — ausgeschaltet.

Britische Schlachtschiff-Aktionen

Im Norwegenfeldzug

Während des deutschen Norwegenfeldzuges war die britische Home Fleet ebenso wie einige andere Kampfgruppen eingesetzt, um auf deutsche Schiffe Jagd zu machen und sie zu vernichten.

Bereits am Abend des 7. April, als erste sichere Nachrichten vom Auslaufen und dem Nordmarsch deutscher Flottenstreitkräfte eingegangen waren, lief der Commander-in-Chief der Home Fleet, Admiral Forbes, mit den Schlachtschiffen „Rodney" und „Valiant", dem Schlachtkreuzer „Repulse", zwei Kreuzern und zehn Zerstörern von Scapa Flow in Richtung der Enge Shetland-Norwegen aus.

Von Rosyth aus folgten ihnen die Kreuzer „Galatea" und „Arethusa" mit vier Zerstörern. Die Sicherung des Geleitzuges ON 25 wurde ebenfalls abgezogen und in den Kampfraum befohlen. Es waren die Kreuzer „Manchester" und „Southampton" mit fünf Zerstörern unter dem Kommando von Vizeadmiral Layton, die mit AK auf den Treffpunkt zur Home Fleet zuliefen.

Vor den Lofoten stand ein britischer Sicherungsverband mit dem Schlachtkreuzer „Renown", dem Flaggschiff von VAdm. Whitworth, und 13 Zerstörern.

Als am 8. April die „Glowworm" von den deutschen Schlachtschiffen vernichtet wurde und einen Notruf tastete, wurden die „Repulse", der Kreuzer „Penelope" und vier Zerstörer zu Whitworths Verband geschickt, um diesen zu verstärken, weil zu erwarten stand, daß dieser Verband bald ins Gefecht treten würde.

Vizeadmiral Horten, der Befehlshaber der britischen U-Boote, ließ sofort sämtliche einsatzbereiten Boote, in Positionen vor der norwegischen Küste, in den Skagerrak und ins Kattegatt sowie auf Positionen in der Nordsee marschieren. Diese Boote hatten bis zum 9. April ihre Einsatzräume bezogen und warteten auf den Gegner. Bereits am 8. April war es dem U-Boot „Trident" unter LtCdr. Seale gelungen, den deutschen Tanker „Posidonia" zu versenken, der zur Beölung der deutschen Seestreitkräfte in diesen Seeraum geschickt worden war. Am Abend dieses Tages verfehlte die „Trident" vor Skagen mit einem Fächerschuß aller zehn Torpedos den deutschen Kreuzer „Lützow".

Damit war die Erfolgsliste der britischen U-Boote noch nicht vollzählig. „Trident" versenkte ein weiteres deutsches Schiff von 8.036 BRT und „Truant", geführt vo LtCdr. Hutchinson, torpedierte den deutschen Kreuzer „Karlsruhe", während „Spearfish" am 11. April den auf dem Rückmarsch befindlichen deutschen Kreuzer „Lützow" torpedierte und schwer beschädigte. Eine Reihe weiterer Erfolge kamen hinzu.

Der Schwere deutsche Kreuzer „Blücher" wiederum wurde durch die norwegische Küstenartillerie getroffen und sank nach Torpedotreffern einer Landbatterie. Es entstanden schwere Personalverluste.

Der britische Schlachtkreuzer „Renown" unter Captain Simeon trat vor dem Westfjord kurz mit den beiden deutschen Schlachtschiffen ins Gefecht. Dabei erhielt er zwei 28 cm-Treffer, die nicht detonierten. „Renown" konnte auf der „Gneisenau" drei Treffer anbringen, darunter einen einer 38,1 cm-Granate, die ebenfalls keine schwerwiegenden Schäden anrichteten.

Die britische Home Fleet, die im Kampfraum eingetroffen war, wurde von deutschen Sturzkampfbombern und He 111-Bombern angegriffen. Der Zerstörer „Gurkha" wurde versenkt. Das Schlachtschiff „Rodney" erhielt einen Treffer, ebenso der Schwere Kreuzer „Devonshire" und die beiden Leichten Kreuzer „Southampton" und „Glasgow".

Um ein Haar wäre es den deutschen Kampffliegern des KG 30 gelungen, ein in See stehendes Schlachtschiff zu versenken.

Während am frühen Morgen des 10. April die Einheiten der 2. brit. Zerstörer-Flottille unter Captain Warburton-Lee in den Ofotfjord eindrangen, um die dort eingelaufenen deutschen Zerstörer zu vernichten, die Soldaten der 3. Gebirgs-Division unter GenMaj. Dietl nach Narvik gebracht hatten, und mit ihren fünf Zerstörern das Überraschungsgefecht eröffneten, waren zur gleichen Zeit die „Warspite" und der Flugzeugträger „Furious" westlich Norwegen zur Home Fleet gestoßen, die bis dahin noch kein deutsches Schiff gesichtet hatte.

Am 11. April mußte Admiral Forbes die leichten Einheiten zur Brennstoffergänzung entlassen. Mit den Schlachtschiffen „Rodney", „Valiant" und „Warspite", dem Träger „Furious" und drei schweren Kreuzern lief er Drontheim entgegen.

Am 12. April erfaßte die britische Luftaufklärung südwestlich Stavanger die bereits auf dem Rückmarsch befindlichen deutschen Schlachtschiffe mit der „Hipper". Diese hatten unter geschickter Nutzung des unsichtigen Wetters die Home Fleet umgangen und waren diesem starken Feindverband entkommen. Auch die hinterhergeschickten 92 britischen Bomber erreichten diese Ziele nicht mehr.

Am Morgen des 13. April, nach einem Verzweiflungskampf der deutschen gegen britische Zerstörer vom 10. April, der auf beiden Seiten schwere Opfer forderte, wurden von Admiral Forbes der Kreuzer „Penelope" und die vier Zerstörer seiner Sicherungsgruppe in Richtung Narvik geschickt, um den dort noch schwimmenden Gegner zu vernichten.

Admiral Withworth erhielt die Weisung, ein Auslaufen deutscher Zerstörer aus dem Fjord zu verhindern. Die „Penelope" konnte nicht an diesem Raid teilnehmen, weil sie am Abend des 11. April bereits gestrandet war.

Die britische Admiralität, die in Narvik noch zwei deutsche Kreuzer und sechs Zerstörer vermutete, unternahm nun alle Anstrengungen, um diese zu vernichten. Admiral Forbes erhielt während eines Flugzeugangriffs der Maschinen der „Furious" einen Funkspruch der britischen Admiralität:

„The final destruction of enemies remaining at Narvik should be compassed from the sea — Die endgültige

Vernichtung des in Narvik verbliebenen Feindes hat von See aus zu erfolgen."

Daraufhin führte Admiral Forbes den Streitkräften von Admiral Whitworth das Schlachtschiff „Warspite" und neun große Zerstörer zu.

Am frühen Morgen des 13. April sammelte dieser Verband im Westfjord und marschierte dann in Richtung Narvik-Hafen. Nach den neun Zerstörern lief auch die „Warspite", die die Flagge von Admiral Whitworth gesetzt hatte, in den Westfjord hinein.

Um 12.15 Uhr wurden diese Seestreitkräfte dem deutschen Führer der Zerstörer gemeldet. Um 13.08 Uhr wurde die erste Salve geschossen und plötzlich tauchte die „Warspite" auf, die in etwa zwei Seemeilen Abstand dem letzten Zerstörer gefolgt war.

Der Veteran aus der Skagerrakschlacht eröffnete das Feuer aus allen Geschützen. Dieser Granatenhagel richtete sich gegen den deutschen Zerstörer „Erich Koellner", der von FKpt. Schulze-Hinrichs geführt wurde. Das zweite Geschütz des Zerstörers wurde getroffen, und nur Sekunden nachdem die Bedienung den Funkraum verlassen hatte, schlug ein Volltreffer der „Warspite" darin ein und ließ ihn in Flammen aufgehen. Dann fiel das dritte Geschütz des Zerstörers aus. Aus dem Vorschiff loderten helle Flammen empor und der Kommandant mußte den Befehl geben: „Alle Mann außenbords! – Zerstörer verlassen!"

Sekunden später traf ein Zerstörertorpedo den deutschen Zerstörer und riß ihn auseinander. Das erste Opfer des 13. April sank.

Mit dem Kampflärm befahl der F.d.Z. FKpt. Bey, der für den gefallenen Kommodore Bonte den Befehl übernommen hatte, das Auslaufen aller Boote, die den Angriff des 10. April überstanden hatten. Es waren „Hans Lüdemann", „Wolfgang Zenker", „Georg Thiele" und „Bernd von Arnim". „Diether von Roeder", der noch nicht fahrbereit war, blieb noch an seinem Liegeplatz an der Postpier in Narvik.

Die deutschen Zerstörer schossen ihre Torpedos und eröffneten unmittelbar nach dem Torpedoschuß das Feuer auf den Gegner. In die hellen peitschenden Abschüsse ihrer 12,7 cm-Geschütze hinein brüllten die 38 cm-Abschüsse der „Warspite". Fehlgelaufene Torpedos gingen an den Uferrändern hoch. Es war ein unheimliches Getöse, das von den steilen Felsen widerhallte. Drei Feindzerstörer und das Schlachtschiff feuerten auf „Wolfgang Zenker". Dieser rochierte und schoß nacheinander zwei Dreierfächer Torpedos. Einer der Feindzerstörer wurde getroffen.

Der deutsche Zerstörer „Georg Thiele" lag wenig später im dichten Feuer der britischen Zerstörer. Mächtige Wassersäulen, die links und rechts des „Georg Thiele" aus der See hochgerissen wurden, zeigten an, daß auch die „Warspite" mit ihrer schweren Artillerie in das Feuer eingefallen war. Die vier geschossenen Torpedos dieses deutschen Zerstörers zeigten keine Wirkung.

Auf alle Fälle war es den deutschen Zerstörern klar, daß ein Entkommen aus dieser Falle des Fjords nicht mehr möglich war. Nach Verschuß der letzten Munition versenkten sich die überlebenden Zerstörer selber.

Der noch an der Postpier in Narvik liegende schwer beschädigte Zerstörer „Diether von Roeder" unter KKpt. Holtorf hatte nur den Artillerie-Offizier und den I. Offizier mit einem Teil der Besatzung an Bord, als sich die wuchtige Silhouette der „Warspite" zeigte. Aus den schweren Türmen des Schlachtschiffes hämmerten die Abschüsse, Flammenlanzen stoben gen Himmel. Schwerste Granaten schlugen in die Postpier hinein, zerschmetterten die nahegelegenen Häuser und rissen mächtige Steinquadern aus den Felsen dahinter. Drei Zerstörer waren bei der „Warspite".

„Diether von Roeder" erwiderte das vernichtende Feuer. Einer der Feindzerstörer wurde getroffen. Ein zweiter fiel ebenfalls getroffen zurück und nun jagte nur noch der Zerstörer „Cossack" auf den deutschen Zerstörer zu. Er erhielt ebenfalls mehrere Treffer und lief bei einem Ausweichmanöver südlich des Hafenbeckens vor Ankenes auf Grund.

Die „Warspite" war mitten in den Fjord gelaufen und blieb nun dort liegen. Das englische Schlachtschiff schoß aus allen Waffen nach Narvik hinein, wohl in der Hoffnung, dort die an Land gesetzten deutschen Gebirgsjäger zu vernichten.

Zwei Torpedos, die von den Feind-Zerstörern geschossen worden waren, liefen dicht an dem deutschen Zerstörer vorbei und rissen die Postpier in Stücke. Dann schlugen die Geschosse der „Warspite" dicht bei „Diether von Roeder" in die See. Die aufgelaufene „Cossack" unter Captain Vian feuerte ebenfalls.

Plötzlich verstummte das Feuer des deutschen Zerstörers. Er hatte alle Munition verschossen. Obermaat Tiedke, der Sprengmaat, brachte mit seinen Männern die beiden Sprengladungen an. Im Abstand von zwei Sekunden zueinander brachen nach Ablauf des Verzögerungszünders aus dem Vorschiff und dem Achterschiff des deutschen Zerstörers die Detonationsflammen der Sprengladungen und der Wasserbomben, die mit ihnen hochgejagt wurden, in die Höhe. „Diether von Roeder" sank.

Als letzter der zehn deutschen Zerstörer hatte schließlich auch „Erich Giese" seine Munition verschossen. Das Boot befand sich mit starker Schlagseite im Sinken. KKpt. Karl Smidt gab den Befehl: „Alle Mann außenbords!"

Die Landung in Narvik und möglicherweise auch die Vernichtung der deutschen Gebirgsjäger wurde von Admiral Whithworth nicht versucht. Um 17.30 Uhr verließ er mit der „Warspite" und den überlebenen eigenen Zerstörern den Kampfplatz. Am 14. April um 14.15 Uhr kam auch der auf Dreck gelaufene Zerstörer „Cossack" wieder frei und lief ab.

Die deutschen Zerstörer, die die Gebirgstruppen des Generals Dietl nach Narvik bringen sollten, hatten ihren Auftrag erfüllt. Aber sie waren alle zehn vernichtet worden. Für die deutsche Zerstörerwaffe ein Verlust, der sie für sehr lange Zeit völlig lähmte.

Entscheidend für diesen britischen Erfolg war der Rückhalt, den die britischen Zerstörer durch die „Warspite" erhielten, an der vorbei es kein Entkommen gab.

Allerdings gewann die deutsche Wehrmacht mit Norwegen einen „festen Flugzeugträger im Norden und neue Stützpunkte auch für die U-Boote" (siehe Raeder, Erich: a.a.O.).

Während dieser Phase des Norwegenfeldzuges geriet die „Warspite" mehrfach vor die Rohre deutscher U-Boote. Immer wieder aber entging dieses Schlachtschiff der Vernichtung, weil die deutschen Torpedos versagten. Die deutschen U-Boot-Männer kämpften nach den Worten von Günther Prien, der ebenfalls einen Viererfächer aus günstiger Schußposition auf diesen englischen Schiffsveteranen schoß, „mit hölzernen Schwertern". Am 14. April gelang es U38 auf das britische Schlachtschiff „Valiant" zum Schuß zu kommen. Auch hier versagten die Torpedos.

Der britische Schlachtkreuzer „Repulse" geleitete als Deckungsgruppe am Abend des 18. April einen Konvoi, der die 5. franz. Alpenjäger-Halbbrigade nach Namsos brachte. Die Angriffe deutscher U-Boote gegen diesen Konvoi schlugen fehl.

Die „Warspite" kam am 24. April erneut zum Einsatz, als Lord Cork, Admiral of the Fleet, mit ihm und drei Kreuzern sowie einem Zerstörer Narvik beschossen, um eine Landung britischer Truppen dort zu ermöglichen. Doch die auf dem Schulkreuzer „Vindictive" eingeschifften Soldaten konnten nicht an Land gebracht werden. Wieder wurde ein Teil der Stadt in Trümmer gelegt. (Während des Prozesses vor dem Nürnberger Militärtribunal, wurde Deutschland der Vernichtung von Narvik bezichtigt, obgleich alle Verwüstungen auf das Konto Englands gingen).

Die „Warspite" wurde nunmehr aus dem Verband der Home Fleet zur Mittelmeerflotte abgestellt. Mit dem zweiten dort stehenden Schlachtschiff „Malaya", dem Flugzeugträger „Eagle", dem 7. Kreuzergeschwader mit fünf Kreuzern und neun Zerstörern unternahm dieser Schiffsverband unter der Führung von Admiral A.B. Cunningham am 11. Juni 1940 den ersten Vorstoß gegen den italienischen Schiffsverkehr Neapel — Bengasi — Tobruk, der südlich an Kreta vorbeiführte.

Operation „Catapult"
Der Bruderkampf von Mers el Kebir

Nach Ende des Frankreich-Feldzuges übergab der Befehlshaber der französischen Force X, VAdm. Godfroy das in Alexandria liegende französische Geschwader zur Internierung an den Oberbefehlshaber Mittelmeerflotte, Admiral Cunningham. Unter den Einheiten befand sich auch das Schlachtschiff „Lorraine".

Damit war die Gefahr, die eventuell im Mittelmeer von französischen Schiffen ausgehen konnte, gebannt. Anders sah es mit der französischen Flotte aus, die sich in den Stützpunkten Toulon, Bizerta, Ajaccio und Mers el Kebir befand.

Hitler hatte der in Vichy amtierenden französischen Regierung unter Marschall Pétain Südfrankreich, Nordafrika und die übrigen Kolonien belassen. Das französische Heer und die Fliegerkräfte wurden stark verringert.

Die französische Flotte — so wurde es beschlossen — sollte in den genannten Häfen bleiben und dort entwaffnet werden. Einige Kreuzer blieben in Dienst, um die französischen Interessen in den Kolonien wahrnehmen zu können. Nord- und Westfrankreich blieben von der deutschen Wehrmacht besetzt. Die an der westfranzösischen Atlantikküste gelegenen Häfen sollten deutscherseits für die Weiterführung des Krieges gegen England — vor allem als U-Boots-Stützpunkt — vorbereitet werden.

Damit lag die südenglische Küste vom deutschbesetzten Kontinent Westeuropas zwischen Den Helder und Brest bis zu 200 Kilometer und bei der Straße von Dover nur 32 Kilometer entfernt.

Dies bot eine Reihe Möglichkeiten für den Einsatz leichter deutscher Seestreitkräfte. Aus den französischen Atlantikhäfen konnten auch deutsche Handelsstörkreuzer auslaufen.

Hitler erklärte gegenüber Marschall Pétain, daß er keine Absichten habe, sich der französischen Flotte zu bemächtigen. England fürchtete seit der Kapitulation Frankreichs nichts mehr, als daß die französische Flotte, vor allem die Großkampfschiffe, auf der Seite Deutschlands, mit deutsch-französischer Besatzung in den Seekrieg gegen England eingreifen könnte. Wenn dies geschah, dann sahen die Chancen Deutschlands bedeutend besser aus.

Aus diesem Grunde beschloß die britische Führung, vorher loszuschlagen und sich entweder der französischen Flotte zu bemächtigen, oder sie zu vernichten.

Zwar versuchte der britische Kriegspremier Winston Churchill es zunächst mit Verhandlungen. Dieser Versuch, Frankreichs Flotte auf britischer Seite im Mittelmeerraum vor der Küste Nordafrikas als Beschießungsverband, sowie im Geleitzugverkehr Gibraltar-Malta-Alexandria zum Einsatz zu bewegen, schlug fehl.

Nunmehr wurden zunächst sämtliche in britischen Häfen liegenden französischen Schiffe in einer Nacht- und Nebel-Aktion in den ersten Morgenstunden des 3. Juli 1940 besetzt. Es kam zu Schießereien, die verhältnismäßig glimpflich abliefen, wenngleich es Verluste auf beiden Seiten gab.

Anders war die Blitzaktion, die in dem nordafrikanischen Kriegshafen Frankreichs, Mers el Kebir bei Oran in Algerien, am selben Tage stattfand.

Die Force H – die Gibraltarstreitkräfte – unter der Führung von VAdm. Somerville lief vor Mers el Kebir. Dem Befehlshaber der dort liegenden französischen Seestreitkräfte, Admiral Gensoul, wurde ein britisches Ultimatum zugestellt. Admiral Gensoul studierte dieses Ultimatum, und da es den deutsch-französischen Waffenstillstandsbedingungen widersprach, lehnte er es ab.

Admiral Gensoul standen in Mers el Kebir die Schlachtschiffe „Dunkerque" unter Kptz. S. Barrois, „Strasbourg" unter Kpt.z.S. Collinet und „Provence" mit dem Befehlshaber der 2. Schlachtschiffs-Division KAdm. Bouxin an Bord und „Bretagne" unter Kpt.z.S. Pivain zur Verfügung. Hinzu kamen die Zerstörer-Flottille unter KAdm. Lacroix mit sechs Großzerstörern und das Flugzeug-Mutterschiff „Commandant Teste", das von Kpt.z.S. Lamaire geführt wurde.

Gemäß den Weisungen Churchills eröffneten die Engländer nach Ablauf des Ultimatums um 18.00 Uhr das Feuer auf die vor Anker oder an der Mole liegenden französischen Schiffe.

Die Schlachtschiffe „Resolution" und „Valiant" und der Schlachtkreuzer „Hood" schossen ihre vollen Breitseiten auf die still liegenden und nicht gefechtsbereiten Schiffe. Der Flugzeugträger „Arc Royal", zwei Leichte Kreuzer und elf Zerstörer beteiligten sich an diesem Massaker.

Der erste schwere Feuerschlag galt dem Schlachtschiff „Bretagne". Schwere Granaten hämmerten auf dieses Schiff ein. Flammen stoben aus der „Bretagne" empor. Wuchtige Explosionen rissen das Schiff in Stücke. Mit 977 Mann seiner Besatzung sank es auf Tiefe.

Gleichzeitig mit diesem Feuerüberfall, der nunmehr auf das Schlachtschiff „Provence" einschwenkte und es voll eindeckte, starteten die Trägerflugzeuge der „Arc Royal" und warfen ihre Bomben. Die „Provence" geriet in Brand und erhielt stark Schlagseite.

Ihr folgte der Schlachtkreuzer „Strasbourg". Auch er wurde stark beschädigt und erlitt schwere Verluste. Um nicht ebenfalls zu sinken, setzte sich die von vielen Granaten getroffene „Dunkerque" selbst auf Grund.

Der französische Großzerstörer „Mogador" verlor durch einen Volltreffer der britischen Schlachtschiffe das Heck und hatte 42 Tote. Die Verluste der „Dunkerque" betrugen 210 Mann.

Lediglich der „Strasbourg" und den fünf übriggebliebenen Großzerstörern („Torpedokreuzer" genannt) gelang es auszulaufen.

Von britischen Bombern verfolgt und gebombt gelang es ihnen mit letzter Kraft zu entkommen. Am Abend des 4. Juli erreichten die Großzerstörer „Volta", „Tigre" und „Terrible" Toulon.

Gleichzeitig zu diesem „Bubenstück" (Kpt.z.S. Barrois) wurden in Plymouth das französische Schlachtschiff „Paris", einige Zerstörer und kleinere Boote und in einigen anderen Häfen die dort liegenden französischen U-Boote gekapert. Die Besatzung des Zerstörers „Mistral" und des U-Kreuzers „Surcouf" leisteten Widerstand, wobei es zu Verlusten auf beiden Seiten kam.

Das in Dakar liegende noch nicht einsatzbereite französische Schlachtschiff „Richelieu" sollte am 8. Juli in Besitz genommen werden. Dazu wurde der Träger „Hermes" und die beiden Schweren Kreuzer „Australia" und „Dorsetshire" nach Dakar entsandt.

Die britischen Bedingungen wurden von dem Kommandanten der „Richelieu" abgelehnt. Daraufhin überlief ein britisches Motor-Torpedoboot unter LtCdr. Bristowe die Balkensperre des Hafens und warf Wasserbomben unter das Heck dieses französischen Schlachtschiffes. Sechs Swordfishes des Trägers „Hermes" griffen anschließend die „Richelieu" an. Sie erzielten einen Torpedotreffer. Damit war die „Richelieu" ausgeschaltet. Auch hier erlitt die französische Marine Verluste, deren genaue Höhe nicht bekannt wurde.

Ein Sturm der Entrüstung lief durch ganz Frankreich.

In dieser Situation stand es auf des Messers Schneide und Frankreich wäre durch die Mordtaten des eigenen Verbündeten den Deutschen in die Arme gelaufen. Dazu General der Kavallerie a.D. Siegfried Westphal, der zur Führung der deutschen Waffenstillstandskommission gehörte und mit allen offiziellen und inoffiziellen Dingen, die dort liefen, bestens vertraut war:

„Das deutsche Verhalten gegenüber Frankreich war sehr kurzsichtig. Es war schon ein Jammer, daß wir den Franzosen, die im weiteren Krieg gegen England gern mit uns gegangen wären, weil England sie verraten und sogar die französische Flotte beschossen und große Verluste herbeigeführt hatte, ihre berechtigten Forderungen nicht erfüllt haben. Auf diese Forderungen hätten sie bei einem Mit-uns-gehen vollen Anspruch gehabt: nämlich: ihre gefangenen Soldaten zu entlassen.

Man kann von jemandem, den man vor den Kopf stößt, nicht verlangen, daß er mit einem mitmacht. Infolgedessen haben sich die Franzosen neutral verhalten, obwohl ihre Flotte bei Mers el Kebir beschossen und bombardiert worden war." (Siehe Kurowski, Franz: Siegfried Westphal: Als Generalstabschef dreier Feldmarschälle im Krieg 1939 – 1945)

Sommereinsätze der Schlachtschiffe
im Mittelmeer
Seeschlacht bei Punta Stilo

Als ein italienischer Großkonvoi am Abend des 6. Juli 1940 aus Neapel auslief, um 2200 italienische Soldaten, 300 Panzer und sonstige Fahrzeuge und 16.000 Tonnen Material nach Nordafrika zu schaffen, war gleichzeitig ein britischer Kreuzerverband in Malta eingelaufen. Nun war die italienische Kriegsmarine gefordert, um zum einen die Konvoisicherung, die aus sechs Torpedobooten bestand, zu verstärken. Supermarina, das italienische Oberkommando der Marine, verstärkte die Konvoisicherung durch die 2. Division unter Divisionsadmiral Cattaneo. Als Fernsicherung gegen Malta erfolgte der Ansatz der 1. und 3. Division mit sieben Schweren Kreuzern und 12 Zerstörern.

Die nach Osten entsandte Deckungsgruppe in Gestalt der 7. Division bestand aus vier Leichten Kreuzern und vier Zerstörern.

Der Hauptteil der Flotte jedoch unter der Führung von Geschwaderadmiral Campioni mit der 4., 5. und 8. Division, darunter auch die Schlachtschiffe „Giulio Cesare", „Conte di Cavour", sechs Kreuzern und 13 Zerstörern bildeten die Rückhaltgruppe. Eine Reihe von U-Booten wurde ostwärts Gibraltar, nordwestlich von Sardinien, südlich Sardinien in der Sizilien-Straße, im Ionischen Meer und zwischen Derna und Gaudo aufgestellt.

Der Truppen- und Waffen-Konvoi bestand aus fünf großen Schiffen und rechtfertigte diese Sicherung.

Kurz vor Mitternacht zum 7. Juli sichtete das U-Boot „Beilul" die britische Mittelmeerflotte. Diese war zur Deckung und Sicherung zweier von Malta nach Alexandria laufender Konvois eingesetzt worden.

In der Force B dieser drei Kampfgruppen, die von Admiral Cunningham geführt wurde, lief auch das Schlachtschiff „Warspite" mit, während die Force C auf die beiden Schlachtschiff-Giganten „Malaya" und „Royal Sovereign" zurückgreifen konnte. In der Force A stand kein Schlachtschiff.

Von Gibraltar aus ging am Morgen des 8. Juli die Force H unter Vizeadmiral Somerville mit dem Schlachtkreuzer „Hood", den Schlachtschiffen „Valiant" und „Resolution" und dem Flugzeugträger „Arc Royal" mit einer Reihe Kreuzern in See.

Am selben Tage erreichte der italienische Konvoi unbeschossen Bengasi. Nunmehr sammelte sich die italienische Flotte zum Kampf gegen die britische Mittelmeerflotte.

Nachdem am Vormittag des 9. Juli die britische Luftaufklärung an der italienischen Flotte Fühlung aufgenommen hatte, wohingegen die italienische Luftaufklärung keine Sichtmeldung geben konnte, erfolgten die ersten Angriffe durch Swordfish-Trägerflugzeuge der „Eagle", die in der Force C lief.

Am Nachmittag kamen beide Flotten einander in Sicht. Zuerst traten die Kreuzer ins Gefecht und bald darauf eröffnete auch die „Warspite" das Duell der Giganten. Ihr Gegenüber war das italienische Schlachtschiff „Giulio Cesare" unter Kpt.z.S. Angelo Varoli. Ein schwerer Treffer eines 38,1 cm-Geschützes der „Warspite" schlug in das italienische Schlachtschiff hinein. Brände brachen aus, es gab Verluste und, was das schlimmste war, die Geschwindigkeit des italienischen Großkampfschiffes wurde durch diesen Treffer auf 18 Knoten herabgesetzt. Als auch der Kreuzer „Bolzano" im Gefecht mit britischen Kreuzern leicht getroffen wurde, befahl Admiral Campioni der 9. Zerstörer-Flottille, einen Rauchschleier um die beiden getroffenen Schiffe zu legen, unter dessen Deckung sich das schwer getroffene Schlachtschiff absetzen konnte.

Alle übrigen Zerstörer-Flottillen beteiligten sich an diesem Angriff. Sie schossen ihre Torpedos, die kein Ziel fanden.

Die Fühlung beider Verbände zueinander riß ab. Die britische Flotte drehte nach Westen ab. Luftangriffe der Italiener richteten nur geringe Schäden an. Das U-Boot „Marconi" versenkte aus dem ostwärts Gibraltar stehenden englischen Verband den Zerstörer „Escort". Torpedoflugzeugen der „Eagle" gelang es im Gegenzuge den italienischen Zerstörer „Pancaldo" zu versenken. (Dieser wurde später wieder gehoben).

Damit endete die Seeschlacht mit einem kurzen Schlagabtausch, der um ein Haar dem italienischen Schlachtschiff „Giulio Cesare" zum Verhängnis geworden wäre.

Am 18. August 1940 liefen die britischen Schlachtschiffe „Warspite", „Malaya" und „Ramillies" mit dem Schweren Kreuzer „Kent" und 12 Zerstörern vor die nordafrikanische Küste und beschossen Bardia und das italienische Fort Capuzzo. Es entstanden geringe Schäden.

Während der Überführung eines britischen Flottenverbandes durch das Mittelmeer nach Alexandria stand das Schlachtschiff „Valiant" mit dem Flugzeugträger „Illustrious" und den Flakkreuzern „Calcutta" und „Coventry" im Einsatz. Als der Verband das Westmittelmeer erreichte, wurde er von der Force H mit dem Schlachtkreuzer „Renown" und dem Träger „Arc Royal" übernommen. Ein Leichter Kreuzer und 12 Zerstörer deckten diesen Verband.

Südlich Sizilien erfolgte die Aufnahme dieses Verbandes durch die Mittelmeerflotte mit den beiden Schlachtschiffen „Warspite" und „Malaya" dem Träger „Eagle" und fünf Kreuzern, sowie 13 Zerstörern.

Nach einem italienischen Luftangriff versuchte auch die italienische Flotte mit fünf Schlachtschiffen, unter ihnen die modernen Giganten „Littorio" und „Vittorio Veneto", aus Tarent und Messina auslaufend, zum Angriff zu kommen. Dieser Verband wurde von 13 Kreuzern und 39 Zerstörern gesichert. Ein erneuter Zusammenstoß der Großkampfschiffe fand nicht statt, weil die italienische Luftaufklärung nichts fand.

Mit dem Schlachtschiff „Valiant", Kreuzern und Zerstörern unternahm eine britische Kampfgruppe unter KAdm. Lyster, am 15. September aus Alexandria auslaufend, einen Angriff gegen Bengasi. Der Angriff des italienischen U-Bootes „Corallo" gegen „Illustrious" und „Valiant" ging vorbei.

Als sich die mit britischen Truppen beladenen Leichten

Kreuzer „Liverpool" und „Manchester", die durch die „Warspite", „Valiant", den Träger „Illustrious" und das 7. Kreuzergeschwader und Zerstörer gesichert waren, auf dem Wege nach Malta befanden, um die britischen Truppen dort zu verstärken, wurde der Verband durch die italienische Luftaufklärung erfaßt. Auf diese Meldung hin lief die italienische Flotte mit fünf Schlachtschiffen, 11 Kreuzern und 23 Zerstörern aus. Diese gewaltige Flotte wurde von Aufklärern des britischen Flottenverbandes gesichtet und angesichts der italienischen Überlegenheit brach Admiral Cunningham die Unternehmung ab. Damit kam es auch diesmal zu keinem Gefecht der Schlachtschiffe beider Seiten gegeneinander. Der Respekt voreinander war zu groß, als daß eine der beiden Seiten ein Gefecht bei ungleichen Stärkenverhältnissen geführt hätte.

Ostwärts von Malta kam es schließlich am 12. Oktober 1940 zu einem Nachtgefecht beider Seiten. Als der für Malta bestimmte Versorgungskonvoi M.F. 3 mit vier großen Transportern an diesem Tage in Alexandria ankerauf ging, ließ Admiral Cunningham die Mittelmeerflotte mit den Schlachtschiffen „Warspite", „Valiant", „Malaya" und „Ramillies" sowie den Trägern „Eagle" und „Illustrious" mit sechs Kreuzern und 16 Zerstörern als Deckungsflotte mitlaufen; denn auch dieser Geleitzug war von äußerster Wichtigkeit für die Verteidigung von Malta. Er erreichte bei Gewitterstürmen ungesichtet die Inselfestung Malta.

Dieser Verband wurde auf dem Rückmarsch von einem italienischen Zivilflugzeug gesichtet und gemeldet.

Supermarina versuchte nun, dem Gegner im Ionischen Meer einen Hinterhalt zu legen.

Italienische Torpedoboote traten in der Nacht zum 12. Oktober als erste ins Gefecht gegen den britischen Kreuzer „Ajax", der einige Treffer erhielt. Im Abwehrfeuer dieses Kreuzers sanken zwei Torpedoboote. Nachdrängende italienische Zerstörer wurden ebenfalls von der „Ajax" unter Feuer genommen. Einer der Zerstörer erzielte Artillerietreffer auf der „Ajax". Die geschossenen Torpedos aber liefen vorbei. In weiteren verbissenen Kämpfen traten die Schweren Einheiten auch diesmal nicht in Erscheinung.

Erst in der am 6. November beginnenden Flottenoperation mit einem Trägerangriff gegen den italienischen Kriegshafen Tarent traten die britischen Schlachtschiffe in Aktion. Die „Barham" gehörte zur Force F, die aus zwei weiteren Kreuzern und vier Zerstörern bestand und Weisung erhalten hatte, die Trägergruppe mit der „Arc Royal" als Verstärkungsflotte zu unterstützen.

Am 6. 11. lief aus Alexandria ein für Malta bestimmter Geleitzug aus. Er bestand aus vier großen vollbeladenen Dampfern, deren Nahsicherung die beiden Flakkreuzer „Calcutta" und „Coventry" waren. Vier Zerstörer kamen hinzu.

Zur Sicherung dieses wichtigen Konvois lief die Mittelmeerflotte unter Admiral Cunningham mit den Schlachtschiffen „Warspite", „Valiant", „Malaya" und „Ramillies", dem Träger „Illustrious" und zwei Kreuzern aus. Das 7. Kreuzer-Geschwader unter VAdm. Pridham-Whippel mit drei Kreuzern und 13 Zerstörern

121

begleiteten zur gleichen Zeit einen Geleitzug zur Sudabucht auf Kreta.

Damit war alles im Einsatz, was Großbritannien im
Mittelmeer zu bieten hatte, wenn man von den in Gibraltar verbliebenen Einheiten absehen will.

Erst am 9. November wurden Teile der britischen Verbände von der italienischen Luftaufklärung erfaßt. Supermarina setzte Kreuzer und U-Boote an. Nur einem
dieser U-Boote, „Capponi", gelang es, auf die mit Kreu-
zergeleitschutz zum Beölen nach Malta marschierende
„Ramillies" zum Schuß zu kommen. Der Torpedo-Fä-
cher ging vorbei.

In Durchführung der Operation „Judgement" griffen
Teile von vier Trägerstaffeln der Briten von der „Illustrious" die im Hafen von Tarent liegenden Teile der italienischen Flotte an. Es waren 10 Torpedoflugzeuge und
10 Bomber, die zum Wurf kamen. Das in Tarent liegende Gros der italienischen Schlachtflotte sollte mit diesem
Einsatz stark zur Ader gelassen werden. Um sie auszuschalten hätte es allerdings eines geballteren Angriffs mit
mindestens drei Flugzeugträgern bedurft. Doch dieses
Risiko einzugehen, scheute sich die britische Admiralität.

In zwei Wellen griffen die Flugzeuge an. Die Kom-
mandeure waren LtCdr. K. Williamson für die erste und
LtCdr. J.W. Hale für die zweite Welle.

Es gelang dem Verband die Italiener völlig zu überra-
schen. Die Hochbomber warfen ihre Bomben mitten ins
Ziel. Brände und Explosionen grellten durch die Nacht.
Die Torpedobomber glitten im Anflug bis dicht über das

Wasser hinunter und lösten die Torpedos aus, die auf die anvisierten Schiffe zuflitzten.

Als die Torpedos detonierten, wurde die Nacht tobsüchtig.

Die Flak eröffnete das Feuer, als die Bomber bereits drehten. Diese ließen ein völliges Chaos hinter sich zurück.

Drei Torpedos trafen das neueste italienische Schlachtschiff „Littorio". Die „Caio Diulio" und die „Conte di Cavour" erhielten jeweils einen Torpedotreffer. Der Treffer auf der „Conte di Cavour" war so schwer, daß das auf flachem Wasser liegende Schlachtschiff sank. Zwar konnte es später wieder gehoben werden, aber es wurde nicht wieder in Dienst gestellt. Der Schwere Kreuzer „Trento" wurde von einer Bombe getroffen. Ebenso erging es dem Zerstörer „Libeccio". Beide Bomben waren Blindgänger, so daß die Schäden nur gering waren.

Der italienischen Flak gelang es, zwei der angreifenden Swordfishes abzuschießen. Nach diesem vernichtenden Schlag gegen die italienische Schlachtflotte hatte sich das Kräftegleichgewicht zu Ungunsten der Italiener verschoben. Supermarina wurde noch vorsichtiger, wenn es um den Einsatz ihrer schwersten Einheiten ging.

Wieder war ein Schlachtschiff durch Lufttorpedotreffer einer einzigen Maschine versenkt worden und auch dieser eine Treffer zerrte am Nymbus ihrer Unbesiegbarkeit, den die Giganten der See immer noch genossen und den sie durch einige spektakuläre Erfolge auch unter Beweis stellten. Allerdings sollte in der nächsten Zeit das

Schlachtschiff mehr und mehr nur noch als Opfer seiner feindlichen Brüder, der U-Boote und Flugzeuge angesehen werden. Wenn auch im Gegenzuge nicht zu leugnen war, daß Schlachtschiffe, irgendwo als ‚Fleet in being' aufgestellt, von sehr bedeutender, ja einschneidender Wirkung für den Seeverkehr waren. Daß es trotz aller Vorsicht dennoch zu einem weiteren Seegefecht mit dem Einsatz großer Einheiten kam, dafür sorgte der Oberbefehlshaber Mittelmeer, Admiral Cunningham.

Seegefecht vor Kap Teulada

Unter der Codebezeichnung „Collar-Halsband" lief die Force D der britischen Mittelmeerflotte am Abend des 24. November 1940 aus Gibraltar aus. In ihr vereinigt waren das Schlachtschiff „Ramillies" und zwei Kreuzer. Der Flakkreuzer „Coventry" marschierte zur gleichen Zeit von Alexandria mit fünf Zerstörern in den Seeraum südlich Sardinien, um dort einen von Gibraltar kommenden Geleitzug aufzunehmen. Sie wurden von einer Deckungsgruppe begleitet, den Schlachtschiffen „Malaya" und „Barham" und dem Träger „Eagle" der am 26. November Tripolis angreifen sollte.

Die Mittelmeerflotte, wie die Force A genannt wurde, lief unter Führung von Admiral Cunningham mit den Schlachtschiffen „Valiant" und „Warspite", dem Träger „Illustrious" und dem 7. Kreuzergeschwader und Zerstörern zur Deckung eines weiteren für die Sudabucht bestimmten Konvois aus, wobei die „Illustrious" einen Angriff am 26. November gegen Rhodos führen sollte. Ein dritter Versorgungskonvoi der für Malta bestimmt war, wurde vom 3. Kreuzergeschwader, der Force E, geleitet. Am 25. November wurde dann der nach Osten laufende Konvoi mit den Kreuzern „Manchester" und „Southampton", die jeweils 700 Soldaten an Bord hatten und im Verband mit drei voll beladenen Transportern liefen, von der Deckungsgruppe der Force B vor Gibraltar aufgenommen. In dieser Deckungsgruppe lief der Schlachtkreuzer „Renown" mit VAdm. Somerville, dem Befehlshaber der Force B an Bord.

Die italienische Supermarina erhielt am 25. November vom Auslaufen des Gibraltar-Konvois und dem Inseestehen der Force D südlich von Malta durch ein Zivilflugzeug Meldung.

Wieder wurden U-Boote auf den Zwangswechseln aufgestellt. Am frühen Morgen des 26. November lief Geschwaderadmiral Campioni mit den Schlachtschiffen „Vittorio Veneto" und „Giulio Cesare", gedeckt von zwei Zerstörer-Flottillen, aus. Gleichzeitig waren auch die 1. Kreuzer-Division unter Geschwaderadmiral Iachino und die 3. Kreuzer-Division unter Divisionsadmiral Sansonetti aus Messina ausgelaufen. Sie wollten die von Westen kommenden Verbände abfangen.

Am Morgen des 27. November hatten Aufklärer der „Arc Royal" den Gegner gesichtet. Admiral Somerville vereinigte sich zwei Stunden nach der Sichtmeldung mit der Force D, die aus Osten näherkam. Er ließ die leichten Seestreitkräfte mit dem Flakkreuzer „Coventry" und

125

die Transportschiffe ausweichen und marschierte mit „Renown", „Ramillies", fünf Kreuzern und seinen übrigen Zerstörern der italienischen Flotte entgegen.

Von der „Arc Royal" starteten zehn Torpedoflugzeuge gegen die beiden italienischen Schlachtschiffe. Es gelang den beiden schnellen Schiffen, die gegen sie laufenden Torpedos auszumanövrieren.

In einem einstündigen Gefecht der Schlachtschiffe und Kreuzer gegeneinander konnte „Vittorio Veneto" einen schweren Treffer auf dem Kreuzer „Berwik" erzielen, der einige Tote kostete. Auf der Gegenseite wurde der italienische Zerstörer „Lanciere" schwer getroffen, konnte aber mit eigener Kraft das Schlachtfeld verlassen.

Ein weiterer Angriff von neun Swordfishes mit Torpedos gegen „Vittorio Veneto" blieb ohne Ergebnis.

Am 30. November liefen die Einheiten der britischen Mittelmeerflotte wieder in Alexandria ein.

Nach diesen mageren Ergebnissen der italienischen Marine gab es in der italienischen Flotte eine Umbesetzung aller Führungsstellen. Der bisherige Chef der Supermarina, Admiral Cavagnari, wurde durch Admiral Riccardi abgelöst. Flottenchef Campioni, der bis dahin übervorsichtig und zudem noch glücklos agiert hatte, wurde durch Geschwaderadmiral Iachino ersetzt. Die italienischen Großkampfgeschwader wurden neu geordnet und zusammengestellt. Flaggschiff der italienischen Marine wurde die „Vittorio Veneto".

Als die britische Western Desert Force ihre Offensive gegen die italienischen Streitkräfte in der Cyrenaika

eröffnete, wurde ein See-Unterstützungsverband aufgestellt, dessen Führung Konteradmiral Rawlings übernahm. Die vier Kampfgruppen dieses Verbandes hatten
die Aufgaben, italienische Küstenstädte und Häfen zu
beschießen und den italienischen Nachschub nachhaltig
zu stören. Darüber hinaus wurden einzelne Gruppen
auch zur Beschießung der Wüstenfestungen im Bereich
ihrer Waffen herangezogen.

In der Force C standen auch die beiden Schlachtschiffe „Barham" und „Malaya", während die Force D auf
den Träger „Eagle" zurückgreifen konnte. Diese Verbände beschossen zahlreiche italienische Küstenorte-und
Stellungen und beide Schlachtschiffe nahmen die italienischen Nachschubwege nachhaltig unter Feuer. Im Ein-
hauen der großkalibrigen Granaten wurden Lastwagen
wie Streichholzschachteln durch die Luft gewirbelt. Riesige Trichter rissen die Via Balbia auf und behinderten
den Rückzug der Italiener.

Als es mitten in diesen Operationen um das Durch-
bringen der britischen Konvois M.C. 2 und M.C. 3 nach
Malta ging, lief Admiral Cunningham am 16. Dezember
1940 mit allem was er hatte aus. Es waren die Schlachtschiffe „Warspite", „Valiant" und „Malaya", der Träger
„Illustrious", zwei Kreuzer und 14 Zerstörer. Während
am 17. Dezember Trägerflugzeuge der „Illustrious" italienische Flugplätze auf Rhodos und Stampalia angriffen, näherten sich in der Nacht zum 19. Dezember die
beiden Schlachtschiffe „Warspite" und „Valiant" dem
albanischen Hafen Valona und nahmen ihn unter Feuer.
Gigantische Explosionen brandeten auf, grelle Flam-

menfanale erhellten die Nacht und die Breitseiten der beiden Schlachtschiffe sahen aus wie eine gewaltige Gewitterwand, durch deren Wolken die flammenden Abschußlanzen peitschten.

Zur Abwehr eines ankeraufgehenden Gegners lief das 7. Kreuzergeschwader in die Straße von Otranto ein, während „Malaya" und „Illustrious" die beiden Malta-Konvois deckten.

Als das Jahr 1940 zu Ende ging, hatten die italienischen Landtruppen den bei ihrer Offensive im September erzielten Geländegewinn in der Cyrenaika bis nach Sidi Barani wieder verloren und waren von den nachdrängenden englischen Truppen auf Bardia zurückgeworfen worden. Anteil an diesem Sieg hatten auch die Mittelmeer-Seestreitkräfte unter Admiral Cunningham.

In der Operation „Exzess", einem Konvoi, der abermals der weiteren Verstärkung von Malta galt und mit dem neben großen Munitions-, Material- und Proviantlieferungen auch 12 Hurricane-Jäger nach der Insel geschafft werden sollten, wurden mehrere Kampfgruppen eingesetzt. Als Hauptdeckungsverband lief dazu am 7. Januar 1941 die Force A unter Admiral Cunningham aus. In ihrem Verband die Schlachtschiffe „Warspite" und „Valiant", der Flugzeugträger „Illustrious" und 7 Zerstörer.

Gleichzeitig damit lief auch aus Gibraltar die Force H unter Vizeadmiral Somerville aus. In diesem Verband standen der Schlachtkreuzer „Renown" und das Schlachtschiff „Malaya", der Träger „Arc Royal", ein Kreuzer und fünf Zerstörer.

Da sich seit Dezember 1940 Teile des X. deutschen Fliegerkorps unter Generalleutnant Geisler mit 100 Bombern und Sturzkampfflugzeugen sowie 20 Jägern auf den Fliegerhorsten in Sizilien eingenistet hatten, deren erklärtes Ziel es war, die im Mittelmeer laufenden englischen Geleitzüge anzugreifen und zu vernichten, kam es am 10. Januar zum ersten Einsatz dieser Maschinen gegen Mittelmeer-Seestreitkräfte des Gegners.

Die I. Gruppe des Stukageschwaders 2 unter Major Enneccerus griffen an. Mit eingeschalteten Jerichosirenen stürzten die Maschinen auf den Gegner herunter. Sie durchstießen den dichten Feuervorhang der Feindflak und warfen ihre Bomben.

Der Träger „Illustrious" wurde von sechs schweren Treffern in Brand geworfen. Unter der Mannschaft gab es herbe Verluste. Schwer angeschlagen, von einer Reihe von Zerstörern eskortiert, „hinkte" der Träger nach Malta hinein.

Auf der „Warspite" hatten alle Geschütze mit Ausnahme der schweren Waffen das Feuer eröffnet. So gelang es diesem Veteranen des Ersten Weltkrieges den Angriff zu überstehen. Die Stukas konnten diesen Feuervorhang nicht durchdringen. Lediglich einer Maschine gelang es, einen leichteren Treffer auf der „Warspite" zu erzielen. Dennoch zeigte sich, daß die Mittelmeer-Seestreitkräfte von nun an mit einem neuen Gegner zu tun hatte, der alles daransetzen würde, möglichst viele Schiffe des Gegners zu versenken.

Als die Force B, die nach Malta eingelaufen war, am 11. Januar 1941 den Hafen von La Valetta verließ, griff die II./St. G. 2 erneut an. Der Kreuzer „Gloucester" erhielt einen Volltreffer und entging der Vernichtung nur dank der Tatsache, daß diese schwere Bombe ein Blindgänger war. Die „Southampton" wurde von mehreren Bomben so schwer getroffen, daß sie gegen Abend aufgegeben werden mußte. Dennoch war es dem Gegner gelungen, Malta entscheidend zu verstärken.

Weitere Angriffe des britischen Mittelmeer-Geschwaders

Vom 31. Januar bis zum 4. Februar operierte die britische Force H gegen Sardinien. Während Flugzeuge der „Arc Royal" den Staudamm von Tirso auf dieser Insel wegen des starken Flakfeuers erfolglos angriffen, war es VAdm. Somerville nicht möglich mit der „Malaya" und dem Kreuzer „Sheffield" Genua zu beschießen, weil das Wetter keinen Waffeneinsatz zuließ.

Bereits am 6. Februar wurde ein neuer Einsatz befohlen, zu dem die Force H in drei Kampfgruppen gegliedert wurde. In der Gruppe 1 standen der Schlachtkreuzer „Renown", das Schlachtschiff „Malaya" und der Träger „Arc Royal". Die beiden anderen Gruppen setzten sich aus Zerstörern zusammen.

Da die italienische Führung an eine neue Versorgungsoperation für Malta glaubte, gab Admiral Iachino für seine drei Schlachtschiffe „Vittorio Veneto", „Andrea Doria" und „Giulio Cesare" den Einsatzbefehl. Diese liefen am 6. Februar von La Spezia unter Bedeckung durch zwei Zerstörer-Flottillen aus.

In der Zwischenzeit hatte allerdings die Force H bereits ihre Beschießungspositionen vor Genua erreicht und eröffnete am frühen Morgen des 9. Februar das Feuer auf Hafen und Stadt. „Renown", „Malaya" und der Schwere Kreuzer „Sheffield" schossen insgesamt 272 Granaten des Kalibers 38,1 cm, 782 Granaten von 15,2 cm und 400 11,4 cm-Granaten nach Genua hinein.

Es zeigte sich, daß auch die großen Einheiten mit ihren genauen Zielgeräten nicht in der Lage waren, jene 55 Schiffe, darunter einige italienische Kriegsschiffe, vernichtend zu treffen, im Gegenteil: Lediglich die alte Schulhuk „Garaventa" und die beiden Handelsschiffe „Salpi" und „Garibaldi" wurden von den schweren Granaten getroffen und zerrissen. Das im Dock von Genua liegende Schlachtschiff „Caio Duilio", das Hauptziel des Angriffs war, wurde ebensowenig getroffen, wie das zweite hier liegende Kriegsschiff, der Zerstörer „Bersagliere".

Wohnhäuser wurden von 38,1 cm-Granaten der Giganten völlig zermalmt, Menschen unter den Trümmern begraben oder von einhauenden Granaten zerrissen.

Zum erstenmal in der Geschichte des Zweiten Weltkrieges hatten auch Schlachtschiffe am Kampf gegen die Zivilbevölkerung teilgenommen. Jene 144 Menschen Genuas, die diesen Angriff mit dem Leben bezahlten, kamen zum Großteil auf das Konto der Großkampfschiffe. 272 Menschen, darunter viele Kinder, wurden verwundet. Dies war kein Ruhmesblatt, weder für die „Rewnon" noch für die „Malaya" oder die „Sheffield". Sie hatten buchstäblich mit Kanonen auf Spatzen geschossen.

Am 11. Februar 1941 liefen Admiral Somervilles Kampfgruppen wieder in Gibraltar ein. „Viele der Männer hatten ein ungutes Gefühl. Sie ahnten, daß sie bei einem Massaker gegen Zivilisten mitgewirkt hatten". (Siehe Saunders, Hrowe, H.: Bericht an den Autor).

Die Seeschlacht vor Kap Matapan

Nachdem das Deutsche Afrika-Korps seit dem 12. Februar 1941 die ersten Truppenlandungen in Tripolis vornahm und am 26. Februar 1941 im deutschen Wehrmachtsbericht zum ersten Male der Name Afrika auftauchte, indem das erste Spähtrupp-Unternehmen in der Wüste gemeldet wurde, drängte die deutsche Seekriegsleitung auch auf einen Einsatz der italienischen Schlachtflotte.

Als am Abend des 25. März ein britischer Konvoi für Griechenland gemeldet wurde, ging der italienische Flottenchef Iachino mit einem starken Flottenverband in See, um diesen Konvoi anzugreifen und zu vernichten. Die Luftsicherung sollte erstmals vom X. deutschen Fliegerkorps gestellt werden. Auf dem Dodekanes stationierte italienische Jäger würden diese ablösen.

Zwar hatte sich Admiral Iachino gegen eine solche Operation ausgesprochen, weil die eigenen Aufklärermeldungen zu spärlich waren, doch die deutsche Skl drängte zum Handeln und zum erstmaligen Einsatz der gesamten italienischen Flotte.

Man war deutscherseits der Überzeugung, daß ein Angriff zweier He 111 des X. Fliegerkorps, die unter ihren Piloten Hptm. Kowalewski und Lt. Bock südlich Kreta Aufklärung flogen, zwei britische Schlachtschiffe durch Lufttorpedotreffer außer Gefecht gesetzt hätten. Demzufolge konnte nur noch ein britisches Großkampfschiff im Einsatz sein. Dieser Lagebericht der Skl sollte sich als Trugschluß erweisen.

Admiral Iachino ließ sich jedoch überreden. Auf seinem Flaggschiff „Vittorio Veneto", das von Kpt.z.S. Sparzani geführt wurde, leitete er die Operationen der Flotte. Die 1., 3. und 8. Division vereinigten sich am 27. März südlich der Messinastraße. Am Mittag dieses Tages erhielt Admiral Cunningham die Meldung einer Sunderland der 230. Squadron der Royal Air Force über einen ostwärts Sizilien marschierenden Feindverband, bestehend aus Kreuzern und Zerstörern.

Sofort wurde die Force B unter VAdm. Pridham-Wippell mit vier Kreuzern und einer Zerstörer-Flottille vom Piräus aus in das Seegebiet südlich Kreta befohlen. Admiral Cunningham ging am Abend dieses Tages mit der Force A von Alexandria aus in See. Er verfügte über „Warspite", „Barham" und „Valiant", sowie über den Flugzeugträger „Formidable". Dieser hatte die beschädigte und inzwischen zur Reparatur in die USA ausgelaufene „Illustrious" ersetzt. Hinzu kamen zwei Zerstörer-Flottillen.

Die weitere Aufklärung durch das X. deutsche Fliegerkorps war ebenso wie jene der italienischen Flugzeuge gleich Null. Erst über das Bordflugzeug seines Flaggschiffes erfuhr Admiral Iachino, daß ein Kreuzer-Verband im Anmarsch sei. Von der Force A mit den drei Schlachtschiffen erfuhr er jedoch nichts.

Seine Weisungen lauteten, den Kreuzer-Verband in einer Zangenoperation zu packen. Dies gelang auch halbwegs, ohne daß jedoch die italienischen Einheiten Treffer beim Gegner erzielen konnten. Da er nun nicht mehr mit einer Überraschung des Gegners rechnen konnte, brach Admiral Iachino dieses Gefecht ab und ließ Kurs auf Tarent legen.

Die ablaufende italienische Flotte wurde am Nachmittag von Trägerflugzeugen der 829. Sqadron angegriffen. Eine Maschine dieses Verbandes erzielte im Tiefstflug einen Torpedotreffer auf „Vittorio Veneto". Diese konnte ihre Fahrt aus eigener Kraft fortsetzen. Schlechter erging es dem Kreuzer „Pola", der von insgesamt zehn Torpedoflugzeugen angegriffen wurde und schwer getroffen und bewegungsunfähig auf See liegenblieb. Admiral Iachino schickte alle Schiffe der 1. Division zum Schutz der „Pola". Als sich diese Schiffe auf dem Marsch zur „Pola" befanden, liefen sie völlig überraschend in die Kampfformation der britischen Force A hinein, die durch ihre Radargeräte genau über den anlaufenden Feind orientiert war.

Admiral Cunningham ließ alle Schlachtschiffe zum Angriff eindrehen und die Zielverteilung vornehmen.

Fast gleichzeitig wurde dann die Nacht von den Breit-

134

seiten der Giganten der See durchgrellt, und nun erst sahen die völlig „blind" laufenden italienischen Schiffe, daß sie einem weit überlegenen Gegner gegenüberstanden.

Aus kurzer Feuerdistanz schlugen die Salven der „Warspite", der „Barham" und der „Valiant" in die italienischen Kreuzer hinein. „Zara" unter Kapitän Luigi Corsi sank mit einem Großteil der Besatzung. Als nächstes traf es die „Fiume", die von Kpt.z.S. Giorgio Giorgis geführt wurde. Auch sie wurde nach kurzer, erbitterter Gegenwehr von den Schlachtschiffen getroffen und in Stücke geschossen. Stahl flog durch die Luft, Munitionskammern explodierten und rissen den zweiten Kreuzer auseinander, der schließlich ebenfalls sank.

Mit dem Zielwechsel auf die vier italienischen Zerstörer, die bis dahin bereits Treffer der britischen Zerstörer erhalten hatten, wurden diese nun systematisch von den Großkampfschiffen zerhämmert. Die 38,1 cm-Granaten taten ganze Arbeit. Die Zerstörer „Alfieri" und „Carducci" sanken nach tapferer, aber völlig sinnloser Gegenwehr. „Oriani" konnte sich in einer Gefechtspause zur Seite schleichen und entkam beschädigt hinter den dicken Qualmwolken, die hier über der See lagen.

Lediglich „Gioberti" gelang es in schnellen Rochaden, immer wieder feuernd und auch seine Torpedos schießend, unbeschädigt zu entkommen.

Der Kreuzer „Pola", der bis auf einen Rest von seiner Besatzung verlassen worden war, sank später, nachdem es den beiden britischen Zerstörern „Jervis" und „Nubian" gelungen war, die noch an Bord befindlichen 22

Offiziere und 236 Seeleute abzubergen. Danach erhielt „Pola" einen Fangschuß von der „Nubian" und sank.

Die Verluste der italienischen Marine in dieser Nachtschlacht beim Kap Matapan betrugen 3000 Mann. Unter den Gefallenen befand sich auch Divisionsadmiral Carlo Cattaneo.

Britische und griechische Schiffe suchten noch den ganzen folgenden Tag nach Überlebenden und fischten 55 Offiziere und 850 Seeleute. Das italienische Lazarettschiff „Gradisca", das unbehindert in diesem Seegebiet nach Übrlebenden suchen konnte, rettete weitere 160 Soldaten der italienischen Marine, darunter 13 Offiziere.

Die italienische Marine hatte eine schwere Niederlage erlitten. Wenn es auch kein Schlachtschiff tödlich getroffen hatte, so war der Verlust von drei Kreuzern und zwei Zerstörern hoch genug, um sie in Zukunft noch vorsichtiger zu machen.

Am 29. März gegen 15.30 Uhr griffen 18 Ju 88 der III./KG 30, geführt von Gruppenkommodore Major Krüger, die ablaufende britische Flotte etwa 150 km südwestlich der Insel Kythera an.

Der Träger „Formidable" erhielt nach Angaben der Besatzungen drei Treffer. Die starke Jagdabwehr des Trägers zwang einige der Horizontal- und Sturzkampfbomber zum vorzeitigen Bombenwurf. Es handelte sich jedoch nicht um Treffer, sondern um Nahtreffer die nur leichte Schäden verursachten.

Die britische Mittelmeerflotte setzte ihre Beschießungsoperationen mit den Schlachtschiffen „Warspite", „Barham" und „Valiant" fort. Der Träger „Formidable" lief immer wieder mit aus, um mit seinen Torpedoflugzeugen und Bombern Erfolge zu erzielen.

Insbesondere die Operation „Tiger", ein Konvoiunternehmen mit dem auf fünf Großtransportern 295 Panzer und 53 Hurricane-Jäger auf den afrikanischen Kriegsschauplatz gebracht werden sollten, wurde mit allen vorhandenen Kräften gesichert, um die britischen Wüstenstreitkräfte mit neuen schweren Waffen und Flugzeugen zu versorgen.

Dieser Konvoi nahm nicht den ungefährlicheren Weg um die Südspitze von Afrika herum und durch den Suezkanal, sondern von Gibraltar aus durch das Mittelmeer bis nach Alexandria.

Die fünf Großtransporter wurden bereits westlich der Straße von Gibraltar von der britischen Force H aufgenommen, die den Schlachtkreuzer „Renown", den Träger „Arc Royal", den Kreuzer „Sheffield" und neun Zerstörer einsetzen konnte. Der Verband passierte in der Nacht zum 6. Mai die Straße von Gibraltar.

Zum Verband der Transporter kamen das als Verstärkung für die Mittelmeerflotte vorgesehene Schlachtschiff „Queen Elizabeth" und die Kreuzer „Naiad" und „Fiji" hinzu.

Gleichzeitig mit dieser West-Ost-Operation gingen von Alexandria aus zwei Tanker am 5. Mai in Richtung Malta ankerauf. Diese wurden durch die beiden bekannten Flakkreuzer, drei Zerstörer und zwei Korvetten gesichert. Ferner marschierte noch ein schneller Konvoi mit vier Frachtern und dem Munitionstransporter „Breconshire" am 6. Mai von Alexandria aus nach Malta.

Zum Schutz beider Geleitzüge lief die gesamte Mittelmeerflotte mit den Schlachtschiffen „Warspite", „Barham" und „Valiant", dem Träger „Formidable", drei Kreuzern und dem Minenleger „Abdiel" sowie sämtlichen einsatzbereiten und beölten Zerstörern aus.

Als der westliche Flottenverband am 8. Mai von der deutschen und italienischen Luftaufklärung erfaßt wurde, setzte das X. Fliegerkorps Stukas dagegen an. Der Angriff blieb erfolglos. Am Nachmittag des 9. Mai wurde auch die Force A gesichtet.

An diesem Tag lief der Frachter „Empire Song" in der Sizilien-Straße auf italienische Minen. Nach zwei Minentreffern ging das Schiff auf Tiefe und nahm 57 Panzer und 10 Hurricanes mit. Die „New Zealand Star", mit ihren 12.436 BRT das größte der fünf Schiffe, lief ebenfalls auf eine Mine, konnte aber ihre Fahrt fortsetzen. Alle übrigen Transporter erreichten am 12. Mai Alexandria. 238 Panzer und 43 Jagdflugzeuge wurden entladen und gegen das Deutsche Afrika-Korps zum Einsatz gebracht.

Weitere Geleitaufgaben kamen im Sommer und Herbst 1941 hinzu, unter denen die Operation „Halberd" — Versorgung der Insel Malta — mit neun schnellen und großen Motorschiffen besonders wichtig war, weshalb diese Operation auch einen bis dahin noch nicht gesehenen Schutz erhielt. Die britische Admiralität setzte die Schlachtschiffe „Prince of Wales", „Nelson" und „Rodney", den Träger „Arc Royal", fünf Kreuzer und 18 Zerstörer ein, die am 25. September 1941 in Gibraltar ankerauf gingen.

Am Abend des 26. September lief die italienische Flotte unter Geschwaderadmiral Iachino mit den Schlachtschiffen der 9. Division, „Littorio" und „Vittorio Veneto", zwei Zerstörer-Flottillen und zwei weiteren Divisionen mit Zerstörern und Kreuzern aus. Iachinos Absicht bestand darin, diese britischen Schiffe innerhalb des Bereiches der italienischen Luftsicherung anzugreifen. Dazu wurden auf Sardinien 50 Jäger und 26 Torpedobomber bereitgestellt. Die deutsche X. Fliegerkorps stellte auf Sizilien 18 Jäger, drei Torpedoflugzeuge, 9 Stukas und 24 He 111 bereit.

Torpedoflugzeuge des Typs S 79 erzielten am Nachmittag des 27. September nördlich der Insel La Galite einen Lufttorpedotreffer auf der „Nelson". Die Großkampfschiffe kamen nicht gegeneinander zum Einsatz.

Verlassen wir nun den Mittelmeer-Kriegsschauplatz; wenden wir uns wieder dem Atlantik zu, auf dem in der Zwischenzeit eine Reihe von Schlachtschiffseinsätzen stattgefunden hatte.

Schlachtschiffe im Atlantik

„Gneisenau" und „Scharnhorst" im Einsatz

Nachdem die Torpedoschäden an den beiden deutschen Schlachtschiffen beseitigt waren und etwa Mitte Oktober 1940 auch die Bindung der Großkampfschiffe an den Plan „Seelöwe" – der Landung in England – durch Aufgabe dieses Planes entfallen war, wandte die deutsche Skl sich wieder der entscheidenden Aufgabe der deutschen Seekriegsführung zu: „Kampf gegen die feindlichen und Aufrechterhaltung der eigenen Seeverbindungen".

Am 14. Oktober erließ sie die „Grundsätzlichen Weisungen für die Seekriegführung der Überwasserstreitkräfte im Winter 1940/41".

Eine der Aufgaben wurde darin mit „Einsatz der Flottenstreitkräfte gegen den feindlichen Überseeverkehr" bezeichnet.

Dabei standen vor allem die Schlachtschiffe im Vordergrund der Betrachtungen. Diese konnten allerdings erst Anfang Dezember mit der Reparatur aller Schäden fertig werden. Danach führten sie in der östlichen Ostsee ihre Verbands- und Schießübungen durch.

Am 25. Dezember erhielt Admiral Lütjens, der in Kiel

sitzende Flottenchef, als Weisung der Marinegruppe Nord den Auslaufbefehl für den 28. Dezember. Admiral Lütjens, der auf der „Gneisenau" eingeschifft war, die nunmehr von Kpt.z.S. Fein geführt wurde, lief gemeinsam mit der nach wie vor unter Kpt.z.S. Hoffmann stehenden „Scharnhorst" von Kiel aus und trat mit Einfall der Dunkelheit in den Langeland-Belt ein. Hinter den Booten der 18. Minensuch-Flottille passierten die beiden Großkampfschiffe die Minensperre bei Skagen und setzten von dort aus den Kriegsmarsch mit 24 Knoten Fahrt fort.

Sehr bald schon mußte die Geleitsicherung fahrende T-Flottille bei dem herrschenden Seegang 5 bis 6 nach Bergen entlassen werden. Bei der „Gneisenau" stellte sich am Morgen heraus, daß sich trotz einiger Fahrtstufen-Verringerungen das Backdeck nach unten gedrückt hatte und Decksbalken seitlich weggeknickt waren. Die „Scharnhorst" hatte keinerlei derartige Schäden erlitten. Dies erklärt sich daraus, daß ihr nach den ähnlichen Seeschäden im Frühjahr 1940 vor Norwegen unter der Back Versteifungen eingebaut worden waren.

Admiral Lütjens ankerte am 30. Dezember in der Kalvesnaes-Bucht bei Bergen, um dort durch die Werft feststellen zu lassen, ob der Schaden in Drontheim rasch behoben werden könne. Die Sachverständigen erklärten, daß die Reparatur in Drontheim durchgeführt werden könne und drei Tage dauern würde. Daraufhin setzte der Kampfverband den Marsch fort.

Großadmiral Raeder aber, dem diese Schäden gemeldet worden waren, befahl die Rückkehr der beiden

Schlachtschiffe. Trotz des Einspruches von VAdm. Frikke, seinem Chef der Operationsabteilung, daß die Gefahr wegen des erneuten Passierens des Küstenvorfeldes sehr groß sein würde und auch die strategische Diversionswirkung, die zuerst von der „Hipper" bewirkt worden sei, dann nicht mehr trüge, bestand Raeder auf diesem Befehl. Am 2. Januar erreichten beide Schiffe den Heimathafen.

Die als Operation „Berlin" deklarierte Unternehmung sollte mit einem Vorstoß des Schweren Kreuzers „Admiral Hipper" koordiniert werden. Sieben Tanker sollten den Verband in See mit Treibstoff versorgen. Es galt, möglichst viel feindlichen Handelsschiffsraum zu vernichten. Dementsprechend stand der Angriff auf Geleitzüge im Vordergrund.

Am 22. Januar 1941 lief der Verband erneut aus. Wegen der starken Eisbehinderung mußten die Schlachtschiffe einen Tag hinter der Skagerraksperre warten. Erst am 25. mittags konnte die Sperrlücke passiert werden. Die beiden zur Verfügung stehenden Torpedoboote wurden am frühen Morgen des 26. Januar nach Bergen entlassen. Am 27. Januar schien die Wettervorhersage für einen Durchbruch südlich Island besonders günstig. Man erwartete in diesem Raum Sprühregen und Dunst. Vizeadmiral Lütjens setzte den Durchbruch derart an, daß der Verband die Südküste von Island in der Nacht zum 28. Januar in mindestens 50 Seemeilen Distanz passieren würde.

Da aber die in Frage kommende Nacht entgegen der Voraussage sehr hell blieb und der Regen auf sich warten ließ, schienen die Chancen, ungesehen passieren zu können, gemindert. So sichtete denn auch der Ausguck auf der „Gneisenau" um 6.00 Uhr des 27. Jan., als die Kampfgruppe etwa 45 Seemeilen südlich Island marschierte, einen Schatten an Steuerbord querab. Die befohlene Ausweichbewegung brachte den Verband von diesem Schatten fort und einem zweiten nunmehr an Backbord voraus auftauchenden, entgegen. Der Länge dieses Schattens entsprechend wurde auf einen Kreuzer geschlossen, der in etwa 90 Hektometer Distanz in Sicht kam.

Die Meldung der „Scharnhorst", die den Gegner im Funkmeßgerät ortete, an den Flottenchef lautete: „Ein großes und vier kleine Ziele geortet."

Admiral Lütjens ließ kehrt machen, um sich einer möglichen gegnerischen Fühlungnahme und Beschattung zu entziehen. Er war der Überzeugung, daß sie auf diesem Kurs direkt in eine feindliche Bewacherlinie hineingeraten wären.

Da es um 10.40 Uhr hell wurde und dann eine Umgehung dieser Feindlinie unwahrscheinlich wurde, ließ der Flottenchef nach Nordnordosten ausweichen. Nordostwärts Island wurde aus dem Tanker „Adria" Brennstoff ergänzt. Dazu hatte der Flottenchef den Treffpunkt ebenfalls bedeutend weiter nördlich verlegen lassen, als dies im Operationsbefehl festgelegt war.

Diese Voraussicht sollte sich als richtig erweisen. Sie rettete den Verband davor, dem Befehlshaber der Home Fleet, Admiral Tovey, vor die Schlachtschiffe zu laufen.

Was hatte nun die gegnerischen Schlachtschiffe veranlaßt, in See zu gehen?

Die britische Admiralität war bereits am 23. Januar vom Auslaufen der beiden deutschen Schlachtschiffe durch Agentenmeldungen in Kenntnis gesetzt worden. Admiral Tovey ließ sofort seeklar machen, und um Mitternacht zum 26. Januar ging der Befehlshaber der Home Fleet mit den Schlachtschiffen „Nelson" und „Rodney", dem Schlachtkreuzer „Repulse", acht Kreuzern und 11 Zerstörern in See und bildete mit dieser gewaltigen Streitmacht einen breiten Aufklärungsstreifen, durch den nicht einmal ein Torpedoboot hätte ungesehen hindurchgelangen können.

Der Kreuzer „Naiad" war es dann, der den deutschen Verband sehr kurz in Sicht bekam. Dies war gegen 11.25 Uhr am Tage. Er war von den deutschen Schiffen nicht gesichtet worden. (Siehe dazu, Roskill S.W.: The War at Sea)

Kurz nach Mittag meldete Admiral Lütjens der Skl, daß er auf feindliche leichte Seestreitkräfte gestoßen sei und kehrt gemacht habe. Diese hatte jedoch auf eine Anfrage der Marinegruppe Nord hin am 30. Dezember 1940 festgelegt, „daß die Operation auch bei Erfaßtwerden durch die Aufklärung des Gegners in ihren verschiedenen Formen fortgesetzt" werden sollte. (Siehe KTB 1. Skl, Teil A, Heft 16 S. 325)

Daraus schloß man bei der Skl, daß das Kehrtmachen noch weitere schwerwiegende Gründe gehabt haben müsse und erklärte, daß das Eilanlaufen der deutschen Kampfgruppe nach Drontheim vorbereitet werde. Allerdings wollte Lütjens nicht nach Drontheim einlaufen, sondern so rasch wie möglich an anderer Stelle und unter günstigeren Umständen − vor allem nicht am hellichten Tag − durch die Dänemarkstraße laufen. Dies stellte er durch einen Funkspruch klar. Darüber hinaus ließ er eines der Bordflugzeuge der „Scharnhorst" starten und gab diesem ein Fernschreiben für die Marinegruppe Nord nach Drontheim mit.

Die Besatzung dieser Arado 196, Leutnant z.S. Martin als Beobachter und Fw. Hagendorf als Pilot, startete mit ihrer Arado der Kennung T3 + DH und brachte die Meldung von Admiral Lütjens zum Marinekommando Nord nach Drontheim.

Damit fiel eine der drei Besatzungen mit ihrem Flugzeug aus; an Bord der „Scharnhorst" blieben zwei weitere Arado 196 mit den Besatzungen Lt.z.S. Reuter und Fw. Ludwig, sowie Lt.z.S. Schlitt und Ofw. Westphal zurück.

Auf der „Gneisenau" war nur eine Arado 196 eingeschifft. Sie wurde von Lt.z.S. Mechek und Fw. Schmid geflogen.

Damit waren die Skl und die Marinegruppe Nord darüber orientiert, daß nichts Außergewöhnliches passiert war, sondern daß Admiral Lütjens nur seiner „Nase" gefolgt war und wahrscheinlich damit ein Desaster vereitelt hatte.

Nach der Versorgung aus der „Adria", die am 30. Januar abends begann und bis zum 2. Februar dauerte −, weil die Temperatur auf 18 Grad unter Null gefallen war und der Nordwestwind mit Stärken 7 bis 9 wehte, also bereits Sturmstärke erreichte — waren beide Schiffe voll aufgetankt. Die „Adria" wurde entlassen.

Die Kampfgruppe setzte ihren Marsch fort. Sie erhielt um 22.17 Uhr einen FT-Spruch der Gruppe Nord, in dem ihr mitgeteilt wurde, daß durch Luftbeobachtung in Scapa Flow sieben Schlachtschiffe und Schwere Kreuzer, sowie vier Leichte Kreuzer und mehrere Zerstörer erkannt worden seien.

Dies zeigte, daß das Gros der Home Fleet wieder umgekehrt und eingelaufen war. Doch Admiral Lütjens blieb bei seinem Entschluß durch die Dänemarkstraße zu laufen, weil dort sein Vorstoß länger unentdeckt bleiben mußte. Südlich Island hätte er nicht nur mit feindlichen Aufklärern sondern auch noch mit stürmischen Südwestwinden rechnen müssen, während beim Marsch durch die Dänemarkstraße Schiebewind herrschen würde.

In den frühen Morgenstunden des 3. Februar wurde die Eisgrenze erreicht. Entlang dieser Grenze steuerte der Kampfverband mit wechselnden Kursen in die Dänemarkstraße ein. Kap Nord wurde um 21.00 Uhr in 20 Seemeilen Abstand passiert. Es war wegen der Enge Klarschiffzustand befohlen worden. Alle Einheiten waren kampfbereit. Aber hier wurde kein Bewacher gesichtet. Erst am anderen Morgen um 3.35 Uhr wurde durch die beiden Funkmeßgeräte der Schlachtschiffe ein großes Ziel aufgefaßt. Die Entfernung dazu war 140 hm, während die Sichtweite höchstens 1000 Meter betrug.

Dieses Schiff, in dem Admiral Lütjens einen Hilfskreuzer vermutete, konnte unbemerkt umlaufen werden.

Am Morgen des 5. Februar wurde der Treffpunkt mit dem nächsten Versorger erreicht. Dieser stand jedoch nicht auf seiner Position. Erst um 16.00 Uhr wurde der Tanker „Schlettstadt" gefunden. Er war infolge eines Koppelfehlers der Gruppe West, die nunmehr den Kampfverband übernommen hatte, zu spät erschienen.

Bis zum 6. Februar 9.30 Uhr hatten beide Schiffe ihre Treibölvorräte ergänzt. Der Tanker wurde in eine neue Warteposition entlassen und nunmehr operierte Admiral Lütjens auf den Konvoi HX 108, der am 31. Januar aus Halifax ausgelaufen war und am 7. Februar auf 38 Grad West stehen würde.

Starker Wind und Hagelböen schlossen den Einsatz der Bordflugzeuge für volle zwei Wochen aus. Die Höchstfahrt war ebenso eingeschränkt wie der Waffeneinsatz. Admiral Lütjens entschloß sich zur Auflösung der Kampfgruppe, um ein möglichst breitgefächertes Suchgebiet durchlaufen und die Ortungs- und Sichtweite erhöhen zu können. Der Vormars der „Gneisenau" mit dem Funkmeßgerät meldete um 8.35 Uhr des 8. Februar in Südwest in einer Distanz von 350 hm Mastspitzen. Kurz danach tauchten weitere Mastspitzen auf. Es war der Geleitzug. Die „Scharnhorst" erhielt die Angaben und Admiral Lütjens befahl der „Scharnhorst": „Feind steuert 45 Grad. Ich beabsichtige, von Süden anzugreifen und erwarte Ihr Eingreifen von Norden her um 10.30 Uhr."

Noch außerhalb der Sichtweite des Geleitzuges drehte die „Gneisenau" nach Süden herum und um 9.59 Uhr meldete „Scharnhorst": „Ein feindliches Schlachtschiff beim Geleitzug!"

148

Der Flottenchef befahl nunmehr, das Gefecht abzubrechen und wich selber mit der „Gneisenau" nach Süden aus. Hinter dem Konvoi sollten sich beide Schiffe
wieder vereinigen.

Dies war entsprechend den Weisungen der Seekriegsleitung richtig. Diese hatte befohlen, den Kampf mit einem gleichwertigen Gegner zu vermeiden. Darunter fiel
auch der Ansatz von zwei Schlachtschiffen gegen einen
feindlichen Schlachtkreuzer mit 38,1 cm-Geschützen.
Admiral Lütjens war sicher, daß die „Scharnhorst"
ebenso handeln würde. Als sich beide Schiffe am Abend
trafen, erhielt er jedoch eine Gefechtsmeldung des Kommandanten der „Scharnhorst", in welcher dieser erklärte, daß er versucht habe, den großen Gegner durch das
Steuern eines Parallelkurses vom Geleitzug abzuziehen
und daß er dabei in einer kürzesten Entfernung von
231 hm am Geleit gestanden habe. Er hatte die „Ramillies" einwandfrei erkannt, und es war sicher, daß auch
dieser britische Schlachtkreuzer den Gegner als
Schlachtschiff erkannt hatte. Damit würde sehr bald der
Nordatlantik ebenso wie der Mittelatlantik von feindlichen Schiffen leergefegt sein.

Außerdem stand nun zu erwarten, daß die Home Fleet
und die Force H alarmiert werden würden. Aus diesem
Grunde ließ der Flottenchef den Kommandanten der
„Scharnhorst" Kpt.z.S. Hoffmann sein „schärfstes Miß-
fallen" wissen.

Seekriegsexperten wiederum haben das Verhalten von
Kpt.z.S. Hoffmann als richtig erkannt; denn immerhin
mußte dieser, als er in 280 hm Distanz den Gegner er-

kannte, von diesem auch gesichtet worden sein. Übrigens hatte „Ramillies" nur die „Scharnhorst" gesichtet und diese als Kreuzer der „Hipper"- oder „Scheer"-Klasse bezeichnet.

An den nächsten Tagen operierten beide deutsche Schlachtschiffe gegen den Konvoi SC 22. Doch außer einigen Einzelfahrern, die das Enttarntwerden nicht lohnten, kam nichts in Sicht, so daß am Mittag des 10. Februar die Suche nach dem SC 22 abgebrochen wurde. Die Tanker „Schlettstadt" und „Esso Hamburg" wurden auf einen Treffpunkt südwestlich von Grönland bestellt.

Diese detaillierte Darstellung des Suchens und die Tatsache der immer wieder zu tätigenden Treibstoffübernahmen werden dem Leser zeigen, daß sehr viele Komponenten stimmen mußten, wenn ein solcher Großeinsatz reibungslos verlaufen sollte.

Die Kampfgruppe marschierte nach Norden. Schäden an den Überhitzerrohren zwangen die „Scharnhorst" einige Male zur Verringerung der Fahrtstufe. Hinzu kam das Losbrechen eines Sturmes in der folgenden Nacht, der beide Einheiten zum Beidrehen zwang. Als Admiral Lütjens von dem erfolgreichen Einsatz der „Hipper" auf den Geleitzug SLS 64 erfuhr, bei dem der Schwere Kreuzer 13 Dampfer mit 75.000 BRT versenkte, konnte er nicht wieder auf diesen Generalkurs gehen, sondern mußte die geplante Treibstoffergänzung südlich Grönland durchführen. Außerdem galt es, zunächst die in dem Sturm angerichteten Schäden wieder auszubessern.

Am Morgen des 14. Februar wurde „Schlettstadt" gesichtet. Dann kam auch die „Esso Hamburg" in Sicht.

Nach der Ölübernahme traten beide Schlachtschiffe den Marsch nach Süden an. Der Versuch, den Konvoi HX 111 zu stellen, mißlang und wurde am 19. Februar abgebrochen. Nunmehr sollte der HX 112 angegriffen werden, der nach den Meldungen des B-Dienstes am 21. Februar 48 Grad West erreicht haben würde.

Inzwischen war der Kampfverband bereits über vier Wochen in See, ohne zum Schlagen gekommen zu sein. Am Morgen des 22. Februar wurden vom Ausguck der „Gneisenau" die Rauchwolken von etwa sechs Dampfern gesichtet. Diese liefen einzeln und Admiral Lütjens gab den Angriff auf diese Einzelfahrer frei.

Als die Dampfer die deutschen Schlachtschiffe sichteten, drehten sie sofort ab. „Gneisenau", die mit der schweren Artillerie das Feuer eröffnete, mußte sehr bald alle Waffen einsetzen. Das schnelle Schiff „Kantara", das Stückgut und auch drei Flugzeuge geladen hatte, wurde von Treffern überschüttet und sank um 10.55 Uhr. Um 13.12 Uhr ging die ebenfalls mit allen Waffen angegriffene „Trelawny" unter und um 16.00 Uhr erlitt die „H.D. Huff" das gleiche Schicksal.

Zur gleichen Zeit hatte die „Scharnhorst" den Tanker „Lustrous" gesichtet und versenkte diesen nach einigen Vollsalven um 13.33 Uhr.

Als das Schiff danach auf einen weiteren Dampfer zuoperierte, wurde es durch den Befehl des Flottenchefs zum „Sammeln" davon abgehalten.

Der abgehörte Funkverkehr hatte Admiral Lütjens auf die Nähe weiterer Dampfer schließen lassen, und um diese möglichst geschlossen angreifen zu können, rief er die „Scharnhorst" heran, um nach dem Aufklären durch ein Bordflugzeug den Angriff erneut aufnehmen zu können.

Um 15.55 Uhr startete Lt.z.S. Mechel mit Fw. Schmid zur Erkundung. Nach kurzem Flug wurde ein britischer Frachter gesichtet. Als dieser die ihm im Abwurfbeutel auf die Back geworfene Kursanweisung des Flugzeuges mißachtete, wurde er von der Arado 196 mit leichten Bomben und Bordwaffenbeschuß angegriffen. Im Tiefflug flog Fw. Schmid über das Schiff hinweg und riß ihm die Antennen ab, damit das Schiff nicht funken konnte. Die „Harlesden" aber, um die es sich hier handelte, hatte bereits vorher einen Notruf mit ihrem Standort abgesetzt.

Als die Arado 196 nach 90-minütigem Einsatz zur „Gneisenau" zurückkehrte und aufgenommen wurde, erteilte Admiral Lütjens der Besatzung einen Verweis; denn die Aufgabe der Maschine sei es lediglich gewesen, aufzuklären und dabei unbemerkt zu bleiben.

Da die Landstellen Landsend und Cleethorp den Notruf der „Harlesden" und den vorher gesendeten Hilferuf des Dampfers „Trelawny" gehört und bestätigt hatten, war die Anwesenheit der deutschen Großkampfschiffe nunmehr bekannt.

Nach Einfall der Dunkelheit wurde um 21.22 Uhr die „Harlesden" vom Funkmeßgerät der „Gneisenau" geortet. Um 22.22 Uhr kam das Schiff in Sicht. „Gneisenau" eröffnete das Feuer. Der Dampfer erhielt sehr rasch Treffer, geriet in Brand und sank nach einem Volltreffer der schweren Artillerie um 23.08 Uhr.

Insgesamt wurden 25.784 BRT versenkt. Alle Dampfer, mit Ausnahme der „Kanzara", liefen nur auf Ballast. Die Schlachtschiffe hatten nach Überlebenden gesucht und 11 Menschen aufgefischt. Diese Versenkungen auf große Distanz hatten einen hohen Munitionsverbrauch gekostet.

Auf dem folgenden 900 Seemeilen langen Weg zur nächsten Versorgungsstelle wurde kein Dampfer gesichtet. Am Nachmittag des 26. Februar kam der Versorger „Friedrich Breme" und bald darauf auch das Troßschiff „Ermland" in Sicht. Der starke Wind ließ eine Beölung jedoch erst am nächsten Morgen zu. „Scharnhorst" hatte dies bis gegen Mitternacht geschafft, während „Gneisenau" noch bis zum 28. Februar 6.30 Uhr versorgte. Die insgesamt 166 Kriegsgefangenen an Bord der beiden Schlachtschiffe wurden auf die „Ermland" gebracht. Lediglich die Kapitäne der versenkten Schiffe blieben an Bord der Schlachtschiffe.

Der Geleitzug SL 67

Der Marsch in das Gebiet, welches der Geleitzug SL 67 passieren mußte, führte am 3. März nach Südwesten in Richtung auf die Kanarischen Inseln. An diesem Tage ortete das Funkmeßgerät die Gipfel der „Kanaren" auf 445 bis 555 Kilometer, also aus einer Reichweite, wie sie vorher nie für möglich gehalten worden war. In 40 Seemeilen Seitenabstand liefen die beiden Schlachtschiffe mit 15 Knoten Fahrt nach Süden. Erst bei Einfall der Dunkelheit wurde auf Nordkurs gedreht und mit 9 Knoten Fahrt über Nacht manövriert, um den Konvoi nicht zu übersehen und an ihm vorbeizulaufen.

Der erste Start einer Arado der „Scharnhorst", mit der Besatzung Lt.z.S. Schlitt und Ofw. Westphal, fand kein Schiff und wollte nach ergebnisloser Suche zur „Scharnhorst" zurückkehren. Die dichte Dunstschicht, die über der See lag, ließ die „Scharnhorst" spurlos verschwinden. Wegen Brennstoff-Aufbrauchs mußte die Arado 196 notwassern. Kpt.z.S. Hoffmann ordnete schließlich den Suchflug mit der Maschine von Lt.z.S. Reuter und Fw. Ludwig nach der vermißten Arado an. Die zweite Arado startete und fand das vermißte Flugzeug am Nachmittag, nur 5 Seemeilen westlich der Kurslinie der „Scharnhorst". Das Schlachtschiff wurde dorthin dirigiert und beide Maschinen aufgenommen.

Am 5. März starteten die beiden Bordflugzeuge der Schlachtschiffe zweimal, ohne daß sie eine einzige Sichtmeldung mitbringen konnten. Stattdessen machte die Maschine mit der Kennung T3 + HH eine Bruchlandung auf dem Wasser neben der „Scharnhorst" und wurde zu 80 Prozent zerstört.

Am späten Abend dieses Tages wurde eine Sichtmeldung von U 124 unter Kptlt. Wilhelm Georg Schulz mitgehört. Das U-Boot hatte zwei Schlachtschiffe gesichtet und dies dem BdU gemeldet.

Da der durchgegebene Standort dem der beiden eigenen Schlachtschiffe entsprach, gab der Flottenchef sofort seinen eigenen Standort an die Gruppe West und ließ dann mit AK Südkurs steuern. Es war zu befürchten, daß U 124 sie als Gegner ansehen und torpedieren konnte.

Da dies eine sehr kritische Situation war, die nur dank der Umsicht des Kommandanten von U 124 gemeistert wurde, soll der Bericht von Kptl. Schulz hier eingebracht werden.

„U 124 lief mit mittlerer Marschfahrt durch die See. Es war dunkel geworden. Die Sonne des 5. März hatte sich unter den Horizont verholt. Auf dem Turm des Bootes standen die Brückenwächter und suchten ihre Sektoren ab.

,Schatten zehn Grad Steuerbord voraus!' meldete der Ausguck, der diesen Sektor zu überwachen hatte.

,Kommandant auf den Turm!'

Eine Minute darauf stand Kptlt. Schulz neben dem I. WO des Bootes, Oblt.z.S. Jochen Mohr.

,Zwei Kriegsschiffe, Herr Kaleunt!' meldete Mohr knapp. ,Sie sind noch 7000 Meter entfernt. Ein Viererfächer wäre sicher gut angelegt.'

Kptl. Schulz sah die beiden wuchtigen Schatten. Diese Schiffe machten nur geringe Fahrt. Mit beiden Dieseln auf 17 Knoten heraufgehend, versuchte Schulz eine zum Schuß günstige Position zu erreichen. War dies das englische Schlachtschiff „Malaya", das an dem zu erwartenden Konvoi stand?

Das Boot kam näher heran, hatte nur noch 4000 Meter Abstand zum vermeintlichen Gegner, als sich Jochen Mohr räusperte.

,Das könnten die „Scharnhorst" und die „Gneisenau" sein, Herr Kaleunt', meinte er.

‚Brücke an Funkraum‘, reagierte Schulz sofort. FT-Spruch an den BdU: ‚Zwei schwere Einheiten im Quadrat — genaue Standortbestimmung einsetzen — Kurs Süd. Frage: Stehen eigene Seestreitkräfte im Operationsgebiet?‘

Im selben Augenblick, als der Antwort-Funkspruch des BdU eintraf, daß man mit eigenen Streitkräften rechnen müsse, stieß das vorn laufende Großkampfschiff eine dicke Rauchwolke aus und verschwand mit 28 Knoten Fahrt rasch aus dem Gesichtsfeld des U-Bootes. Es war — wie sich später herausstellte, die „Gneisenau". Die „Scharnhorst" schor in das Kielwasser des Flaggschiffes ein und beide Einheiten kamen rasch außer Sicht.

Etwas weniger Überlegung, etwas mehr Jagdfieber und eines der beiden deutschen Schlachtschiffe wäre mit Sicherheit von dem Viererfächer von U 124 getroffen worden.

Am nächsten Tage, es war der 7. März 1941, lief U 124 in Richtung des Geleitzuges, der inzwischen von den beiden deutschen Schlachtschiffen aufgefaßt und gemeldet worden war. Als Kriegsschiffsmasten gemeldet wurden, ging U 124 mit Alarmtauchen in den Keller und wurde vom Leitenden Ingenieur auf Sehrohrtiefe eingesteuert. Drei Stunden versuchte Schulz in eine günstige Schußposition zu kommen. Dann war das Boot bis auf 3000 m herangekommen. Ein Viererfächer hätte dieses Riesenziel nicht verfehlt. Aber Schulz war vorsichtig geworden. Er hatte auch bereits die „Gneisenau" erkannt und nur einen vom „Gegner" unbemerkten Scheinangriff gefahren.

Dann ließ er breitseits zur „Gneisenau" auftauchen und die Signalpistole für das ES klarhalten. Auf gleichem Kurs mit der „Gneisenau" durchbrach U 124 die Wasseroberfläche. Schulz enterte auf den Turm und schoß ES.

„Gneisenau" wurde sofort mit Hartruderlegen spitz und schoß ebenfalls das ES. Als alles klar war, ging das U-Boot an dem deutschen Schlachtschiff längsseits. Admiral Lütjens fragte, wie U 124 sie gefunden habe. Schulz erklärte, daß sie seit gestern die Suchflugzeuge gesehen hätten und daß die Maschinen sie herangeführt hätten."

Danach trennten sich die beiden verschiedenen Brüder und „Gneisenau" nahm noch Post des U-Bootes mit, da sie früher als U 124 in der Heimat eintreffen werde.

Zurück zu den beiden Schlachtschiffen. Diese hatten den Geleitzug mehrfach gesichtet und versucht, sich außer Sicht zu halten. Das Schlachtschiff „Malaya" wurde einwandfrei erkannt; ferner noch ein zweites großes Schiff, wahrscheinlich ein Kreuzer, gesichtet. Die beiden Schlachtschiffe holten weit aus und standen am Abend hinter dem Konvoi.

Als am frühen Morgen des 8. März sowohl U 124, als auch U 105 Fühlung am Konvoi meldeten, drehten „Gneisenau" und „Scharnhorst" weit nach Westen, um nicht in der Nacht „versehentlich" torpediert zu werden. Erst am Morgen des 9. März drehte die deutsche Schlachtschiff-Gruppe auf den Konvoi ein, nachdem beide U-Boote am Geleitzug gerakt und einige Schiffe versenkt hatten. Um 12.30 Uhr zogen sich beide Großkampfschiffe auseinander, um den Kampf getrennt aufzunehmen und möglichst viele Gegner zu vernichten.

Um 13.45 Uhr wurde auf „Gneisenau" ein Gefechtsmast gesichtet. Im Laufe des Nachmittags kamen die „Malaya" und schließlich noch zwei Kreuzer der „Aurora"-Klasse sowie einige Zerstörer in Sicht. Der Geleitzug war jedoch nicht zu sehen.

Die britischen Kreuzer stießen am Nachmittag einige Male bis dicht auf Schußentfernung an die deutschen Schiffe heran, ehe sie wieder zum eigenen Verband abdrehten. Ihre Absicht war es, die deutschen Einheiten auf die „Malaya" zu ziehen.

Als kurz nach 18.00 Uhr ein Schwimmerflugzeug auftauchte, ließ Admiral Lütjens die Suche abbrechen und meldete seine Absicht, an der „Ermland" zu versorgen, um nach der Ergänzung des Proviantes in Richtung der HX-Geleitzugrouten zu marschieren.

Zu einer Fahrt von 900 Seemeilen marschierten nunmehr die beiden Schlachtschiffe zum Treffpunkt mit der „Ermland" und der „Uckermark". Dabei stieß „Scharnhorst" am 9. März auf den griechischen Dampfer „Marathon", der mit 8000 Tonnen Kohle aus England nach Alexandria unterwegs war. Das Schiff wurde nach Anbordnahme der 38-köpfigen Besatzung von der „Scharnhorst" versenkt.

Am Nachmittag des 10. März erreichten die beiden Großkampfschiffe die Troßschiffe. Die deutsche Kampfgruppe war bis zu diesem Zeitpunkt sieben Wochen in See und hatte 15.000 Seemeilen zurückgelegt, ohne zu großen Erfolgen zu kommen.

Am Nachmittag des 12. März ließ Admiral Lütjens die Kommandanten der Schlachtschiffe und der Troßschiffe zusammenrufen und erklärte ihnen, daß er mit den Troßschiffen auf beiden Flügeln gegen den HX-Konvoi vorstoßen wolle. Dazu wurde auf jedes der Troßschiffe ein Offizier der Seeflieger als Verbindungsoffiziere eingesetzt. In der Nacht zum 13. März gingen dann alle vier Einheiten im Seitenabstand von 30 Seemeilen zueinander auf Position.

Am Morgen des 15. März meldete die auf der linken Position laufende „Uckermark" unter KKpt. Walter von Zatorski einen Tanker. Wenig später einen zweiten. Es stellte sich heraus, daß die Aufklärungslinie in eine Gruppe einzeln laufender Tanker hineingestoßen war.

Bis zum Abend des nächsten Tages konnte die „Uckermark" nicht weniger als 13 Sichtmeldungen abgeben, was den Einsatz der Troßschiffe als „Späher" als erfolgreich bewies.

Es handelte sich bei den gesichteten Tankern um einen aufgelösten Geleitzug England-Amerika. Die vier von der „Uckermark" gesichteten Dampfer, von denen einer am Morgen, die drei übrigen am Nachmittag gemeldet wurden, konnten von der „Gneisenau" aufgebracht werden. Drei von ihnen wurden durch Prisenkommandos besetzt und in die Heimat entlassen. Der vierte auf 40.30 Grad Nord/43.45 Grad West versenkt, weil er trotz des Funkverbotes Notrufe absetzte und mit Höchstfahrt zu entkommen trachtete. Die Artillerie der „Gneisenau" schoß ihn binnen zweier Minuten zusammen.

Die „Scharnhorst", die rechts neben der „Gneisenau" lief, bekam am Nachmittag dieses Tages die beiden englischen Motortanker „British Strenght" mit 7139 BRT und „Athelfoam" mit 6554 BRT in Sicht. Sie eröffnete sofort das Feuer. Beide Tanker brannten binnen kürzester Zeit über alles und wurden von den großkalibrigen Granaten des deutschen Schlachtschiffes auseinandergerissen und sanken.

Am nächsten Tag setzte sich die Erfolgsserie der beiden Schlachtschiffe fort. Es waren alles Einzelfahrer, die in sehr kurzen Abständen zueinander liefen, weil sie nach der Auflösung des Geleitzuges dennoch das eine Ziel hatten.

„Gneisenau" preschte von einem der Einzelfahrer zum anderen und konnte an diesem Tage in einem Furioso seiner Salven sechs Schiffe mit 20.496 BRT versenken.

„Scharnhorst" blieb ebenfalls nicht untätig und kam auf vier Versenkungen an diesem Tage, die zusammen 21.377 BRT erbrachten.

Mehreren dieser Schiffe gelang es noch vor ihrer schnellen Vernichtung Notrufe zu tasten. Das letzte dieser Schiffe, die „Chilean Reefer", eröffnete sogar das Feuer auf die dicht herangehende „Gneisenau", deren vordere Türme das Feuer erwiderten. Es war 20.30 Uhr, als dieses Schiff in hellen Flammen stand und die Besatzung von Bord ging. Zur Rettung der in der See schwimmenden Männer ließ Admiral Lütjens die „Gneisenau" noch näher an die „Chilean Reefer" heranlaufen und dann stoppen, damit die Rettungsarbeiten gut durchgeführt werden konnten.

So geschah es, daß das deutsche Schlachtschiff kurze Zeit gestoppt, von den hellen Flammen des brennenden Tankers umlodert, auf der See lag. Einige Überlebende waren bereits an Bord genommen worden, ein Boot mit weiteren Schiffbrüchigen legte gerade bei der „Gneisenau" an, als die Brückenwache in 200 Hektometer Entfernung den britischen Schlachtkreuzer „Renown" sichtete, der beim Konvoi HX 114 Sicherung gefahren hatte. Die „Renown" rief „Gneisenau" durch den Morseruf „What ship?" an, und „Gneisenau" antwortete mit: „HMS Emerald". Sicherheitshalber ging sie sofort mit der Maschine an und ließ das Rettungsboot treiben, um mit Höchstfahrt abzulaufen.

Die „Renown" eröffnete weder das Feuer, noch setzte sie hinterher, was ihr auch nichts gebracht hätte, denn die deutschen Schlachtschiffe waren etwa 10 Knoten schneller.

Die britische Admiralität, abermals auf das Auftreten der beiden deutschen Schlachtschiffe aufmerksam gemacht, konzentrierte nun eine große Abfangstreitmacht im Seegebiet südlich Island und in der Dänemarkstraße, um die zurückkehrenden deutschen Schlachtschiffe abzufangen. Die Home Fleet ging wieder in See, um die Route der solcherart gefährdeten wichtigen HX-Geleitzüge zu decken.

Zahlreiche britische Aufklärer versuchten, die deutsche Kampfgruppe zu entdecken. Doch Admiral Lütjens ließ nicht nach Norden laufen sondern setzte sich, der Weisung der Skl gemäß, ab dem 17. März den Nordatlantik zu meiden, auf östliche Kurse ab. Es galt, damit der „Admiral Hipper" und der „Admiral Scheer" den Rückmarsch durch die Dänemarkstraße zu ermöglichen.

Von den drei als Prisen nach Deutschland bzw. in die französischen Atlantikhäfen geschickten Tankern kam nur einer nach Westfrankreich und lief in die Girondemündung ein.

Am 19. März funkte der Flottenchef ein Kurzsignal an die Gruppe West: „Ich gehe nach Brest."

Wenig später übernahmen die beiden Schlachtschiffe noch einmal Treiböl aus der „Uckermark" und der „Ermland". Beide Schiffe gaben ihre insgesamt 229 Gefangenen an die Versorger ab und liefen nun mit großer Fahrt in Richtung Brest an der westfranzösischen Küste. Am Nachmittag des 20. März wurden sie von einem Aufklärer der britischen Force H, VAdm. Somerville, gesichtet, die aus Gibraltar nach Norden in Marsch gesetzt worden war. Doch das Funkgerät des Flugzeugs war nicht intakt. Admiral Lütjens ließ sofort Täuschungskurse steuern und erreichte am Nachmittag des 21. März den Operationsradius der deutschen Flugzeuge. Gegen 18.00 Uhr standen die Schlachtschiffe nur noch 180 Seemeilen vor Brest. Sie liefen am Morgen des 22. März um 7.50 Uhr in Brest ein und gingen dort vor Anker.

Der erhoffte große Erfolg war der Kampfgruppe zwar versagt geblieben, aber sie hatte unter Beweis gestellt, daß sie in der Lage war, die gegnerischen Seeverbindungen nicht nur zu beunruhigen. England hatte sämtliche im Heimatbereich verfügbaren Einheiten gegen diese beiden deutschen Schiffe einsetzen müssen. Daß es Admiral Lütjens darüber hinaus noch gelang, den Gegner von den beiden heimreisenden Schweren Kreuzern „Admiral Hipper" und „Admiral Scheer" abzulenken, war ein weiteres positives Ergebnis dieses langen Einsatzes zu dem Captain Roskill bemerkte:

„Sie versenkten oder kaperten nicht nur 22 unserer Schiffe mit 115.622 BRT, sondern brachten auch unseren atlantischen Geleit-Zyklus für einige Zeit durcheinander, was ernstliche Auswirkungen auf unsere wesentlichsten Einfuhren hatte." (Siehe Roskill, S.W.: a.a.O.).

Das Schlachtschiff „Bismarck"

Einsatzplanungen

Das Schlachtschiff „Bismarck", das am 14. Februar 1939 von Stapel gelaufen war und als eines der größten, bestarmierten und bewaffneten Schlachtschiffe seiner Zeit galt, war am 24. August 1940 in Dienst gestellt worden und führte seit diesem Tage nach der Tradition der Kriegsmarine Flagge und Wimpel. In den ersten Monaten des Jahres 1941 näherte sich das Ende der Erprobungsfahrten und der Gefechtsausbildung.

Die Seekriegsleitung setzte auf dieses Schlachtschiff große Hoffnungen; denn die Erfolge der beiden Schlachtschiffe „Scharnhorst" und „Gneisenau" im Zufuhrkampf gegen England hatten die großen Chancen dieser Art der Kriegführung gezeigt. Da auch die am 1. April 1939 von Stapel gelaufene „Tirpitz" gegen Ende des Jahres einsatzbereit sein würde, ergaben sich eine Reihe neuer Chancen, die des weiteren durch den Schweren Kreuzer „Prinz Eugen" genährt wurden, der am 1. August 1940 in Dienst gestellt worden war. Damit würde die Kriegsmarine über weitere drei kampfstarke Großkampfschiffe verfügen, deren Einsatz im Atlantik den Gegner zwingen mußte, seine volle Kraft dagegen einzusetzen.

„Scharnhorst", die in Brest lag, mußte allerdings nach den Seeschäden des letzten Einsatzes eine große Reparatur seiner Maschinenanlage durchführen. „Gneisenau" hatte ebenfalls Reparaturen auszuführen.

Die Royal Air Force versuchte in der Nacht zum 4. April 1941 die beiden in Brest liegenden Schlachtschiffe zu versenken. Doch sie hatte kein Glück. Luftmineneinsätze und solche des Minenlegers „Abdiel" gegen Brest sollten „Scharnhorst" und „Gneisenau" dort festhalten, bis ein Angriff der Bomber glückte.

Am Abend des 6. April erzielte ein Bristol Beaufort-Bomber der RAF-Squadron 22 einen Torpedotreffer auf der „Gneisenau", die damit ebenfalls für längere Zeit ausfiel.

Damit fielen sie für einen weiteren Großraid aus, der von der Skl in der zweiten Aprilhälfte geplant war. Und zwar sollten „Bismarck" und „Prinz Eugen" in einer Neumondperiode der zweiten Aprilhälfte in den Atlantik durchbrechen. Wenn sich der Gegner auf diese konzentrierte, könnten auch „Scharnhorst" und „Gneisenau" aus Brest ausbrechen und ebenfalls im Atlantik operieren.

In ihren Weisungen an die Marinegruppen West und Nord gab die Skl ihren hochgespannten Erwartungen Ausdruck: „Es muß das Bestreben der Seekriegführung sein, durch möglichst häufige Wiederholung derartiger Operationen (wie jener der beiden Schlachtschiffe und der „Hipper") ihre Wirkung zu erhalten und zu vertiefen. Hierzu müssen die bisher gewonnenen Erfahrungen ausgenutzt und die Operationen noch weiter ausgebaut werden.

Als entscheidendes Ziel im Kampf gegen England muß im Auge behalten werden, daß es darauf ankommt, die englische Zufuhr vernichtend zu treffen. Dieses Ziel läßt sich am besten und am wirkungsvollsten nur im Nordatlantik erreichen, wo alle englischen Zufuhrwege zusammenlaufen. – – –

Der Einsatz und das Operationsgebiet der Schlachtschiffe und Kreuzer muß diesem Gesichtspunkt Rechnung tragen.

Sobald beide Schlachtschiffe des Typs ‚Bismarck‘ (also auch die ‚Tirpitz‘) für den Einsatz zur Verfügung stehen, kann es möglich werden, den Kampf mit der Sicherung feindlicher Geleitzüge bewußt zu suchen und nach ihrer Vernichtung die Geleitzüge selbst zu zerschlagen.

Bis zu diesem Zeitpunkt kann jedoch dieser Weg noch nicht gegangen werden. Doch wird es als Zwischenstufe auch jetzt schon möglich sein, durch Waffeneinsatz des Schlachtschiffes „Bismarck" die feindlichen Sicherungen zu binden, um gleichzeitig mit den übrigen beteiligten Einheiten auf den Geleitzug selbst zu operieren."

Unter Ziffer III dieser Weisung der Skl sind die Befehle für den ersten Einsatz der Schlachtschiffe „Bismarck" und „Gneisenau" und des Kreuzers „Prinz Eugen" im Nordatlantik enthalten und zwar heißt es unter der Ziffer 1:

„Zu einem möglichst frühen Zeitpunkt, nach Möglichkeit noch in der Neumondperiode des April, sind unter Führung des Flottenchefs ‚Bismarck‘ und ‚Prinz Eugen‘ zu einer Unternehmung des Zufuhrkrieges im Atlantik einzusetzen.

Zu einem durch die Beendigung der augenblicklichen Reparaturzeit gegebenen Zeitpunkt ist „Gneisenau" ebenfalls im Atlantik einzusetzen."

Allerdings war die „Gneisenau" noch lange nicht so weit. Sie war am 5. April 1941 ausgedockt worden, weil dort beim Bombenangriff des 4. April ein Blindgänger gefallen war. Am 6. April sollte das Schiff bei Hochwasser wieder eingedockt werden. Dies bedingte, daß die „Gneisenau" in der Nacht zum 6. April vor Anker liegen mußte. Die netzgeschützten Liegeplätze in der Bucht waren noch nicht fertig.

Am frühen Morgen des 6. April gab es Fliegeralarm. Sofort wurde aus den Nebelbojen genebelt und der Hafen verschwand unter diesem Dunst. Zugleich eröffnete die Flak das Sperrfeuer, da die Maschinen den Feuerbereich erreicht hatten.

Dennoch gelang es einem Bomber an das ungeschützt liegende Schlachtschiff heranzukommen und einen Torpedo zu werfen. Die Maschine wurde von der Abwehr der „Gneisenau" getroffen und stürzte ab. Aber ihr Torpedo traf und riß ein gewaltiges Loch in den Schiffsleib, der die „Gneisenau" für weitere Monate außer Aktion setzte.

Dennoch blieb die Skl bei dem dargelegten Plan, „Gneisenau" und „Scharnhorst" mit „Bismarck" und „Prinz Eugen" gleichzeitig anzusetzen, aber zunächst sah es so aus, daß der Operationsbefehl nur für „Bismarck" und „Prinz Eugen" ausgegeben werden konnte. Dieser sah vor:

„1. Auslaufen durch Belt und Nordsee in den Nordatlantik.

2. Angriff auf die durch den Nordatlantik laufende Zufuhr des Gegners. Nach Durchführung der zweiten Aufgabe:

3. Einlaufen in einen westfranzösischen Hafen zur Ergänzung von Munition und Verbrauchsstoffen. Falls längere Reparaturen oder Planüberholungen erforderlich, nach Möglichkeit Rückmarsch in die Heimat."

Mit folgenden Großkampfschiffen mußte der Flottenchef bei seiner Operation rechnen: den Schlachtschiffen „Prince of Wales", „Nelson", „Rodney" und möglicherweise auch mit der „Hood". Auf der HX-Route oder in Kanada wurden die Schlachtschiffe „King George V.", „Ramillies" und „Royal Sovereign" vermutet. Aus Gibraltar und dem Seeraum vor Westafrika konnten die Schlachtkreuzer „Renown" und „Repulse", sowie das Schlachtschiff „Queen Elizabeth" angreifen. Eine Reihe Flugzeugträger und Schwere Kreuzer kamen hinzu.

Der vorgesehene Einsatz zum Neumond am 26. April verzögerte sich, weil „Prinz Eugen" am 23. April im Fehmarnbelt einen Grundminentreffer erhalten hatte.

Anläßlich seiner Besprechung bei der Skl in Berlin schlug dann auch der Flottillenchef Admiral Lütjens vor, die Operation aufzuschieben, bis zumindest „Scharnhorst" wieder einsatzbereit sein würde. Doch dies schien nicht vor dem Sommer der Fall zu sein, und die „Tirpitz" konnte wahrscheinlich erst im Herbst ihren ersten Einsatz unternehmen.

Als dann die „Scharnhorst" am 24. Juli 1941 bei dem stärksten Tagesangriff der RAF mit 149 Bombern auf

La Pallice nicht weniger als fünf Bombentreffer erhielt, die schwere Schäden verursachten, mußte das Schiff für längere Zeit wieder in die Werft nach Brest zurück.

Admiral Lütjens stimmte schließlich der Auffassung der Skl zu, die Operation im Atlantik so schnell wie möglich fortzusetzen.

Als Großadmiral Raeder bei seinem Lagevortrag vor Hitler am 22. Mai 1941 das inzwischen vollzogene Auslaufen der „Bismarck" meldete, erhob Hitler dagegen Bedenken und forderte den Abbruch der Operation. Raeder konnte Hitler jedoch von der Richtigkeit seines Entschlusses überzeugen.

„Hood ist in die Luft geflogen!"

In der Nacht zum 20. Mai 1941 liefen „Bismarck" und „Prinz Eugen" durch den Großen Belt und standen am Abend des 20. Mai südlich von Christiansand. An Bord der „Bismarck" hatte sich Admiral Lütjens mit seinem Stab eingeschifft. Die deutsche Luftaufklärung hatte alle schweren britischen Einheiten in Scapa Flow festgestellt und die gesamte Nordsee feindfrei gemeldet.

Die britische Admiralität erhielt am Nachmittag des 20. Mai vom Auslaufen dieser Kampfgruppe Kenntnis durch den schwedischen Kreuzer „Gotland", der vor der schwedischen Küste stand und den deutschen Verband vorbeilaufen sah. Der englische Marine-Attaché in Stockholm gab auf alle Fälle am Abend dieses Tages die

Meldung darüber an die britische Admiralität in London weiter.

Die Operation „Rheinübung" hatte begonnen und zu einer letzten Ölergänzung lief der Verband am frühen Morgen des 21. Mai in den Korsfjord bei Bergen ein. Hier wurde er am Mittag von einem britischen Aufklärungsflugzeug entdeckt. (Siehe dazu: Russel Grenfell: The ‚Bismarck' Episode).

Um 23.00 Uhr ging der Verband ankerauf und lief auf Nordkurs durch die fahle Dämmerung. „Bismarck" führte. An Bord der Schiffe wurde Kriegswache gegangen. Alle Stationen und Waffen waren besetzt. Auf der Brücke der „Bismarck" stand ihr Kommandant, der Wachhabende Offizier, der Kriegswachleiter und der Navigationsoffizier, neben dem üblichen Brückenpersonal. Auf der Admiralsbrücke der „Bismarck" war auch Flottenchef Admiral Lütjens mit seinem Stab anwesend.

Am Morgen des 22. Mai – es war der Himmelfahrtstag 1941 – wurden die drei Geleitzerstörer entlassen und gingen wieder auf Gegenkurs.

An diesem Tage hatte die Britische Admiralität den Schlachtkreuzer „Repulse" und den Träger „Victorious" der Home Fleet unterstellt und ihr Auslaufen zur Konvoisicherung unterbunden. In der Dänemarkstraße stand der Schwere Kreuzer „Norfolk". Ein weiterer Schwerer Kreuzer, die „Suffolk", die zur Brennstoffergänzung im Hvalfjord lag, wurde zurückbefohlen.

Admiral Sir Charles Tovey, der OB der Home Fleet, lief an diesem Abend um 22.45 Uhr aus Scapa Flow aus. Er war auf dem Schlachtschiff „King George V." eingeschifft. Bei ihm war der Träger „Victorious" und das 2. Kreuzergeschwader mit vier Kreuzern, ferner noch sieben Zerstörer.

Das unter dem Kommando von VAdm. Holland stehende Schlachtkreuzer-Geschwader mit der „Hood" und der „Prince of Wales", das in der Nacht zum 22. Mai in Richtung Island lief, erhielt Weisung, die in der Dänemarkstraße stehende Kreuzer-Patrouille zu decken. In der Straße zwischen Island und den Färöer-Inseln standen zwei weitere Kreuzer auf Wache. Sie wurden kurz darauf durch einen dritten Kreuzer verstärkt, wie Roskill in seinem Werk über den britischen Seekrieg im Zweiten Weltkrieg berichtete.

Admiral Lütjens beabsichtigte den unbemerkten Durchbruch durch die Dänemarkstraße in den Nordatlantik. Vor diesem Durchbruch wollte er noch aus dem auf 70 Grad Nord/1 Grad West wartenden Tanker „Weißenburg" Treibstoff übernehmen.

Bis zum Abend des 23. Mai erreichte der deutsche Kampfverband die Dänemarkstraße. Am Nachmittag dieses Tages war das Wetter unsichtig, war darüber hinaus die Eisgrenze so nahe gerückt, daß es nur langsam weiterging. Oftmals konnte die „Prinz Eugen" ihren Vordermann nur noch am Kielwasser erkennen. Schneeschauer begrenzten die Sicht weiter. Es war 19.22 Uhr, als die Alarmglocke auf der „Bismarck" rasselte. An Backbord war ein Schatten in 130 hm Distanz gesichtet worden. „Bismarck" schoß fünf Salven in diese Richtung, wo gerade ein Schwerer Kreuzer an seinen drei schräggestellten Schornsteinen als Kreuzer der „London" oder „Norfolk"-Klasse erkannt wurde. Es war die „Suffolk" unter Captain R.M. Ellis. Der Schwere Kreuzer verschwand, und „Bismarck" hatte einen Ausfall des vorderen Funkmeßgerätes zu verzeichnen. Deshalb befahl Lütjens die „Prinz Eugen" an die Spitze, damit die See nach vorn überwacht werden konnte.

Die „Suffolk" meldete die beiden deutschen Schiffe, und eine Stunde darauf hatte auch die „Norfolk" den deutschen Verband durch ihr Radargerät erfaßt.

Die Britische Admiralität entschloß sich unmittelbar nach der ersten Sichtmeldung zur Rückrufung der Force H unter VAdm. Somerville aus Gibraltar nach Norden.

Die „Prince of Wales" und die „Hood" stießen sofort mit großer Fahrt nach Nordwesten, um der „Bismarck" den Weg abzuschneiden. Im Morgengrauen des 24. Mai bekamen diese beiden britischen Großkampfschiffe den deutschen Gegner in Sicht. 30 Minuten vorher hatte die Horchstelle auf der „Prinz Eugen" diesen Gegner bereits gehorcht und gemeldet. Admiral Lütjens hatte fünf Minuten vorher Alarm geben lassen.

Es war genau 5.30 Uhr, als vom Vormars der „Bismarck" und von der Brücke des Schweren Kreuzers an Backbord querab die ersten Rauchwolken gemeldet wurden. Auf beiden Schiffen dröhnten nun die Alarmglokken. Die Rauchwolken kamen rasch näher. Von allen Stationen der beiden deutschen Schiffe liefen die Klarmeldungen in der Zentrale ein.

„Schiff klar zum Gefecht!" meldete der I. Offizier dem Kommandanten der „Bismarck". Dieser meldete dem Flottenchef das Schiff gefechtsklar. Die E-Meßgeräte zeigten nun 270 Hektometer (27 Kilometer) Distanz zum Gegner an.

Als die Umrisse der Schiffe deutlich wurden, mutmaßte man auf der „Bismarck" zunächst, daß es sich um Schwere Kreuzer handeln müsse, bis schließlich der I. AO bemerkte, daß es sich um den Schlachtkreuzer „Hood" handeln müsse.

Die vier Doppeltürme des deutschen Schlachtschiffes mit ihren 38 cm-Geschützen waren auf den näherkommenden Gegner gerichtet.

Als sich die beiden englischen Großkampfschiffe bis auf 210 hm genähert hatten, wurde auch die „King George V." erkannt.

Plötzlich, beide Seiten waren einander auf 200 hm nahegekommen, blitzte um 5.52 Uhr das Abschußfeuer der „Hood" auf. Sekunden später zuckten die Abschußlanzen aus den Geschützen der „Prince of Wales". Um dieses Schiff handelte es sich bei dem als „King George V." angesprochenen Schlachtschiff.

Genau eine Minute nach der feindlichen Feuereröffnung erfolgte auch vom deutschen Flottenleitstand der Feuerbefehl.

„Bismarck" schoß die erste Salve. Gelbgrauer dicker Qualm waberte über dem Schiff empor. Nahe der „Prinz Eugen" hieben bereits die ersten Granaten der „Hood" in die See.

„Feuervereinigung auf die ‚Hood'!" befahl Admiral Lütjens.

Die ersten beobachteten Einschläge lagen zu kurz. Aber bereits die zweite Salve lag so dicht bei der

174

„Hood", daß es dort die ersten Verluste durch Splitterwirkung gab. Beide Seiten feuerten nun im schnellen Salventakt und Admiral Lütjens ließ einen Funkspruch an die Seekriegsleitung absetzen:

„5.53 Uhr: Bin im Gefecht mit zwei schweren britischen Einheiten! – Flottenchef."

Die „Bismarck" hatte sich eingeschossen. Auch die Salven der „Prinz Eugen" lagen deckend. Der erste Treffer sprang grellrot auf dem Achterdeck der „Hood" empor. Er stammte von einem 28 cm-Treffer der „Prinz Eugen". Schwarzer Qualm wälzte sich über diesen Giganten der britischen Flotte. Unmittelbar darauf schlug eine ganze Lage aus den schweren Türmen der „Bismarck", die an den besonders hohen Fontänen zu erkennen waren, an der Bordwand der „Hood" in die Höhe und verdeckten die übrigen Einschläge. Die 38 cm-Granaten des deutschen Schlachtschiffes waren mitten in die „Hood" hineingeschlagen. Es sah zunächst so aus, als zeige der Riese keinerlei Wirkung. Zwei, drei Sekunden verrannen, dann aber peitschte ein gewaltiger Feuersturm aus der „Hood" in die Höhe, überstiegen von einem gewaltigen giftiggelben Rauchpilz, der bis in den Himmel emporzuwabern schien. Feuerfontänen stiegen bis über die Mastspitzen des schwer getroffenen Schiffes empor. Von achtern bis zum vorderen Schornstein schienen sich diese Flammen in Sekundenschnelle weiterzubewegen. Und immer wieder peitschten neue Flammengeysire aus dem bereits über alles brennenden Schiff in die Höhe. In Hunderten von Einzeldetonationen barst der Riese der britischen Flotte, die für unsinkbar gehaltene „Hood", in Stücke.

„Hood" fliegt in die Luft!" rief einer der Seeoffiziere auf der Brücke der „Bismarck". Und so war es auch! Die fünfte Salve des deutschen Schlachtschiffes hatte die dicke Stahlpanzerung der „Hood" durchschlagen und war in den Munitionskammern hochgegangen.

Noch einmal blitzte es vorn aus dieser tosenden Feuerhölle auf. Die „Hood" hatte mit dem vorderen Turm ihre letzte Salve geschossen.

„Zielwechsel nach links!" befahl Admiral Lütjens. Alle Rohre der „Bismarck" und der „Prinz Eugen" schwenkten nun auf den zweiten Gegner ein. Die nächsten Salven schlugen nahe bei der „Prince of Wales" in die See. Das Schlachtschiff, das Steuerbord achteraus hinter der „Hood" lief, mußte mit Hartruderlegen nach Steuerbord einem Aufprall auf die „Hood" vorbeugen und lief in den Granatenhagel der deutschen Schiffe hinein, gerade während die „Hood" sich anschickte, endgültig in die Luft zu fliegen. Mit einem ungeheuerlichen Krachen hob sich plötzlich das Vorschiff des todwunden Riesen bis zu einem Winkel von 45 Grad aus der See. Masthoch glitt der Bug aus dem Wasser und dann stieß die „Hood" beinahe senkrecht in die Tiefe hinunter.

Die „Prince of Wales" drehte nun brennend und hart getroffen nach Backbord ab und versuchte schwarzqualmend zu entkommen.

Von der „Hood" aber war nichts mehr zu sehen. Das 42.100 tons große Schiff war von der Wasseroberfläche verschwunden.

Es war genau 6.06 Uhr. 21 Minuten waren seit dem ersten Schuß der „Hood" vergangen. Insgesamt hatte der

Kampf bis zur letzten Salve der „Bismarck" auf den drehenden und ablaufenden Gegner 24 Minuten gedauert. „Prinz Eugen" hatte keinen Treffer erhalten, während die „Bismarck" drei Treffer von der „Prince of Wales" erhalten hatte. Der erste hatte eine E-Station getroffen. Ein zweiter unterhalb der Wasserlinie ließ Wasser in den Backbord-Kesselraum eindringen. Ein dritter hatte die Panzerung des Vorschiffes durchschlagen und geringe Schäden verursacht. Es gab eine Reihe Verwundeter, aber keinen Toten.

Die „Prince of Wales" hatte von der „Bismarck" vier 38 cm-Treffer und von der „Prinz Eugen" drei 20,3 cm-Treffer erhalten. Eine der 38 cm-Granaten durchschlug die Brücke. Sie tötete das gesamte Brückenpersonal außer dem Kommandanten und dem Signalmeister, die verwundet wurden. Dieser Treffer war auch für den Ausfall des größten Teiles der Feuerleitanlage verantwortlich.

Zwei Granaten durchschlugen die Panzerung und blieben als Blindgänger im Munitionsraum und in der Nähe des E-Werkes hängen. Wären sie detoniert, wäre es mit Sicherheit mit der „Prince of Wales" zu Ende gewesen. Zwei 20,3 cm-Unterwassertreffer ließen 600 Tonnen Wasser ins Schiff eindringen.

Dies war für den Kommandanten der „Prince of Wales" die Veranlassung, abzudrehen und aufzugeben. Um 6.09 Uhr stellten die beiden deutschen Schiffe das Feuer endgültig ein.

In den nächsten Stunden wurden die Geschütze beider deutscher Einheiten gereinigt. Das Unterwasserleck konnte abgedichtet werden. Aber der Treffer im Vorschiff der „Bismarck" hatte die dort liegenden Ölzellen beschädigt, durch die nun Öl auslief. Admiral Lütjens befahl einen Nummernwechsel und ließ „Prinz Eugen" den Schluß übernehmen. Als diese die „Bismarck" passierte, fragte der Kommandant, Kpt.z.S. Lindemann, den Kommandanten der „Prinz Eugen", Kpt.z.S. Brinkmann, ob er eine Ölspur nachzöge. Dies wurde von der „Prinz Eugen" bestätigt. Durch diesen Treffer wurde also die „Bismarck" durch nachfolgende Schiffe verfolgbar. Außerdem hatte er die Geschwindigkeit des deutschen Schlachtschiffes um etwa zwei Knoten verringert.

Admiral Lütjens sah nach dem Abdrehen des Gegners den Weg frei, seinen Marsch in den Nordatlantik fortzusetzen und zum Handelskrieg gegen die Hauptgeleitzugswege des Gegners zu kommen. Allerdings war dafür der Überraschungseffekt entfallen. Die Skl hatte ebenso wie die beiden Marinegruppen erwogen, den beiden Schiffen den Rückmarschbefehl zu geben. Großadmiral Raeder aber kam zu dem Entschluß, diese Entscheidung dem Flottenchef zu überlassen. (Siehe Raeder, Erich: a.a.O.).

Admiral Lütjens meldete der Skl seinen Erfolg und die erlittenen Schäden sowie den Entschluß, die „Prinz Eugen" zur Fortsetzung der Operation zu detachieren und erklärte, mit der „Bismarck" St.Nazaire anzulaufen. Durch diesen um 8.01 Uhr getasteten FT-Spruch, der erst nach seiner Wiederholung um 13.40 Uhr aufgenommen wurde, erkannte die Skl, daß die „Bismarck" Gefechtsschäden erlitten hatte, die ihr die Fortsetzung der Operation nicht erlaubte.

Beide Gruppen ergriffen Maßnahmen zur „Einholung der ‚Bismarck'". Sowohl die 6. Z.-Flottille als auch die Luftflotte 5 wurden alarmiert und Kampfverbände bereitgestellt. Die Marinegruppe West leitete entsprechende Sicherungen zum Einbringen nach St. Nazaire ein. Mit dem Einlaufen der „Bismarck" wurde zum 27. Mai gerechnet.

Es gelang der „Prinz Eugen" nach einem fehlgelaufenen Versuch am Nachmittag, gegen 18.00 Uhr unter Ausnutzung einer Regenbö abzulaufen, ohne daß der Feind dies bemerkte. Dichte Wolken hatten dieses unbemerkte Ausscheren erleichtert.

Aber die „Bismarck" kam nicht ungesehen fort. Um 20.56 Uhr meldete Admiral Lütjens, daß ein Abschütteln des Gegners wegen der feindlichen Radargeräte nicht möglich sei und daß er wegen des Brennstoffmangels St. Nazaire direkt ansteuern werde.

Die englischen Aktionen zur Jagd auf die „Bismarck"

Die britische Admiralität in Whitehall wurde von der Funkmeldung über den Untergang ihres größten Schlachtschiffes, der „Hood", in fieberhafte Tätigkeit versetzt. Es galt nunmehr, die „Bismarck" unter allen Umständen zu stellen und zu vernichten. Von der Besatzung von 1419 Mann des gesunkenen Schiffes konnten nur drei (!) gerettet werden. Alle übrigen waren in dem Gefecht gefallen oder mit dem sinkenden Giganten untergegangen. Unter den Toten befand sich auch VAdm. Holland und der Kommandant des Schiffes, Captain Kerr.

Captain Leach, der Kommandant der „Prince of Wales", war bei dem Brückentreffer schwer verwundet worden. Für ihn übernahm nach dem Gefecht Konteradmiral W.F. Wake-Walker auf dem Kreuzer „Norfolk" das Kommando. Er hatte versucht in das Gefecht mit der „Bismarck" einzugreifen, doch seine Granaten waren zwei Seemeilen vor dem Gegner in die See eingehauen.

Die 13 Toten der „Prince of Wales" wurden auf See bestattet.

Die britischen Flottenangehörigen, die nicht über das genaue Geschehen im Bilde waren, beschuldigten nunmehr die „Prince of Wales", die „Hood" im Stich gelassen zu haben. Sie geriet in den Ruf, ein „Judas" zu sein. Wie auch immer: Die britische Admiralität versuchte nun mit aller Gewalt, die „Bismarck" einzukreisen. Zur Verfügung standen der Schlachtkreuzer „Renown", einige Schlachtschiffe, die von anderen Unternehmungen abgezogen wurden, und der Rest der Home Fleet mit dem neuen Schlachtschiff „King George V." und der „Prince of Wales", die nach Island gelaufen war, um dort die Granateinschläge abzudichten, Öl zu übernehmen und dann wieder zum Kampf gegen die „Bismarck" auszulaufen.

Eine Reihe Schwerer und Leichter Kreuzer, Zerstörer und Hilfsschiffe, insgesamt 109 Kriegsfahrzeuge, standen in See und versuchten die „Hood" zu rächen, wie sie sagten.

Um 15.00 Uhr dieses Tages schickte der Chef der Home Fleet den Träger „Victorious" ins Rennen, um mit seinen Flugzeugen den Gegner zu stoppen oder seine Fahrt durch weitere Treffer zu verlangsamen. Er wurde von vier Kreuzern des 2. Kreuzergeschwaders gesichert.

Konteradmiral Curteis, der mit der „Victorious" und dessen Bedeckung von Scapa Flow ausgelaufen war, ließ um 22.00 Uhr den ersten Torpedofliegerangriff gegen die „Bismarck" starten. Doch dieser Abgriff stieß auf den eigenen Kreuzer „Norfolk", der um ein Haar versenkt worden wäre. Die zweite Welle der Swordfishes aber erreichte die „Bismarck", die sich mit Einsatz aller Waffen dieses Angriffes erwehren konnte. Nur einer der 18 geworfenen Lufttorpedos traf das Schiff mittschiffs und detonierte auf dem Seitenpanzer ohne es zu beschädigen. Der Oberbootsmann Kirchberg wurde durch die Detonationswelle gegen die Flugzeughalle geschleudert und starb. Er war der erste Tote der „Bismarck".

Das Wetter hatte sich ständig verschlechtert. Bis zum Tagesanbruch des 26. Mai wuchs die Seestärke zum Orkan an. „Bismarck" hatte sich bis auf 700 Seemeilen der französischen Küste genähert, als eine Catalina des Küsten-Commandos um 10.30 Uhr das deutsche Schlachtschiff sichtete. Diese Meldung zeigte der britischen Admiralität, daß die „Bismarck" einen französischen Hafen anlaufen wollte.

Die Force H unter VAdm. Somerville stand damit am nächsten zum Gegner. Der VAdm. ließ sofort von seinem Träger „Arc Royal" zwei Langstrecken-Aufklärer starten, welche die Fühlung von der soeben durch die „Bismarck" beschädigten Catalina übernahmen. Um 13.15 Uhr war der Kreuzer „Sheffield" herangekommen. Die Admiralität zog auch die fünf Zerstörer unter Captain Vian und die „Dorsetshire" aus einem Nahostgeleit ab und beorderte sie in die Krisenzone. Zu dieser Zeit stand der Chef der Home Fleet mit seiner Gruppe etwa 130 sm nördlich der „Bismarck".

Um 13.50 Uhr ließ VAdm. Somerville 14 Torpedobomber starten. Abermals wurde ein eigenes Schiff, die „Sheffield" angeflogen und mit knapper Not die Vernichtung derselben verhindert, weil die treffenden Torpedos nicht detonierten. Nur drei Piloten erkannten den Irrtum und warfen ihre Torpedos nicht.

Sir John Tovey mußte nach diesem neuerlichen Fehlschlag nach London melden, daß ihn die Brennstofflage dazu zwinge, die Jagd abzubrechen, falls es nicht vor Mitternacht gelänge, die Geschwindigkeit der „Bismarck" herabzusetzen.

Der Tod schlägt zu

Kurz vorher hatte auch Admiral Lütjens der Skl gemeldet, daß die Brennstofflage der „Bismarck" prekär sei und angefragt, zu wann er mit Ergänzung rechnen könne.

Die Skl wandte sich an den BdU und dieser setzte U 48 auf die „Sheffield" an, die als Fühlungshalter an der „Bismarck" fungierte. Das Boot kam nicht heran und U 556, dem dies glückte, hatte keine Torpedos mehr. Das Boot befand sich leergeschossen auf dem Rückmarsch. Hätte es Torpedos gehabt, wäre mit Sicherheit entweder „Renown" oder „Arc Royal" versenkt worden.

„Arc Royal" bereitete nun einen neuen Start der Torpedoflugzeuge vor. Die zweite Welle, die mit Torpedos mit mechanischen Gefechtspistolen ausgestattet war, startete in insgesamt 30 Minuten eine Reihe von Torpedomaschinen, da wegen des schlechten Wetters kein rascher Start möglich war. Einzeln griffen die Swordfishes an, stießen bis auf 20 Meter herunter und durchflogen den Feuerhagel der auf Dreimal AK heraufgehenden „Bismarck".

Fast alle Torpedos gingen vorbei, doch dann schlug einer der Aale an Steuerbord mittschiffs in die „Bismarck" hinein. Doch das Schiff erlitt dadurch keinerlei wichtige Beschädigung. Erst der nächste und vorläufig letzte Treffer, der das Schiff achtern traf, beschädigte die Ruderanlage des Giganten schwer. Das Ruder klemmte.

Zwar versuchte die „Bismarck" durch Steuerung mit den Schrauben den Kurs zu halten, doch dies gelang nicht sehr gut. Von nun an würde sie keinem einzigen Torpedo mehr ausweichen können. Das Schicksal des deutschen Schlachtschiffes war besiegelt.

Der Kreuzer „Sheffield", der näher an die „Bismarck" heranging, um zu sehen, was mit diesem Schiff los sei, erhielt schweres Feuer aus den 38 cm-Türmen. Mit Hartruderlegen und AK versuchte der Kreuzer zu entkommen, aber noch ehe er in den Dunst untertauchen konnte, fetzte eine Salve über sein Deck und riß einen Flakstand und das Radargerät mitsamt der Bedienung weg.

Der Ruderschaden wurde Admiral Lütjens sofort gemeldet. Verzweifelt versuchten die Techniker an Bord diesen schwerwiegenden Schaden zu beheben, aber das gesamte Rudergestänge war durch die Wucht der Torpedodetonation verbogen. Hier konnte nur noch die Werft helfen.

Nach Eingang dieser Schreckensmeldung bei der Skl schickte diese ein Troßschiff und einige Seeschlepper zur „Bismarck". Alle U-Boote, die möglicherweise Hilfe leisten konnten, wurden sofort auf die „Bismarck" hin in Bewegung gesetzt. Von den acht Booten, die dafür in Frage kamen, hatten U 98 und U 556 verschossen. U 74 hatte einen Wasserbombenschaden erlitten. Schließlich konnte die Skl bei Reichsmarschall Göring durchsetzen, daß am 27. Mai ab 3.00 Uhr alle Fernnachtjäger und Nachtjagd-Verbände zum Schutz der „Bismarck" eingesetzt wurden.

Auf der „Bismarck" herrschte nach wie vor Verschlußzustand; denn der Kampf würde sehr bald weitergehen. Das war Admiral Lütjens ebenso klar, wie dem Kommandanten des Schiffes. Um 22.38 Uhr griffen die Zerstörer von Captain Vian an. Alle Boote fuhren mehrere Anläufe und schossen ihre Torpedos, aber der Todeshagel der Geschütze der „Bismarck" ließ sie nicht nahe genug herankommen, als daß sie hätten Erfolg haben können.

In einer weiten Wand aus Feuer und Rauch aus der immer wieder die grellen Mündungsblitze der deutschen Schlachtschiffsgeschütze hinauspeitschten, war die „Bismarck" sicher. Dennoch, ihr Ende würde kommen!

Nach Ablaufen dieser Gegner ließ Admiral Lütjens einen FT-Spruch an Generaladmiral Saalwächter absetzen:

„Schiff nicht mehr manövrierfähig. Wir kämpfen bis zur letzten Granate. – Flottenchef."

Wenige Minuten später ging noch ein weiterer FT-Spruch hinaus: „Ich schlage Korvettenkapitän Schneider für die Versenkung der ‚Hood' zum Ritterkreuz des Eisernen Kreuzes vor. Flottenchef."

Korvettenkapitän Schneider, Artillerieoffizier auf der „Bismarck", erhielt eine Stunde darauf das Telegramm von Großadmiral Raeder, in dem dieser ihm die Glückwünsche zur Verleihung dieser hohen Auszeichnung aussprach.

Unmittelbar danach schrillten wieder die Alarmglocken auf dem Schlachtschiff. „Zerstörer an Steuerbord!" lautete die Meldung. Im geschlossenen Abwehrfeuer der „Bismarck" wurde dieser Angriff zusammengeschlagen. Der Morgen des 27. Mai 1941 zog herauf. Es war 0.56 Uhr, als der zehnte Torpedoangriff, diesmal von einem einzelnen britischen Zerstörer, begann. Zwei Torpedos wurden von diesem Gegner geschossen, der im Feuerhagel der „Bismarck" noch so eben entkommen konnte.

Der Versuch von Admiral Lütjens, das Kriegstagebuch des Schiffes und des Flottenchefs durch das Bordflugzeug in Sicherheit zu bringen, scheiterte an der mangelnden Preßluft für den Katapultstart. So ließ Lütjens einen Funkspruch an die Marinegruppe West absetzen:

„U-Boot senden zur Wahrnehmung des Kriegstagebuches. Flottenchef."

Als Generaladmiral Saalwächter, OB der Marinegruppe West in Paris, diesen Spruch las, ahnte er, was der „Bismarck" bevorstand. Er wußte aber nicht, daß es das letzte Lebenszeichen der „Bismarck" gewesen sein sollte.

Um 8.48 Uhr eröffneten die Schlachtschiffe „King George V." und Schlachtkreuzer „Rodney" mit den Schweren Kreuzern „Dorsetshire" und „Norfolk" das Feuer auf das deutsche Schlachtschiff. „Bismarck" wehrte sich aus allen Waffen feuernd. Von den einhauenden Granaten der britischen Großkampfschiffe wurden die Aufbauten des deutschen Schlachtschiffes zerfetzt. Der Volltreffer in die Brücke sah den Tod des Flottenchefs und eines Teiles seines Stabes, sowie des Kommandanten. Die vorderen Leitstände wurden zertrümmert.

Dicht bei dicht fielen die Granaten, denen sich die bewegungslos auf der See liegende „Bismarck" nicht mehr entziehen konnte. Um 10.00 Uhr versiegte das Feuer des todwunden Giganten. Damit wurde das Ende des Gefechtes für den Gegner nur noch zur Routineübung. Um 10.15 Uhr ließ der Gegner das Feuer einstellen. Der Chef der Home Fleet befahl den Rückmarsch. Lediglich die „Dorsetshire" blieb bei der „Bismarck" zurück. Sie hatte Befehl erhalten, dem deutschen Großkampfschiff den Fangschuß zu geben.

Nach drei Torpedotreffern der „Dorsetshire", aus nächster Nähe geschossen, sank die „Bismarck" um

10.40 Uhr. Die „Bismarck" legte sich schwerfällig nach Backbord über, trieb eine Minute lang kieloben auf der See, um dann in der Tiefe des Atlantiks zu versinken.

Die Rettung der Überlebenden wurde dadurch vereitelt, daß die englischen Schiffe aus Furcht vor den nahenden deutschen U-Booten den Schauplatz dieses letzten Gefechtes der „Bismarck" verlassen hatten. Nur die „Dorsetshire" konnte 85 Soldaten fischen. Hinzu kam der Zerstörer „Maori", der 25 Überlebende aufnahm. Das deutsche U-Boot U 74 unter Kptlt. Kentrat konnte drei Soldaten der „Bismarck" bergen, und in der Nacht zum 29. Mai fischte der deutsche Wetterdampfer „Sachsenwald" noch einmal drei Überlebende. Der spanische Kreuzer „Canaris", der noch zur Untergangsstelle gelaufen war, fand keinen Überlebenden mehr.

Insgesamt wurden 116 Besatzungsmitglieder des deutschen Schlachtschiffes gerettet.

Damit waren von der etwa 2000-köpfigen Besatzung der „Bismarck" etwa 1900 gefallen.

Es ist sichere Erkenntnis, daß das Wrack der „Bismarck" immer noch nicht gesunken wäre, und es dem Gegner ein Leichtes gewesen wäre, es einzuschleppen. Aus diesem Grunde hatte – nach Aussagen der Überlebenden – der älteste überlebende Seeoffizier den Befehl gegeben, das Schiff zu verlassen und es zu versenken.

Der Chef der britischen Home Fleet schrieb nach diesem teuer erkämpften Erfolg: „Die Versenkung der „Bismarck" kann eine Wirkung auf den Krieg haben, die für den Gegner weit mehr bedeutet, als nur den Verlust dieses Schlachtschiffes."

Diese Worte schrieb Admiral Tovey auf einen Zettel, den er dem Kommandanten seines Flaggschiffes „King George V.", Captain Patterson überreichte, als ihm jener Torpedotreffer gemeldet wurde, der die „Bismarck" ruderlos machte.

Der britische Commander-in-Chief sollte Recht behalten; denn nach dem Verlust der „Bismarck" verbot Hitler weitere Einsätze dieser Art, die von Großadmiral Raeder vorgesehen waren, wie aus dem vorhergehenden Text der Skl ersichtlich war.

Acht Schlachtschiffe und Schlachtkreuzer, zwei Flugzeugträger, vier Schwere Kreuzer und sieben Leichte Kreuzer, 21 Zerstörer und sechs U-Boote sowie zahlreiche Flugzeuge hatten die „Bismarck" volle fünf Tage gejagt. Hunderte schwerer und schwerster Treffer hatte das Schlachtschiff eingesteckt, ohne zum Sinken gebracht zu werden. Als sie dann sank, dann nur durch eigene Aktionen.

Ihr Untergang war wie ein Fanal des Sieges für den Gegner und ein solches für den drohenden Untergang Deutschlands, wenngleich zu dieser Zeit die großen Erfolge geschlagen waren. Der unmittelbar bevorstehende Rußlandfeldzug ließ weitere düstere Wolken heraufziehen, die auch durch die großen Siegesmeldungen der ersten Kriegsmonate nicht verscheucht werden konnten.

Als es der britischen Flotte auch noch gelang, das gesamte Versorgungssystem für die in See stehenden deutschen Großkampfschiffe Zug um Zug zu vernichten, waren die Voraussetzungen für weitere Handelskriegsunternehmungen in der Weite des Atlantiks für die deutschen Großkampfschiffe geschwunden.

Als erster wurde der Tanker „Belchen" am 3. Juni südwestlich von Grönland nach der Versorgung von U 505 und U 111 bei der Versorgung von U 93 von britischen Seestreitkräften überrascht und durch die Kreuzer „Kenya" und „Aurora" versenkt. Einen Tag später wurde der Tanker „Gedania" aufgebracht. Als das Schlachtschiff „Nelson", das neben den Trägern „Eagle" und „Victorious" sowie einigen Kreuzern bei der Vernichtung dieses Versorgungssystems eingesetzt war, sich dem Spähschiff „Gonzenheim" näherte, versenkte dieses sich selbst. Das brennende Wrack wurde von dem begleitenden Kreuzer „Neptune" durch Torpedoschuß unter Wasser geschickt.

Im Großraum zwischen Freetown und Natal versenkten sich die Tanker „Esso Hamburg" und „Egerland" selbst, als der Schwere Kreuzer „London" mit dem Zerstörer „Brilliant" zum Gefecht anlief. Bis zum 23. Juni fielen neun deutsche Versorgungsschiffe dem Gegner zum Opfer. Nur vier an der Operation „Rheinübung" beteiligte Versorger konnten in die Heimat zurückkehren.

Das Schlachtschiff „Bismarck" war auf seiner ersten großen Feindfahrt untergegangen. Zum Führen des Handelskrieges war es nicht mehr gekommen. Sein Einsatz und die Reaktion des Gegners darauf zeigte aber auf, daß die Konzeption der Skl richtig war, und wie starke Kräfte durch solche Einsätze gebunden werden.

Wie Grenfell in seinem bereits zitierten Werk aufzeigt, war nur der Zufallstreffer in die Ruderanlage der „Bismarck" entscheidend gewesen. Er sagte: „Dies war die letzte Chance und daß dieser Versuch in letzter Sekunde einen entscheidenden Erfolg bringen würde, daß hat kein vernünftiger Mensch erwarten können." (Siehe Grenfell Russell: a.a.O.).

Die letzten großen Hoffnungen der Skl, die noch immer den ozeanischen Zufuhrkrieg weiterführen wollte, lag nun auf der „Tirpitz", die Ende Dezember 1941 gefechtsbereit sein sollte. Bis Ende Janaur 1942 würden dann auch die in Brest liegende „Gneisenau" und „Scharnhorst" wieder einsatzbereit sein und die „Prinz Eugen" einsatzbereit bleiben. Dann standen also wieder drei Schlachtschiffe und ein Schwerer Kreuzer für den ozeanischen Zufuhrkrieg zur Verfügung.

Als Hitler am 17. September 1941 dem OB der Kriegsmarine die Frage stellte, was er mit den Großkampfschiffen beabsichtige, versuchte Großadmiral Raeder ihn davon zu überzeugen, daß diese Schiffe wieder in den Atlantik gehen müßten, um den Gegner dort zu binden und seine Zufuhr zu vernichten.

Hitlers Antwort lautete darauf, daß er, Raeder, den Atlantik den U-Booten überlassen könne. Er möge sich darum kümmern, daß die Großkampfschiffe die norwegische Küste sicherten, wo möglicherweise ein britischer Angriff zu erwarten sei.

In Norwegen würden die Schiffe in die Defensive geraten, erklärte Raeder. Diese Schiffe müßten im Mittelatlantik eingesetzt werden, wo der Gegner seine Geleitzüge beinahe unangefochten laufen lassen könne, weil er sich dort sicher fühle. Es gelang dem OB der Kriegsmarine, Hitler zu überzeugen. Doch bereits bei seinem nächsten Lagevortrag im Führerhauptquartier am 30. 11. 1941 konnte Raeder die Entsendung der „Tirpitz" in den Atlantik nicht mehr empfehlen, da besondere Versorgungsschwierigkeiten aufgetreten waren.

Wenden wir uns nunmehr wieder dem Mittelmeer zu, wo der Kampf deutscher U-Boote und Flieger, sowie italienischer Kleinkampfverbände gegen Großkampfschiffe des Gegners im Gange war und dieser dauernd die Geleitzüge nach Alexandria und Malta mit schweren Verbänden sichern mußte, was zu immer neuen Konfrontationen beider Gegner miteinander führte.

Kampfraum Mittelmeer

Geleitsicherung der Großkampfschiffe

Am 24. September 1941 war der Konvoi „Halberd" unter stärkster Sicherung durch das Schlachtschiff „Prince of Wales" mit VAdm. Curteis an Bord, dem Schlachtschiff „Nelson", als Flaggschiff von VAdm. Somerville, dem Schlachtkreuzer „Rodney", dem Träger „Arc Royal", fünf Kreuzern und 18 Zerstörern von Gibraltar in See gegangen. Die italienische Flotte unter Admiral Iachino mit den Schlachtschiffen „Vittorio Veneto" und „Littorio", einer Reihe Schwerer Kreuzer und 14 Zerstörern unternahm den Versuch, ihn zu stoppen. Es gelang lediglich den italienischen Torpedoflugzeugen zum Angriff zu kommen. Sie torpedierten südlich von Sardinien das Schlachtschiff „Nelson", das jedoch keine größeren Schäden erlitt. Die beiden Flotten jedoch griffen einander nicht an, sondern traten am Abend des 27. September den Rückmarsch an. Der Konvoi kam sicher durch.

Inzwischen waren die ersten deutschen U-Boote ins Mittelmeer gelangt und kamen im Oktober zu einigen Erfolgen. Am 14. Oktober unternahm die Force H unter VAdm. Somerville mit dem Schlachtkreuzer „Rodney", Träger „Arc Royal", einem Kreuzer und sieben Zerstö-

rern ein Unternehmen zur Verlegung von 13 Torpedobombern nach Malta, das auch gelang.

Eine zweite Operation dieser Art, mit dem Ziel, diesmal 37 Hurricane Jäger und 7 Bristol Blenheim-Bomber
nach Malta zu überführen, begann am 10. November
1941. Dazu lief die Force H wieder aus. Diesmal war
VAdm. Somerville auf dem Schlachtschiff „Malaya"
eingeschifft. Die Flugzeugträger „Arc Royal" und „Argus" trugen die für Malta bestimmten Flugzeuge zum
Startpunkt. Auch diese Operation verlief planmäßig.

Auf dem Rückmarsch gelang es U 205 unter Kptlt.
Reschke und U 81 unter Kptlt. Guggenberger am 13. November ostwärts Gibraltar die Kampfgruppe anzugreifen. U 81 torpedierte die „Arc Royal". Der Träger sank
am anderen Tage im Schlepp, nachdem die Besatzung
abgeborgen worden war, nur noch 25 Seemeilen vom
rettenden Hafen Gibraltar entfernt.

Das war ein schwerer Schlag für die britische Mittelmeerflotte und sollte zum Auftaktsignal einer Reihe auf-
sehenerregender Einsätze werden.

U 331 versenkt das Schlachtschiff „Barham"

Als die britische Force K mit zwei Kreuzern und zwei
Zerstörern am 23. Novembeer 1941 aus Malta auslief,
um die deutsch-italienischen Nachschubkonvois nach
Nordafrika abzufangen, wie sie dies schon mehrfach getan hatte, gelang es ihr 100 Seemeilen südlich Kreta einen

aus der Ägäis nach Bengasi ausgelaufenen deutschen Geleitzug zu vernichten. Um dieser erfolgreichen Kampfgruppe Deckung zu geben, lief auf eine Weisung von Winston Churchill hin das Gros der Mittelmeerflotte, geführt von Admiral Cunningham aus Alexandria aus. Es war zunächst die Force A mit den Schlachtschiffen „Queen Elizabeth" als Flaggschiff, der „Barham" und der „Valiant", die von acht Zerstörern gesichert wurden. Hinzu kam die Force B unter KAdm. Rawlings mit fünf Kreuzern und vier Zerstörern.

Vor der Küste der Cyrenaika standen die italienischen U-Boote „Dagabur", „Beilul" und „Zaffiro" als Sicherung in See, während die deutschen U-Boote U 79, U 331 und U 559 auf dem Nachschubweg der Briten nach Tobruk operierten.

Folgen wir U 331 unter Oblt.z.S. Diedrich Freiherr von Tiesenhausen in seinen ersten Mittelmeer-Einsatz:

Mitte November 1941 stand U 331 zum ersten Einsatz im Mittelmeer in See. Der Auftrag des Bootes lautete: „Absetzen eines Kommandotrupps des Sonderverbandes ,Lehrregiment Brandenburg' unter Leutnant Kiefer an der ägyptischen Küste bei Ras Gibeisa ostwärts von Marsa Matruk und Wiederaufnahme desselben nach erfülltem Auftrag. Danach freie Jagd."

Am Abend des 17. November 1941 erreichte das Boot die angegebene Landungsstelle und setzte das große Schlauchboot des Trupps aus. Lt. Kiefer und Fw. Risch verabschiedeten sich von dem Kommandanten und vereinbarten mit diesem, daß sie noch in der gleichen Nacht zur Bucht und von dort zum Boot zurückkehren würden. Wenn dies mißlingen würde, würden sie in der folgenden Nacht kommen.

Oberleutnant z.S. von Tiesenhausen blieb die ganze Nacht hindurch auf der Brücke, um die vereinbarten Lichtsignale zu erwarten. Während der ganzen Zeit sahen die Männer auf dem Turm von U 331 die Lastwagenkolonnen der britischen 8. Armee auf der Küstenstraße nach Westen rollen. Die britische Winteroffensive hatte begonnen.

Mit Tagesanbruch lief das Boot von der Küste ab und legte sich bei der 80 Meter-Marke auf Grund, um nach Einfall der Dunkelheit erneut aufzutauchen und nahe an die Küste heranzugehen und nach den Leuchtzeichen Ausschau zu halten.

Auch in dieser Nacht erschienen die „Brandenburger" nicht. Später sollte Tiesenhausen erfahren, daß diese Gruppe in Gefangenschaft geraten war.

„Störung − wenn möglich Unterbindung − des britischen Nachschubs über See nach Tobruk", so lautete der FT-Befehl, den das Boot erhielt. Zwischen Marsa Matruk und Tobruk vor der Küste auf- und abstehend, versuchte U 331 auf alliierte Schiffe zum Schuß zu gelangen. Tagsüber mußte das Boot fast ausschließlich getaucht fahren, weil Flugzeuge und Kriegsschiffe auf jedes Sehrohr Jagd machten. Sobald das Boot am Tage über Wasser marschierte, waren binnen weniger Minuten feindliche Flugzeuge da und mit Alarmtauchen ging es wieder in den Keller.

Als der 25. November heraufzog, bahnte sich jedoch ein Ereignis an, das für U 331 bedeutende Folgen haben

196

sollte. Am Vortage hatte Admiral Cunningham mit seiner Hauptflotte den Hafen von Alexandria verlassen, um den auf Malta stationierten leichten britischen Seestreitkräften bei ihrer Suche nach italienischen Nachschubschiffen für Afrika zu helfen und ihnen den notwendigen Rückhalt zu geben.

Diese Schiffe liefen am Morgen des 25. November vor der Küste bei Bardia und wurden von U 331 durch eine Horchpeilung geortet. Als Hans Diedrich von Tiesenhausen diese Meldung um 8.30 Uhr erhielt, ließ er auf Sehrohrtiefe hinaufgehen und suchte durch das Sehrohr den Horizont ab. Aber der Kommandant sah nichts anderes, als die bewegte See. Er befahl aufzutauchen und schwang sich als erster auf den Turm seines Bootes. Mit dem ersten Blick erkannte er ein Flugzeug, das schon sehr nahe herangekommen war.

Noch war nicht völlig ausgeblasen, als Tiesenhausen wieder auf Tiefe gehen ließ. Das Flugzeug hatte das U-Boot offensichtlich nicht gesehen; denn es erfolgte keine Aktion aus der Luft.

„Wir laufen auf die Horchpeilung zu!" befahl Tiesenhausen. Den ganzen Vormittag hindurch lief das Boot den gehorchten Schraubengeräuschen entgegen und teilweise auch nach. Die Peilung wanderte langsam nach Nordosten aus. Kurz nach Mittag ließ der Kommandant das Boot wieder auf Sehrohrtiefe emporsteigen und wagte einen Rundblick. Wieder war die See leer und Tiesenhausen ließ auftauchen. Ein Flugzeug wurde in einigen 1000 Metern Distanz gesichtet, doch es entfernte sich vom U-Boot und von Tiesenhausen ließ oben weiterlaufen. Das Ruder wurde auf Nordostkurs gestellt, aus dem die letzte Horchpeilung gekommen war.

Um 14.30 Uhr wurden von dem I. WO „Rauchwolken zehn Grad an Steuerbord!" gemeldet. Ob es wirklich Rauchwolken waren oder nur eine bizarre Trübung der Kimm, konnte nicht entschieden werden. Dennoch ließ der Kommandant in diese Richtung weiterlaufen. Zehn Minuten darauf sichtete der Bootsmannsmaat der Wache Zerstörermasten über der Kimm voraus. Wieder eine Minute später erklärte der Kommandant der im Boot wartenden Besatzung:

„Ein größerer Schiffsverband. In der Mitte scheint ein Haufen großer Pötte zu liegen. Er marschiert nach Süden."

Mit äußerster Kraft lief U 331 dem Verband entgegen, der plötzlich zackte und nun auf Ostkurs zu laufen schien.

„Flugzeuge drei Seemeilen achteraus!"

Der Kommandant ließ sein Boot oben und wenig später sah er, daß der Verband abermals auf Gegenkurs gegangen war. Nun lief er genau auf U 331 zu. Aber noch konnte das Boot nicht gesehen werden und blieb oben. Es war tatsächlich ein Kriegsschiffsverband.

„Alarmtauchen! — Auf Gefechtsstationen!" befahl von Tiesenhausen.

Das Boot wurde in Sehrohrtiefe eingesteuert und lief mit kleiner Fahrt auf den großen Verband zu, der ihm entgegenmarschierte.

„Ein Schlachtschiff in der Mitte der Mahalla!" berichtete von Tiesenhausen den auf den Wachstationen stehenden Soldaten des Bootes.

198

Danach erkannte er drei Schlachtschiffe und acht Zerstörer. Zu kurzen Ausblicken ließ er das Sehrohr ausfahren. Es herrschte gutes Angriffswetter, der leichte Seegang verbarg durch die Bewegung der See das ausgefahrene Sehrohr.

Als er das Sehrohr abermals ausfahren ließ, erkannte der Kommandant, wie an den Rahen der Schlachtschiffe Flaggensignale geheißt wurden. Er sah, daß sich die beiden Zerstörer auf der Backbordseite des Verbandes vorsetzten und in Dwarsstaffel mit 500 Meter Abstand zueinander weiterliefen.

U 331 mußte zwischen den beiden Zerstörern hindurchlaufen, wenn es zum Angriff auf einen der Riesenpötte kommen wollte. Und von Tiesenhausen wollte!

In der Enge des Turmes befand sich neben dem im Sattelsitz des Sehrohrs hockenden Kommandanten der Obersteuermann Walther, der Gefechtsrudergänger und der Befehlsübermittler für die Feuerleitanlage. Das Boot glitt durch die Lücke hindurch, die beiden Zerstörer blieben achtern zurück. Jetzt galt es, das am günstigsten stehende Schlachtschiff aufs Korn zu nehmen und den Fächerschuß vorzubereiten.

Wie Tiesenhausen diese Situation sah, berichtete er nach seiner Rückkehr den Kriegsberichterstattern, unter ihnen auch Jochen Brennecke.

„Ich versuchte, hart heranzudrehen. Aber das Manöver gelang nicht mehr bei dem ersten Schlachtschiff, seine Fahrt war zu groß. Es galt nun, die Übersicht zu behalten. Die Beobachtungen, die Schätzungen mußten nun noch schneller erfolgen.

‚Sehrrohr aus!'

Nach einem schnellen Blick sah ich den zweiten riesigen Stahlkoloß heranrauschen, anscheinend ein Schlachtschiff älterer Bauart."

Der Kommandant gab dem Chronisten vor Jahren eine weitere Beschreibung: „Ich gab die nötigen Ruderkorrekturen durch, um noch näher heranzugehen. Noch lag mein Boot nicht günstig genug. Der Schußwinkel war noch über 90 Grad, noch mußte ich warten. U 331 stand nun fast querab zum Schlachtschiff. Die Mitte desselben füllte die ganze Zieloptik aus.

Der Bugraum meldete ununterbrochen ‚Hartlage!' Aber noch immer war ich nicht nahe genug herangekommen. Dann war es soweit!

‚Viererfächer los!'

Alle Torpedos liefen dem Gegner entgegen. Sie waren mit jeweils vier bis sechs Sekunden Zeitabstand zueinander um 16.29 Uhr geschossen worden.

Das Sehrohr weiterdrehend, sah ich, daß das dritte Schlachtschiff genau auf unser Boot zulief. Ich befahl, auf 50 Meter zu gehen. Es sah so aus, als würde das Boot dem Tiefenruder gehorchen, doch plötzlich wurde es nach oben gedrückt, und der LI meldete mir, daß das Boot mit der Oberkante Turm die Wasseroberfläche durchbrochen habe.

‚Turm räumen! – Schnell schnell!'

Obersteuermann Walther warf die Unterlagen in die Zentrale und schloß das zweite Luk zwischen Zentrale und Turm.

Angespannt warteten die Männer in der Zentrale auf

den Rammstoß, doch dieser erfolgte nicht, und das Boot war noch immer mit dem Turm über Wasser.

Dann erschollen nacheinander drei harte Treffer-Detonationen und dann eine vierte.

Nachdem das Boot fast 45 Sekunden an der Wasseroberfläche geblieben war, fiel es plötzlich weit vorlastig in die Tiefe und war diesem gefährlichen Gegner, der es einfach hätte überkarren und zermalmen können, entronnen.

Der Zeiger des Tiefenmanometers glitt schnell herum. Er zeigte 40, 50, 60 und schließlich 80 Meter an. Dann stand er plötzlich still."

Der Kommandant entsann sich jetzt einer anderen Gelegenheit ähnlicher Art, die er als I. WO auf U 23 erlebt hatte. Noch ehe der LI, Oblt. (Ing.) Siegert, etwas melden konnte, rief ihm Tiesenhausen zu: „Frage vorderes Tiefenmanometer?"

Jetzt schaltete der Gast, der auf die Frage des Kommandanten erschreckt „Endstellung" melden mußte, die richtige Manometer-Zuleitung für die Zentrale ein. Der Zeiger des Tiefenmanometers in der Zentrale raste nun weiter und blieb auf 266 Meter stehen.

Der LI brachte das Boot auf 250 Meter herauf. In dieser Tiefe konnte ihnen keine Wasserbombe mehr etwas anhaben.

Obermaschinist Köchy kam jetzt in die Zentrale, um dem Kommandanten eine Meldung zu machen. Er fragte unschuldig:

„Haben wir den Zerstörer denn getroffen?"

„Nee, Köchy", belehrte ihn Obersteuermann Walther,

„Das war kein Zerstörer. Das war ein ausgewachsenes Schlachtschiff, dem wir aus 375 Meter Entfernung einen Viererfächer verpuhlt haben."

Der Obermaat starrte vom Kommandanten zum Leitenden Ingenieur und dann wieder zu Walther.

„Sie werden sich daran gewöhnen müssen", bestätigte ihm der Kommandant diese Mitteilung.

Es fielen Wasserbomben, weit entfernt und ungefährlich für das Boot.

Was aber war bei der Schlachtschiffs-Gruppe geschehen? Wie kam es, daß U 331 nicht einfach überlaufen und zermalmt wurde?

Die Flaggensignale, die von Tiesenhausen durch das Sehrohr gesehen hatte, leiteten eine Formationsänderung ein. Die drei Schlachtschiffe „Queen Elizabeth", „Barham" und „Valiant", die in Kiellinie hintereinander gelaufen waren, drehten nach diesem Signal zur Backbord-Staffel ein.

In diesem Augenblick trafen drei Torpedos die „Barham", und die der „Barham" folgende „Valiant" sichtete im selben Augenblick den Turm eines U-Bootes, nur 130 Meter entfernt, 7 Grad Steuerbord.

Sofort ließ der Kommandant der „Valiant" sein Schiff hart Steuerbord drehen und mit den Maschinen auf AK heraufgehen. Er wollte das U-Boot rammen. Gleichzeitig begannen die leichten Maschinenwaffen des Schlachtschiffes zu feuern. Doch das Boot stand so dicht unter dem Schiff, daß die Waffen nicht mehr so tief gesenkt werden konnten, um es noch zu erfassen. Alle Geschosse flitzten über den Turm von U 331 hinweg.

Da aber die „Valiant" soeben in der Backborddrehung begriffen war, dauerte es entscheidende Sekunden, bevor das riesige Schlachtschiff aus dieser Bewegung hinaus und in die entgegengesetzte Steuerborddrehung einschwenkte. Als das Ruder ansprach, das Schlachtschiff der neuen Ruderlegung gehorchte, schnitten Sehrohr und Turm des U-Bootes wieder unter. Die „Valiant" hatte den deutschen Angreifer um Haaresbreite verfehlt.

Zu allem Überfluß mußte die „Valiant" in diesem Moment auch noch erneut mit Hartruder Backbord versuchen, nicht in die schwer getroffene und gestoppte „Barham" hineinzulaufen.

Drei Torpedos von U 331 hatten also das englische Schlachtschiff getroffen. Der dritte Torpedo ging in die Munitionskammer des Schiffes und löste die vierte Explosion aus. Und mit dieser vierten großen, gewaltigen Explosion barst die „Barham", ein Riese von 31.000 BRT, in wuchtigen Munitionsexplosionen auseinander und sank 4 Minuten und 45 Sekunden nach den Treffern.

Trotz der Nähe der übrigen Schiffe verloren mit der „Barham" 862 britische Seeleute ihr Leben.

Ein winziges U-Boot hatte ein Schlachtschiff versenkt. Es war das einzige britische Schlachtschiff, das in See stehend von einem U-Boot versenkt wurde.

Erst zwei Monate später gaben die Engländer diesen schweren Verlust zu. Captain Roskill, der britische Seekriegshistoriker, schrieb dazu:

„Am 24. November verließ Admiral Cunningham mit seiner Hauptflotte Alexandria, um den auf Malta gestützten leichten Schiffen bei ihrer Suche nach den italienischen Nachschubschiffen Rückhalt zu geben. Am nächsten Nachmittag wurde die ,Barham' von den Torpedos von U 331 getroffen."

Am 3. Dezember lief U 331 in Salamis ein.

Am 6. Dezember 1941 wäre U 79 unter Kptl. Kaufmann beinahe ein gleicher Erfolg beschieden gewesen, als er das Schlachtschiff „Queen Elizabeth" vor die Rohre seines Bootes bekam. Sein Torpedoangriff war erfolglos.

Zur Sicherung eines Großgeleitzuges nach Nordafrika, der am 29. November 1941 ankerauf ging, wurden zwei italienische Deckungsgruppen eingesetzt. Einmal die 7. Division unter DivAdm. de Courten mit Kreuzern und Zerstörern, sowie einer zweiten Gruppe mit Div Adm. Giovanola mit dem Schlachtschiff „Caio Duilio", einem Kreuzer und sechs Zerstörern. Da auf dem Kreuzer „Garibaldi" ein Maschinenschaden eintrat, konnte die Gruppe mit dem Schlachtschiff nicht rechtzeitig herankommen. Einige Transporter und der italienische Zerstörer „Alvise da Mosto" wurden durch Artilleriefeuer der Force K versenkt.

Die erste Schlacht in der Syrte

Als am 15. Dezember KAdm. Vian mit drei Kreuzern und 14 Zerstörern den großen Transporter „Breconshire" mit wichtigem Material von Alexandria nach

Malta geleitete und von Malta aus die Force K ankerauf ging, um dieses wichtige Schiff aufzunehmen, lief gleichzeitig von Neapel ein deutsch-italienisches Afrikageleit aus. Dieser Geleitzug bestand aus vier Frachtern, die 15.000 Tonnen wertvollen Nachschubs nach Nordafrika zu überführen hatten, wo Rommel sich nach seinem Rückzug bereits wieder anschickte, eine neue Offensive nach Osten zu planen und dazu eine Menge Material und Waffen benötigte.

Dieser Geleitzug wurde von sieben Zerstörern und einem Torpedoboot gesichert. Die Führung hatte KAdm. Nomis di Pollone.

Die Fernsicherungsgruppe unter Geschwaderadmiral Bergamini mit dem Schlachtschiff „Caio Duilio", Kreuzern und Zerstörern und die Deckungsgruppe unter Admiral Iachino mit den Schlachtschiffen „Littorio", „Andrea Doria" und „Giulio Cesare" sowie die 3. Division unter Divisionsadmiral Parona waren ebenfalls in See, womit das Gros der italienischen Schlachtschiffe draußen war.

Am Morgen des 17. Dezember vereinigten sich die beiden britischen Verbände, und nachdem italienische Luftangriffe keine Erfolge gebracht hatten, versuchte Admiral Iachino auf den britischen Verband zum Angriff zu kommen, den seine Aufklärer gemeldet hatten. Es kam zu einem kurzen Gefecht, das aber nichts brachte, weil keine der beiden Verbände seine Deckungsaufgaben aufgab, um voll zum Angriff auf den Gegner überzugehen.

Am 18. Dezember setzte die Gruppe ihren Marsch fort. Die Force K, die zur Küstenbeschießung von Tripolis ausgesetzt war, lief in Schußposition, wobei der Kreuzer „Neptune" unter Captain O'Connor auf eine neugelegte Minensperre lief und nach vier schweren Minentreffern, die das Schiff förmlich in Stücke rissen, sank. Nur ein Mann der „Neptune" konnte gerettet werden. Zum Schluß wurde noch der Kreuzer „Aurora" schwer beschädigt. Das gleiche Schicksal erlitt der Zerstörer „Kandahar", der zunächst auf den Haken genommen werden konnte, dann aber doch aufgegeben werden mußte. Die „Penelope" wurde zum schlechten Schluß ebenfalls durch Minentreffer leicht beschädigt.

Die Gruppe unter KAdm. Vian lief nach Alexandria zurück. In der Nacht zum 19. Dezember lief sie durch die für sie geöffnete Sperrlücke in den Hafen ein.

Diese Öffnung der Einfahrt wurde von italienischen Torpedoreitern genutzt, wie die nächsten Ereignisse darstellen werden.

Italienische Froschmänner im Hafen von Alexandria

Am 3. Dezember 1941 lief das U-Boot „Sciré" unter dem inzwischen zum Fregattenkapitän beförderten Fürsten Valerio Borghese aus La Spezia aus. An Bord befanden sich drei Torpedoreiterteams: Oberleutnant z.S. Luigi de la Penne mit seinem zweiten Mann, Obermaat Emilio Bianchi, Kapitänleutnant (Ing.) Antonio Marceglia mit Spartaco Schergat und Schiffsartillerieoffizier Vincenzo

Martellotta mit dem Obermaaten Mario Marino. Sie hatten drei ihrer Maiali-Schweine an Bord – Torpedos mit einem abschraubbaren Sprengkopf –, und ihr Ziel war der englische Kriegshafen von Alexandria.

Am 9. Dezember erreichte das Boot Porto Lago auf der Insel Leros. Von hier aus lief die „Sciré" am Morgen des 14. Dezember in Richtung Süden aus und befand sich am Abend des 17. Dezember in See zwischen der Insel und Alexandria. Da Fregattenkapitän Borghese nicht wußte, ob die englische Flotte im Hafen war, setzte er einen Funkspruch an Supermarina ab: „Verschiebe die Aktion von der Nacht des 17./18. auf die Nacht des 18./19. Dezember." Am gleichen Abend befand sich Fregattenkapitän Ernesto Forza, der Chef der Decima Flottglia MAS, der die Torpedoreiter unterstanden, in Athen, um die Luftüberwachung Alexandrias für die Torpedoreiter zu führen und zu koordinieren.

Die Luftaufklärung hatte ihm soeben gemeldet, daß im Kriegshafen von Alexandria zwei Schlachtschiffe lägen. Er gab diese Meldung über FT sofort an die „Sciré" weiter, was zur Folge hatte, daß Borghese sich doch für eine sofortige Aktion entschloß.

Den ganzen 18. Dezember lief die „Sciré" Richtung Alexandria und erreichte am Abend dieses Tages um 18.40 Uhr den Ausgangspunkt, nur 1,3 sm vor dem Hafen. Angesichts des Leuchtfeuers der Hafenmole ging das Boot auf Tiefe und legte sich auf Grund.

Die drei Gruppen Torpedoreiter wurden noch einmal eingewiesen. Ein Zerstörer lief über das Boot hinweg, ohne es jedoch auszumachen.

Daß der Gegner mit einem Angriff rechnete, war durch einen Funkspruch des Admirals Cunningham an die ihm unterstellten Verbände vom 18. Dezember bestätigt worden. Darin hieß es, daß möglicherweise mit einem Angriff auf Alexandria mit Lufttorpedos von mittleren Kriegsschiffen oder durch Torpedoreiter zu rechnen sei.

Gegen 21.00 Uhr tauchte das U-Boot auf, setzte die Kampfschwimmer mit ihren „Schweinen" ab und nahm Kurs auf die offene See. Diese „Schweine" genannten, sechseinhalb Meter langen Torpedos mit einem Durchmesser von ungefähr fünfzig Zentimetern hatten einen eigenen Antrieb. Sie verfügten über einen mit Sprengstoff gefüllten Gefechtskopf, der durch einen Mechanismus ausgeklinkt werden konnte. Der Sprengkopf war 300 kg schwer.

In ihren Gummianzügen mit Gummikappen und Tauchmasken sahen die sechs Männer aus wie Wesen von einem anderen Stern.

Mit drei Knoten Fahrt näherten sie sich den gut einen Meter hoch aus dem Wasser ragenden Stahlnetzen der Hafenabsperrung, die ein unüberwindliches Hindernis für sie waren. Doch an einer Stelle war diese Sperre für die soeben einlaufenden Zerstörer Admiral Vians geöffnet worden. Zwischen den Zerstörern liefen die drei „Schweine" in den Kriegshafen hinein.

Mit bewunderungswürdiger Kühnheit nahmen es die Piloten in Kauf, von den Zerstörern erkannt, angegriffen und getötet zu werden. Das hielt sie nicht davon ab, ihre einmalige Chance zu nutzen.

Mehrfach kamen die Zerstörer bis auf fünfzig Meter an die Torpedoreiter heran. Die drei Teams verloren sich schließlich aus den Augen, aber das machte nichts; denn alle drei hatten ihre Ziele zugewiesen bekommen und konnten unabhängig voneinander operieren.

Kapitänleutnant de la Penne sah an Backbord den gewaltigen Schatten des Schlachtschiffes „Queen Elizabeth". An Steuerbord gegenüber, direkt am Kai, lag der Motortanker „Sagona" (7554 BRT). Am Tanker längsseits festgemacht, der Zerstörer „Jervis". Direkt voraus konnten er und Bianchi auch ihr Ziel — das britische Schlachtschiff „Valiant" — erkennen. Der Stahlgigant lag völlig abgeblendet.

Dicht beim Schlachtschiff angekommen, ließ sich de la Penne von dem Torpedo heruntergleiten und schwamm auf das Schiff zu. Er stieß gegen das Stahlnetz, das den Schiffskörper schützte, und tauchte daran ein Stück hinunter. Er bemerkte keine Sprengkörper im Netz. Dann schwamm er zu Bianchi zurück, mit dem er durch eine Leine verbunden war, damit sie einander nicht verloren.

Zentimeterweise holten sie den Torpedo an das Netz heran, dann warfen sie sich vorn und achtern auf die Netzoberkante. Das Netz sackte weg, und der Torpedo glitt hinüber. Sie befanden sich nun — getaucht — dicht an der Steuerbord-Bordwand des Schlachtschiffes und suchten die günstigste Stelle für die Sprengladung aus: unterhalb des vorderen Turmes.

Nun wollte de la Penne noch einmal hinauf, um die Lage zu beobachten. Er schwamm — sich abermals über das Stahlnetz schwingend — ein Stück von der „Va-

liant" fort und kehrte – durch die Leine dazu imstande
– wenig später über das Netz zu dem auf Grund liegenden Torpedo zurück.

Obermaat Bianchi war verschwunden. Seine Leine
war um den Griff geschlungen. De la Penne suchte die
nähere Umgebung ab – nichts!

Er versuchte nun, den Torpedo allein wieder zu starten – vergebens. Die Schraube war in den Hafenschlick
eingesunken. Nun löste er den Gefechtskopf und
schleppte ihn unter den Rumpf der „Valiant". Er lag
dort nur eineinhalb Meter unter dem Kiel und genau unter dem vorderen Gefechtssturm. Der Zeitzünder war eingestellt.

De la Penne schwamm nach oben. Als er durchkam,
platschte das Wasser. Plötzlich wurde ein Scheinwerfer
eingeschaltet. Der Strahl erfaßte ihn. Kugeln peitschten
ins Wasser, und de la Penne schwamm zu einer der An-
kerbojen hinüber und – stieß auf Bianchi. Der Obermaat war durch sein streikendes Atemgerät zum Auftauchen gezwungen worden und hatte hier Zuflucht gesucht. Bianchi und de la Penne wurden von einem bald
darauf zu Wasser gelassenen Boot aufgenommen und an
Bord des Schlachtschiffes „Valiant" gebracht. Hier zeigten sie ihre Wehrpässe, schwiegen aber dem sie befragen-
den Ersten Offizier gegenüber. Erst wenige Minuten vor
der Explosion sagte Oberleutnant de la Penne, daß das
Schiff binnen kurzem in die Luft fliegen werde.

Zur gleichen Zeit wie dieses Team hatte auch die
Gruppe Martellotta-Marino ihren Sprengkopf an dem
schwedischen Tanker angebracht und war anschließend

an Land gegangen. Hier würden sie entdeckt und festgenommen.

Marceglia und Schergat, deren Ziel die „Queen Elizabeth" war, leisteten ebenfalls ganze Arbeit. Sie schwammen nachher an Land und machten sich auf den Weg nach Alexandria. Hier hatten sie die Adresse eines Agenten, der sie aufnehmen sollte. Sie wurden von der Wache des U-Bootes „Rosetta", das am letzten Kai lag, angehalten. Erkannt wurden sie, als sie eine in Ägypten unbekannte englische Fünfpfundnote vorwiesen.

Um 6.00 Uhr stieg bei dem Tanker „Sagona" eine gewaltige, dumpf grollende Explosionsflamme gen Himmel. Der Flottentanker war schwer getroffen und sank schnell. Der bei ihm längsseits liegende Zerstörer „Jervis" wurde ebenfalls beschädigt.

Zwanzig Minuten später ging die Gigantenfaust der 300-Kilo-Ladung unter dem vorderen Turm der „Valiant" hoch. Der Boden unter den Füßen der Männer bebte. Der Schiffskörper wurde wie von einer Riesenfaust hochgehoben und legte sich dann − zurückfallend − gleich auf die Seite und begann zu sinken. Da das Wasser im Hafen flach war, dauerte es nur eine halbe Minute, bis das Schlachtschiff den Grund berührte und so starke Schlagseite bekam, daß es fast zu kentern drohte. Doch es hielt sich.

Abermals vier Minuten später ging die dritte Sprengladung unter dem vorderen Flaggenmast der „Queen Elizabeth" hoch. Ein dumpfes, starkes Krachen war weithin vernehmbar. Auch dieses Schlachtschiff sank sofort auf

211

den Grund, schaute mit seinen Aufbauten aber über die Wasseroberfläche hinaus.

Als der 19. Dezember 1941 heraufzog und die Sonne eben über den Horizont auftauchte, ereigneten sich drei weitere Explosionen: Die drei Trägertorpedos hatten sich mit vorher eingestellten Zündladungen selber gesprengt.

Der Kriegshafen von Alexandria bot ein Bild des Schreckens. Mit aufgerissenen Leibern lagen beide Schlachtschiffe auf Grund. Eine Reihe von Zerstörern legte sich vor die gesunkenen Einheiten, um den Hafenbenutzern dieses Bild zu verbergen.

Einen Tag nach diesem großartigen Erfolg sandte Supermarina, (das Oberkommando der Marine), einen FT-Spruch an die „Sciré": „Luftaufnahmen der Fernaufklärer haben ergeben, daß zwei Schlachtschiffe schwer getroffen wurden."

Ein Einsatz war zu Ende gegangen, der das Schwergewicht des Mittelmeerkampfes verschob. Von nun an standen den Briten in Alexandria (von einer Reihe von Zerstörern abgesehen) nur noch die drei Leichten Kreuzer des 15. Kreuzergeschwaders, „Naiad", „Euryalus" und „Dido", und der Flakkreuzer „Carlisle" zur Verfügung. In Malta befanden sich noch die Kreuzer „Penelope" und „Ajax". Diese Einheiten waren viel zu schwach, um sich gegen die noch einsatzbereiten vier italienischen Schlachtschiffe, die drei Schweren und drei Leichten Kreuzer, die Vielzahl der Zerstörer und die deutsch-italienischen U-Boots-Streitkräfte behaupten zu können.

Hinzu kam, daß bis Ende Dezember das gesamte II. Fliegerkorps auf Sizilien eingetroffen war und nun mit dem intensiven Bombardement von Malta begann, um die Insel sturmreif zu machen.

Geben wir Donald McIntyre das Wort. Er schreibt: „Diese sechs tapferen und findigen Männer schalteten auf einen Streich Cunninghams Schlachtgeschwader aus. Dies zu einer Zeit, da ein Ersatz nicht verfügbar war; denn nur wenige Tage vorher hatten die Japaner das Schlachtschiff „Prince of Wales" und den Schlachtkreuzer „Repulse" versenkt." (Siehe: The Battle for the Mediterranean).

Als am 8. und 9. Januar 1942 der italienische Wehrmachtsbericht die Beschädigung der beiden Großkampfschiffe der Mittelmeer-Flotte meldete, wollte man dies zunächst nicht glauben. Aber es war so und nur die Tatsache, daß beide Schiffe auf flachem Wasser lagen, verhinderte, daß sie für immer auf Tiefe gingen.

Die britische Mittelmeerflotte hatte nun kein einziges einsatzbereites Schlachtschiff mehr zur Verfügung. Die Force H in Gibraltar bestand nach dem Verlust der „Arc Royal" nur noch aus dem Schlachtschiff „Malaya", dem alten Flugzeugträger „Argus", dem Kreuzer „Hermione" und einigen Zerstörern.

Diese gewaltigen Verluste an Kampfkraft machten es möglich, daß die folgenden Truppen-, Material- und Waffentransporte von Italien auf den nordafrikanischen Kriegsschauplatz beinahe unangefochten durchkamen und damit Erwin Rommel Gelegenheit gegeben wurde, am 21. Januar 1942 seine neue Offensive zu starten.

Nach diesem dramatischen Intermezzo im Mittelmeer gilt es, sich einem anderen Kriegsschauplatz zuzuwenden, auf dem der Kampf der beiden Großmächte Japan und USA am 6. Dezember 1941 mit einem gigantischen Feuerschlag gegen die amerikanischen Schlachtschiffe auf Hawaii begonnen hatte.

Kriegsschauplatz Pazifik

Vorbereitungen im Pazifik

Als am 26. November 1941 der US-Staatssekretär Hull den beiden japanischen Botschaftern in Washington Kurusu und Nomura eine Note seines Präsidenten überreichte, in der die USA ihre Lösungsvorschläge für die eingetretenen Spannungen niedergelegt hatten, erkannten die Japaner sofort, daß sie unannehmbar waren.

Japan hätte seine Niederlage in China zugeben und dieses Territorium sofort verlassen sollen. Ebenso sollte es sich nach dem Willen des US-Präsidenten aus Französisch-Indochina zurückziehen. Drittens sollte Japan einen Nichtangriffspakt mit allen Staaten des ostasiatischen Raumes unterzeichnen. Darüber hinaus mußte die in der Mandschurei durch Japan aufgestellte Schattenregierung aufgelöst und gemeinsam mit den USA die Regierung Tschiang Kai-scheks unterstützt werden. Fünftens mußte Japan den am 27. September 1940 mit dem Deutschen Reich und Italien abgeschlossenen Dreimächtepakt kündigen.

Diese Forderungen ließen japanischerseits nur die Kriegserklärung an die USA zu. Und dies war von Präsident Roosevelt und seinen engsten Beratern auch beabsichtigt worden, wie der amerikanische Konteradmiral a.D. Theobald in seinem Werk „Das letzte Geheimnis vor Pearl Harbor" darstellte, als er schrieb:

„Jeder, den es anging, erkannte, daß diese Note den Verhandlungen mit Kurusu und Nomura ein Ende setzte und daß der Krieg nun unvermeidlich war. Staatssekretär Hull benachrichtigte denn auch sofort die Spitzen von Armee und Marine, daß die diplomatischen Verhandlungen fehlgeschlagen seien und daß alles Weitere nun bei den Verantwortlichen der Streitkräfte liege.

Mit dieser Note hatte Präsident Roosevelt Japan den Fehdehandschuh ins Gesicht geschlagen. Japans Versuch, der Einkreisung zu entgehen, war fehlgeschlagen. Es mußte nun kämpfen oder kapitulieren. Es bestand kein Zweifel daran, wie Japans Antwort ausfallen würde."

Die Erkenntnisse der japanischen Regierung
Der Aufmarsch

Im großen kaiserlichen Hauptquartier in Tokio diskutierten die Stabschefs von Armee und Marine mit den Ministern dieser beiden Sektionen und einer Reihe höchster Offiziere die US-Forderungen. Der Chef des japanischen Admiralstabes, Admiral Osami Nagano, stimmte dem gemeinsam gefaßten Beschluß, eine nach Süden gerichtete Politik zu verfolgen, zu. Sich aus China zurückzuziehen stand außer jeder Diskussion, dies hätte bedeutet, daß Japan sein Gesicht verloren hätte und zwar im gesamten asiatischen Raum. Damit trieb Roosevelt „Japan durch einen unerbittlichen wirtschaftlichen und diplomatischen Druck zum Kriege. Er verlockte Japan dazu, die Feindseligkeiten durch einen überraschenden Angriff zu eröffnen, indem er ihm die Pazifikflotte in Hawaii als Köder vorwarf; ganz gleich, was es kosten würde." (Siehe Theobald, Robert: a.a.O.).

In der japanischen Zentralvereinbarung, die zwischen General Terauchi, dem OB der Südarmee, und Admiral Yamamoto, dem Oberbefehlshaber der Marine, ausgearbeitet worden war, wurde beschlossen:

„1. Gleichzeitige Landungen amphibischer Streitkräfte in Luzon, Guam und auf der malayischen Halbinsel, in Hongkong, Miri und British Nordborneo. Alle Landungen werden durch vorhergehende Luftbombardements vorbereitet.

2. Träger-Luftangriff auf die US-Pazifikflotte in Pearl Harbor.

3. Schnelle Weiterentwicklung der Initialerfolge durch die Besetzung von Manila, Mindanao, Wake Island, die Bismarck-Inseln, Bangkok und Singapur.

4. Besetzung von ganz Niederländisch-Indien und gleichzeitige Kriegführung gegen China."

Im Dezember 1941, unmittelbar vor dem Losschlagen, wurden mit der Geheimorder des kombinierten Flottenstabes die einzelnen Großverbände zusammengestellt. Es waren dies:

2. Flotte – Vizeadmiral Kondo als Ferndeckungsverband.

3. Flotte – Vizeadmiral I. Takahashi als nördliche Deckungsgruppe.

1. Überraschungs-Angriffsgruppe – Konteradmiral K. Hara.

2. Überraschungs-Angriffsgruppe – Konteradmiral Nishimura.

3. Überraschungs-Angriffsgruppe – Konteradmiral Hirose.

4. Überraschungs-Angriffsgruppe – Konteradmiral K. Kubo.

5. Minenleger-Verband – Konteradmiral Kobayashi.

6. Pearl Harbor-Kampfverband – Vizeadmiral Nagumo.

7. 1. Zerstörergeschwader – Konteradmiral Omori.

8. Kreuzer-Division mit schweren Kreuzern.

9. Aufklärungsverband mit U-Booten.

10. Zerstörungsgruppe – Kapitän zur See Konishi.

In den japanischen Heimatbasen bleiben zurück:

Oberbefehlshaber der Gesamtflotte: Admiral Isoroku Yamamoto mit der:

1. Flotte – Admiral Yamamoto mit der 2. Schlachtschiffs-Div. in der Basis Hiroshima Bay.

3. Schlachtschiffs-Division.

2. Flotte – Vizeadmiral Kondo mit den Aufklärungsstreitkräften der 4. und 7. Kreuzer-Division.

3. Flotte – Vizeadmiral Takahashi mit den Blockade- und Transportstreitkräften.

Der Verband, der den Überraschungsschlag gegen Pearl Harbor ausführen sollte, war in der Flottenbasis

Kure zusammengestellt worden. Er verfügte über folgende Träger-Verbände:

1. Träger-Division: „Kaga" und „Akagi".
2. Träger-Division: „Soryu" und „Hiryu"
3. Träger-Division: „Riajo" und „Honsho"
4. Träger-Division: „Zuiho" und „Taiyo"
5. Träger-Division: „Zuikaku" und „Shokaku"

Als Deckungsfahrzeuge dienten die 7., 17. und 23. Zerstörer-Division mit insgesamt 16 Zerstörern.

An Bord der zehn Träger befanden sich 500 Flugzeuge.

Am 25. November erteilte Admiral Yamamoto den Auslaufbefehl. Alle Verbände sollten bis zum 3. Dezember ihre vorgesehenen Positionen erreicht haben. Die Träger gingen am 26. November um 09.00 Uhr ankerauf. Ihr Kurs führte über nichtbefahrene Routen durch den nördlichen Pazifik, nördlich der Schiffahrtswege Japan-Hawaii. Sollte der Verband vorzeitig entdeckt werden, mußte er laut Befehl zur Ausgangsbasis zurückkehren.

Jene sechs Flugzeugträger, die ausschließlich für Hawaii bestimmt waren, hatten 423 Flugzeuge an Bord. Es waren die Träger-Divisionen 1, 2 und 5. Sie liefen im Verband von Vizeadmiral Nagumo in zwei Dreierkolonnen. An der Spitze marschierten die Zerstörer mit dem Leichten Kreuzer „Abukuma" als Zerstörerführer.

Der nach achtern abgesetzt davon laufende Unterstützungs-Verband unter der Führung von Vizeadmiral Mikawa verfügte über die beiden Schlachtschiffe „Hiei" und „Kirishima". Die beiden Schweren Kreuzer „Tone" und „Chikuma" der 8. Kreuzer-Division hatten ihre Positionen als Seitensicherung an Back- und Steuerbord eingenommen

Am 1. Dezember 1941 fiel in Tokio die Entscheidung. Premierminister Tojo erklärte vor den Führungsspitzen aus Politik und Militär, daß sich Japan den Rooseveltschen Forderungen nicht unterwerfen könne. Er führte wörtlich aus:

„Diese Angelegenheit ist an einem Punkt angelangt, an dem Japan den Krieg gegen die USA, Großbritannien und die Niederlande eröffnen muß, um sein Reich zu sichern." (Siehe Browne, Courtney: The last Banzai).

Wenig später wurde dem Tenno der Angriffstag gegen Pearl Harbor mitgeteilt. Es war der frühe Morgen des 8. Dezember 1941 (wegen der Datumsgrenze war dies auf Hawaii der 7. Dezember). Admiral Nagumo ersuchte den Tenno, diesen Angriffsbeginn zu bestätigen. Der Kaiser stimmte ohne zu zögern zu.

Drei Stunden darauf ließ Admiral Yamamoto einen Funkspruch an alle in See stehenden Streitkräfte hinausgehen:

„Nitika Yamo Nobore 1208 – Erklettert den Berg Nitika am 8. Dezember."

Dies bedeutete, daß der Überfall auf Pearl Harbor, der gewaltigste Paukenschlag der Kriegsgeschichte, am Morgen des 8. Dezember (also am 7. Dezember Hawaii-Zeit) erfolgen würde.

Trotz erster Anzeichen, die dem US-Präsidenten aus Manila zugingen und trotz der Tatsache, daß die USA den japanischen Purpurcode geknackt hatten und genau über die japanischen Absichten informiert waren, unternahm Roosevelt nichts. Auch als er am Samstag, dem 6. Dezember, einen Bericht der Britischen Admiralität erhielt, der zweifelsfrei eine japanische Flotte mit direktem Kurs auf die Halbinsel Malaya meldete, reagierte Roosevelt nicht.

Eine japanische Flotte war auch auf dem Wege nach Kra gemeldet worden, und darüber hinaus waren sämtliche japanischen Funksprüche des 6. Dezember entschlüsselt worden, die den japanischen Vertretungen im britisch-niederländisch-amerikanischen Bereich der Welt die Vernichtung aller Schlüsselunterlagen befahlen.

Weder Admiral Stark, noch General Marshall warnten die US-Außenposten, allen voran Hawaii. Der US-Präsident Roosevelt wollte die Japaner zum „heimtückischen Schlag gegen Hawaii" ausholen lassen, um dann vom amerikanischen Volk den einstimmigen Racheschrei zu hören und Japan den Krieg zu erklären. Er setzte Opfer auf Hawaii aus. Daß sie so hoch ausfallen würden, wie dies dann geschah, das konnte er nicht ahnen.

Hawaii blieb auf jeden Fall ungewarnt.

„Tora! – Tora! – Tora!"

Um 21.00 Uhr des 6. Dez. stand der Angriffsverband unter VAdm. Nagumo 400 Seemeilen nördlich von Oahu. Hier ließ der Oberbefehlshaber der Pearl Harbor-

Streitkräfte den Tagesbefehl des Oberbefehlshabers der Marine, Admiral Yamamoto, verlesen. Der Kernsatz dieses Befehls lautete: „Aufstieg oder Niederlage des Reiches hängt von dieser Schlacht ab. Jeder Mann wird seine Pflicht bis zum Letzten tun."

Nun drehte der Flottenverband auf Südkurs und näherte sich mit jeder Stunde, die von nun an verstrich, um weitere 26 Seemeilen Hawaii.

Die am frühen Morgen des 7. Dez. von den Schweren Kreuzern „Chikuma" und „Tone" zur Aufklärung gestarteten Bordflugzeuge meldeten beinahe unmittelbar vor dem Angriff, daß alle vermuteten Ziele in Pearl Harbor lägen.

Admiral Yamamoto wollte erst dann angreifen, sobald Botschafter Namuro in Washington dem Außenminister der USA, Cordell Hull, die Kriegserklärung Japans überreichte. (Diese genaue Koordination schlug fehl. Die Kriegserklärung wurde erst nach dem Angriff vorgelegt.)

Zur Startzeit um 05.30 Uhr drehten die Flugzeugträger auf Nordkurs in den Wind und starteten die 183 Maschinen der ersten Angriffswelle, die von Fregattenkapitän Fuchida geführt wurde. Von den sechs Trägern „Akagi", „Hiryu", „Kaga", „Shokaku", „Soryu" und „Zuikaku" nahmen 59 Hochbomber mit je einer 750-kg-Panzerbombe, 40 Torpedobomber mit Flachwassertorpedos und 51 Sturzkampfflugzeuge mit 225-kg-Bomben Kurs auf ihre Ziele. Sie wurden von 33 Zero-Jägern begleitet, die rasch voraus waren und zum einen als Aufklärer dienten, zum anderen auch aufsteigende Feind-Abfänger bekämpfen sollten.

Es war genau 07.55 Uhr, als sämtliche Flugzeuge beinahe gleichzeitig angriffen. Die Überraschung war hundertprozentig geglückt. Das geballte Bombardement der Flugzeuge glich einem verheerenden Tornado, der Pearl Harbor binnen weniger Minuten zu einem riesigen Flammenmeer machte, aus dem immer wieder wuchtige Munitions- und Pulverexplosionen emporstoben.

Hier der Angriffsreport aus der Sicht einiger Flugzeugführer, Staffelkapitäne und von FKpt. Fuchida, die aus unmittelbarem Erleben heraus gegeben wurden.

Die ersten japanischen Zero-Jäger erreichten Kahuku Point, die Nordspitze von Oahu, um 07.48 Uhr. Zwischen den Wolken hindurch erblickte Leutnant Yoshio Shiga, der Staffelkapitän der vom Träger „Kaga" aufgestiegenen Jäger, einen Landvorsprung und einen weiten halbrunden Kranz aus Gischt, der die Insel umspülte. Sekunden später sah er auch FKpt. Fuchidas Hochbomber und wartete auf die vereinbarte blaue Leuchtkugel Fuchidas; sie sollte das Angriffssignal für die Jäger sein, die nicht über Funk erreicht werden konnten und auf dieses vereinbarte visuelle Zeichen zum Angriff warteten.

Wolkenbänke umschwebten die Bergspitzen im Osten und Westen von Pearl Harbor. Über der Marinebasis jedoch hatten die Wolken sich bereits aufgelöst. Die Sonne schien. Das Wasser von Pearl Harbor schimmerte tiefblau.

Einige kleine Zivilflugzeuge waren in der Luft, von allen auf der Luftbasis stationierten Flugzeugen jedoch nicht eines. Diese standen Flügel an Flügel hinter den zur

Sicherung von Saboteuren verrammelten Türen der Hangars von Hickam Field, Bellows Field und Wheeler Field. Das gleiche galt für die Marineflugzeuge auf Ewa Field. Die einzigen US-Flugzeuge, die sich in der Luft befanden, waren sieben PBY-Marineflugboote, die sich auf einem Patrouillenflug mehrere Meilen südwestlich von Oahu befanden.

Die Flugabwehr war ebenfalls nicht auf Wache. Dreiviertel der 780 Luftabwehrwaffen auf den Schiffen in Pearl Harbor waren unbemannt, und von den 31 Flakbatterien der Army waren ganze vier einsatzbereit; aber auch sie hatten ihre Munition in den Depots liegen.

Als FKpt. Fuchidas Aufklärer Kahuku Point erreichten, war es gerade 07.49 Uhr. Sie umflogen die Insel, und über Funk meldete Fuchida nach Kido Butai zurück: „To – To – To!" Dies bedeutete: Erste Welle hat Angriffsposition erreicht. Um 07.53 Uhr aber meldete er an Admiral Nagumo: „Tora! – Tora! – Tora!" Dieses dreifache „Tiger" stand für: Wir haben den Überraschungsangriff geschafft.

Fuchida schoß nun eine blaue Leuchtkugel zum Zeichen, daß der Angriff begonnen habe. Der nächste Staffelkapitän wackelte mit den Flächen seines Flugzeuges zum Zeichen, daß er verstanden habe, doch die anderen gaben nicht zu erkennen, ob sie dieses Zeichen gesehen hatten. Deshalb schoß Fuchida wenig später noch einmal eine blaue Leuchtkugel. Damit hatte er jedoch zu Zweifeln Anlaß gegeben, denn zwei blaue Leuchtkugeln bedeutete, daß der Angriff noch nicht beginnen sollte.

224

Leutnant Shiga, der in einiger Distanz zum Führer flog, fiel auch darauf herein und stieß in Richtung Hikkam Field weiter vor, um aufzuklären, ob feindliche Jäger in der Luft seien. Er verständigte seine Staffel mit Handzeichen und dann, gefolgt von den anderen, durchstieß er den Kola-Kola-Paß.

Der Geschwaderkommodore der 51 Tiefbomber, Oberstleutnant Kakui Takahashi, deutete diesen zweiten Signalschuß ebenfalls falsch und schwenkte ein, um die Flak, die Pearl Harbor schützen sollte, auszuschalten.

Die Torpedobomber jedoch befanden sich über ihren Zielen. LtCdr. Shigeharu Murata war durch die zweite Leuchtkugel nicht verwirrt worden. Er befahl seinen 40 Torpedobombern über Funk, wie geplant anzugreifen. Er führte sein Geschwader direkt zu der Schlachtschiffreihe.

Die Torpedobomber des Trägers „Soryu" waren direkt über der Insel durch den Kola-Kola-Paß hinter Shigas Jägern hergeflogen. Lt. Mori, der eine Staffel führte, sah am Berghang ausgeschnittene Grabenstellungen. Als er den Paß passiert hatte, ging er mit der Geschwindigkeit auf 150 kn, etwa 285 km/h, herunter und erkannte die Baracken und Hangars von Wheeler Field.

Die Startpiste entlangflitzend, sah er, daß hier etwa 200 Flugzeuge unter Tarnnetzen standen. Er sprach sie als Jäger an. Es waren jedoch 231 Flugzeuge aller Typen der Army, 88 davon waren in Reparatur.

Sein MG-Schütze eröffnete das Feuer auf die abgestellten Flugzeuge. Dies waren aller Wahrscheinlichkeit nach die ersten Schüsse des Zweiten Weltkrieges im Pazifik.

An der Südostseite von Ford Island entlangfliegend, wo die Schlachtschiffe in einer Doppelreihe lagen, kamen Torpedoflugzeuge in einer langen Reihe heran. Sieben Schlachtschiffe ankerten hier in zwei Reihen, fünf an der Innenseite und zwei außen.

Die angreifenden Flugzeuge warfen ihre Torpedos und flogen weiter, in einem Linkstörn hochziehend. Dann trat eine Pause ein, und schließlich krachte eine mächtige Explosion. Das Schlachtschiff „Oklahoma" erbebte; binnen weniger Sekunden schlugen zwei weitere Torpedos in sie ein. Die „Oklahoma" legte sich rasch um 30 Grad über.

Die nächste Gruppe Torpedoflieger war die Staffel unter Leutnant Matsumura, die von der „Hiryu" gestartet waren. Sein erster Blick auf Pearl Harbor zeigte dem Leutnant einen ganzen Wald von Masten in der eben aufgehenden Sonne.

„Achten Sie auf Flugzeugträger!" rief er über die Bordsprechverbindung seinem Beobachter zu. In nur 150 Fuß Höhe überflog er ein Feld.

Stukas stürzten auf Ford Island herunter. Matsumuras Torpedoflugzeuge aber durchstießen die Rauchwolken. Sie sahen die Flugzeugträger nicht, die sie angreifen sollten, drehten auf einen Befehl ihres Staffelkapitäns zur Seite hin ab und wendeten über Hickam in 500 Fuß Höhe, um zur Schlachtschiffreihe zu kommen.

Eine Gruppe von den Trägern „Kaga" und „Akagi" aufgestiegener Torpedobomber kreuzte seine Flugrichtung. Der Leutnant sah Wasserfontänen emporspringen; er ging auf 30 Meter herunter und startete einen

Anlauf auf ein Schiff der Außenkante. Es war die „West Virginia".

Es war üblich, daß der Pilot allein die Torpedos losmachte. Heute aber war man, um doppelte Treffsicherheit zu haben, dazu übergegangen, daß auch der Navigatorbombenschütze die Feuerknöpfe betätigen mußte. „Yoi — fertig!" rief dieser über die Sprechverbindung. „Te — Feuer!" erfolgte die Antwort des Flugzeugführers.

Als der Torpedo geworfen war, steuerte Matsumura seinen Torpedobomber in einem Rechtstörn auf Höhe. Er spähte zurück und sah, daß an der „West Virginia" eine Reihe masthoher Wassergeysire emporstiegen.

„Hast du das Bild gemacht?" rief er dem Navigator zu. Ohne Antwort zu geben, schoß dieser einige weitere Fotos.

Die Staffel von Leutnant Mori flog direkt über Oahu und suchte nach einem lohnenden Ziel. Sehr tief huschten sie über Ford Island hinweg, fanden aber nur einen Kreuzer. Sie beschrieben einen Bogen und kamen nach ausgeflogenem Halbkreis genau auf das Schlachtschiff „California" zu, das am Südende der Schlachtschiffreihe lag. Im letzten Augenblick sah er einen Brackwasserstreifen zwischen sich und dem Ziel, in dem der Torpedo Grundberührung bekommen hätte und vorzeitig hochgegangen wäre. Er stieg höher, drehte über dem Schlachtschiff „Utah", das aussah, als sei es in zwei Teile zerbrochen.

Abermals stieß er zum Angriff auf nur 5 – 6 Meter herunter und schoß aus schrägem Winkel einen Torpedo auf die „California". Der Funker-Bordschütze machte ein Foto von der Torpedoexplosion, während Mori die Linkskurve zum Steigflug steuerte, um den Sammelpunkt zu erreichen.

Sein Flugweg war von einer dichten, hohen Rauchwolke versperrt, die am Ende von Ford Island emporwaberte und ihn zwang, nach rechts auszuweichen. Damit geriet er genau in die Formation der ankommenden Torpedobomber von „Akagi" und „Kaga" hinein und entging haarscharf einer Kollision. Seine Maschine schüttelte sich in den Luftturbulenzen der Luftschrauben der Maschinen. Kugeln flitzten an seinem Flugzeug vorbei. Ein Einschlag setzte das Rückenpolster des Navigators in Brand, ein anderer traf die Hand des Funkerbordschützen, aber keine Kugel traf die Treibstofftanks.

Die Hochbomber nahmen die innere Schlachtschiffreihe vor, die noch vom ersten Angriff von dichten, hohen Rauchwolken überstanden war. Beim zweiten Passieren der Ziele warfen die fünf Flugzeuge des Trägers „Soryu" ihre 1760-Pfund-Bomben auf die bereits mit Schlagseite liegende „Oklahoma". Staffelkapitän Heijiro Abe machte ein Foto von diesem gespenstischen Anblick, als seine Bombe gerade zwischen zwei Türmen einschlug und explodierte. Riesige Flammenzungen stoben aus rund einem halben Dutzend Löcher des Schlachtschiffes empor.

Um 08.00 Uhr (Hawaii-Zeit) ließ Konteradmiral Kimmel folgenden Kurzspruch nach Washington funken: „An Admiral Hart und alle Streitkräfte in See: Luftangriff auf Pearl Harbor! – Das ist keine Übung!"

Als erstes Schiff der Siebenerreihe wurde das Schlachtschiff „California" getroffen. Dann kam die „Oklahoma" an die Reihe, die von vier Torpedos binnen einer Minute schwer getroffen wurde. Im Schiff saßen mehr als 400 Offiziere und Männer in einer tödlichen Falle, denn alle Räume der „Oklahoma" füllten sich rasch mit Wasser.

Als nächste Schiffe fielen „Tennessee" und „West Virginia" den Torpedos und Bomben der Angreifer zum Opfer. Dann traf es die „Arizona" und das Reparaturschiff „Vestal".

Zwar hatten die Torpedobomber die „Arizona" verfehlt, doch nur Minuten später trafen die Hochbomber dieses Schlachtschiff mit fünf großen Bomben. Eine davon durchschlug das Vorschiff, traf die Öltanks und löste ein Großfeuer aus. Etwa 1600 Pfund Pulver lagerte hier entgegen den strengen Vorschriften. Was die Schiffsführung sofort fürchtete, das trat kurze Zeit nach dem Treffer ein. Eine gewaltige Explosion erschütterte das Schiff, als dieses Pulver hochging. Es war wie die Eruption eines riesigen Vulkans. Die „Arizona" wurde halb aus dem Wasser geschleudert und zerbrach in zwei Teile, wie ein Stück dürres Holz. Binnen neun Minuten sanken beide Teile dieses Schlachtschiffes auf Grund. Kein Mann der über 1500 Köpfe zählenden Besatzung überlebte diese Explosion.

An der Spitze der Reihe lag als letztes Schlachtschiff die „Nevada" mit dem Bug tief im Wasser. Sie war von einem Torpedo und im Quartierdeck von einer großen Bombe getroffen worden.

Überall in der Reihe der Schlachtschiffe waren Männer über Bord gesprungen und schwammen in Richtung auf das naheliegende Ford Island zu.

So kurz die zu überwindende Wasserfläche auch war, so tückisch war sie, denn sie war mit einem Ölteppich bedeckt, der an verschiedenen Stellen bis zu 15 Zentimeter dick war. Das Öl fing schließlich Feuer und tötete die meisten der im Wasser schwimmenden Seeleute.

An der anderen Seite von Ford Island griffen die Torpedobomber eines der letzten bedeutenden Schiffe des Hafens an: das alte Zielschiff „Utah". Um 08.12 Uhr rollte die „Utah" herum und schwamm kieloben auf dem Wasser.

Nur ein Schiff von Pearl Harbor war unterwegs. Es war der Zerstörer „Helm", der mit 27 kn Fahrt durch den Kanal zur Hafenausfahrt preschte und in das relativ sichere offene Wasser entkam. Das Antitorpedonetz war Stunden vorher für „Condor" geöffnet worden. „Helm" fand eines der japanischen Klein-U-Boote und griff es an. Der Zerstörer „Monaghan" rammte ein zweites und warf Wasserbomben darauf, als es wegsackte.

Der Jägerpilot Lt. Shiga und seine Staffel Zero-Jäger flog in 2400 Meter über Hickam Field und wartete auf die Feindjäger, die als Abfangjäger aufgestiegen sein mußten. Aber es kamen keine. Als er sechs große, viermotorige Bomber sichtete, die zur Landung auf Hickam Field ansetzten, befahl er den Angriff.

Diese sechs Maschinen waren die erste Gruppe von 12 Fliegenden Festungen, die aus Kalifornien hierher verlegt worden waren. Als sie die Zeros sichteten, rief Major Truman Landon: „Hier kommt das U.S. Aircorps, um uns zu begrüßen!" Anstelle der Begrüßungsworte peitschte den Fliegenden Festungen MG-Feuer entgegen. „Verdammt, das sind Japse!" rief der Major überrascht. Seine Maschinen gaben die Flugformation auf, und vier von ihnen landeten sicher, eine weitere flog nach Bellows Field weiter, und nur eine wurde von den Zeros abgeschossen.

Leutnant Shiga und seine Jägerstaffel flogen nun einen Tiefangriff gegen die auf Hickam Field stehenden Flugzeuge, die in langer Reihe unter Tarnnetzen verborgen waren. Dann drehten sie im Tiefflug über See ab, um dem nun spärlich aufflackernden Flakfeuer zu entgehen. Dort drehten sie und kamen wieder zurück.

Nach drei Angriffen dieser Art auf Hickam Field entschied sich Leutnant Shiga, nunmehr Ford Island anzugreifen. Aber dort war alles unter Rauch verborgen. Er lenkte seine Staffel zum Marineflugplatz nahe Barbers Point im Südwesten. Sie schossen die meisten der dort stehenden Maschinen in Brand.

Die Torpedobomber waren inzwischen über Pearl Harbor hinweggedröhnt. Leutnant Mori hatte das Schlachtschiff „California" getroffen und flog zum Treffpunkt zurück. Auch Leutnant Matsumura flog nach Süden, nachdem er die „West Virginia" getroffen hatte.

Nur das Flugzeug von Major Fuchida drehte noch über Pearl Harbor einen weiten Kreisbogen, um alle Zerstörungen zu fotografieren. Die Schlachtschiffreihe, das sah Fuchida, war ein Ort des Todes geworden. Einige waren gesunken, andere brannten, mit starker Schlagseite auf der See liegend.

Aus Osten nahte nunmehr die zweite japanische Angriffswelle. Es waren 80 Tiefbomber, 54 Hochbomber und 36 Jäger. Sie erreichten Oahu um 07.55 Uhr. Ihr Commodore, LtCdr. Shigekazu Shimazaki, gab den Angriffsbefehl und 170 Flugzeuge stießen über die Berge ostwärts Honolulu und flogen über die Schlachtschiffreihe hinweg in Richtung Trockendock Nr. 1, in dem das Schlachtschiff „Pennsylvania" eingedockt war.

Das Schlachtschiff „Nevada" drehte soeben um die umgekippte „Oklahoma" herum und erreichte wenig später offenes Wasser, um dort dieser zweiten Welle zu entkommen. Aber die Angreifer sahen die Manöver und stießen auf das Schiff hinunter. Binnen weniger Minuten wurde die „Nevada" von sechs schweren Bomben getroffen. Die Brücke und das Vorschiff standen Sekunden nach den Treffern in Flammen. Die „Nevada" drehte zum Hafen zurück, und mit Hilfe von zwei Schleppern, die im Feuerhagel herbeiliefen, konnte das schwer beschädigte, bereits im Sinken begriffene Schlachtschiff nicht weit vom Trockendock der „Pennsylvania" noch auf Strand gesetzt werden.

Aus Südosten traf die zweite Gruppe von sechs der 12 Fliegenden Festungen über Kaikiki Beach ein, und ihr Chief, Captain Richard Carmichel, dachte zunächst an ein großangelegtes US-Manöver, als er die Flammen und den dicken Rauch sah. Er rief den Tower und erbat die Landeerlaubnis.

„Landen Sie von West nach Ost", rief Major Gordon Blake. „Aber seien Sie vorsichtig, das Flugfeld wird angegriffen!"

Als der Staffelkapitän Feuer erhielt, brach er die Landung ab und zog wieder hoch, um im Norden auf Wheeler Field zu landen. Aber auch dieses Flugfeld wurde angegriffen, und er flog nach Haleiwa weiter. Alle sechs Fliegenden Festungen landeten sicher.

Eine erste amerikanische Bestandsaufnahme um 09.45 Uhr ergab folgendes Bild: Das Gros der Japaner, das Pearl Harbor anflog, sichtete durch die fliegenden Wolkenfetzen hindurch 90 Schiffe auf dem flachen Wasser. In Kiellinie und dicht hintereinander wurden sieben Schlachtschiffe ausgemacht und im Trockendock ein weiteres. Auf verschiedenen Liegeplätzen waren zwei Schwere und sechs Leichte Kreuzer zu erkennen, 29 Zerstörer waren im Middle Loch verteilt; drei Seeflugtender, 5 U-Boote, zehn Minensuchboote, neun Minenleger und verschiedene Hilfsfahrzeuge kamen hinzu. Von den Trägern war keine Spur zu sehen.

Um 07.55 Uhr griffen Torpedoflugzeuge, Hochbomber und Sturzkampfbomber beinahe gleichzeitig an. Binnen 15 Minuten wurde Pearl Harbor zum Schauplatz einer Breughelschen Höllensinfonie. Es war genau 08.10 Uhr, als auf dem Schlachtschiff „Arizona" die vordere Munitionskammer von einer der acht 775-kg-panzerbrechenden Bomben getroffen wurde und eine gigantische Explosion mit einem roten Flammendom aus dem Vorschiff emporstieg. Die „Arizona" wurde von der Wucht dieser Detonation förmlich aus dem Wasser gehoben.

Das Schlachtschiff und zugleich Flaggschiff brach auseinander und sank. Mit ihm gingen KAdm. Kidd und der Kommandant, Captain von Valkenburgh, mit 47 Offizieren und 1056 Mann unter.

Es sank auch die „California", das Flaggschiff von VAdm. Pye mit Captain Bunkley (beide nicht gefallen); 6 Offiziere und 92 Soldaten fanden hier den Tod.

Die „West Virginia" ging mit ihrem Kommandanten, Captain Bennion, sowie zwei Offizieren und 103 Mann unter. „Oklahoma" unter Captain Bode verlor 20 Offiziere und 395 Mann, „Nevada" sank ebenfalls. Hinzu kamen die Minenleger „Ogala" und das Zielschiff „Utah".

Schwer beschädigt wurden die Schlachtschiffe „Pennsylvania" unter Captain Cooke, „Tennessee" unter Captain Rordan und „Maryland" unter Captain Godwin; ferner die Leichten Kreuzer „Helena", „Honolulu", „Raleigh", der Flugboot-Tender „Curtiss", die Zerstörer „Cassin", „Shaw", „Downes" und das Werkstattschiff „Vestal". 92 Marine- und 96 Armeeflugzeuge wurden zerstört.

Um 08.30 Uhr sammelte FKpt. Fuchida seine Flugzeuge, und die erste Welle drehte auf Rückflugkurs zu den Trägern.

Die dritte Welle war bereits um 07.15 Uhr von den Trägern gestartet. Diese Welle erreichte das Zielgebiet Pearl Harbor um 09.15 Uhr. Diesmal erwiderten die US-Soldaten das Feuer, das beim ersten Angriff gleich Null war. Weitere Angriffe wurden auf Hickam Field, Ford Island und das Flugfeld Kaneohe geflogen.

Als der Angriff vorüber war, hatten die Angreifer fünf Torpedoflugzeuge, 15 Sturzkampfflugzeuge und neun Jäger verloren. Mit ihnen fielen 55 Mann.

Der japanische Angriff war erfolgreich verlaufen, doch er hatte einige Ziele ausgespart, die entscheidend wichtig waren. So die Reparaturwerkstätten, das große Trockendock und die Öltanks mit 715.500 Kubikmetern Treiböl.

Das dritte außer acht gelassene Ziel waren jene neuen U-Boote in der U-Boot-Basis im South East Loch. Man hatte die Pazifikflotte vernichtend geschlagen, aber der Stützpunkt Pearl Harbor war funktionsbereit geblieben.

An Bord seines Flaggschiffes besprach Admiral Nagumo mit seinem Chef des Stabes, KAdm. Ryunosuke Kusaka, die Frage eines weiteren Angriffs. Alle zurückgekehrten Flugzeuge waren wieder aufgetankt und ausgerüstet. Da aber die Funkentschlüsselung 50 einsatzbereite US-Bomber meldete, beschloß man, zunächst mit dem Träger-kampfverband außer Reichweite zu laufen.

Die zurückkehrenden Aufklärer meldeten über Pearl Harbor so dichten Rauch, daß eine Zielerkennung unmöglich sein würde. Wichtigstes Argument aber, um abzudrehen und sich zurückzuziehen, waren die fehlenden Nachrichten über die US-Flugzeugträger. Um 13.35 Uhr erging der Befehl an alle Einheiten: „Rückmarsch in Richtung Marshall-Inseln mit Höchstfahrt." Zwei Stunden später, als der Verband außerhalb der Reichweiten der US-Bomber war, wurde mit der Fahrt auf 15 kn heruntergegangen.

Von hier aus wurden „Soryu", „Hiryu" und die Schweren Kreuzer „Tone" und „Chikuma" sowie die Zerstörer „Urukaze" und „Tanikaze" zur Unterstützung des Invasionsverbandes für die Insel Wake abkommandiert. Der Rest des Kampfverbandes lief nach Japan zurück.

Der Angriff war entgegen den japanischen Vorausplanungen noch vor Übergabe der japanischen Kriegserklärung in Washington erfolgt. Dies schürte die Wut der Amerikaner auf diesen „heimtückischen" Gegner.

In den USA befand sich Marinesekretär Frank Knox in seinem Büro in der Marineabteilung auf der Constitution Avenue. Als er eben sein Frühstück bestellte, stürzte Admiral Stark mit Admiral Kimmels Meldung aus Hawaii in den Raum und warf Knox diese Meldung auf den Schreibtisch. Der Marinesekretär las sie und ließ sie entsetzt sinken. „Mein Gott, das kann doch nicht wahr sein!" rief er. „Sie müssen die Philippinen meinen und nicht Hawaii."

„Es ist Pearl Harbor!" korrigierte Admiral Stark.

Knox nahm das Telefon auf, über das er direkte Verbindung zum Weißen Haus hatte. Es war mittags 13.47 Uhr, und Roosevelt saß gerade mit Harry Hopkins beim Frühstück am Tisch im ovalen Büro. Know berichtete, und Hopkins meinte ebenfalls, daß dies ein Irrtum sein müsse und daß Japan niemals Hawaii angreifen würde. Aber Roosevelt hielt den Bericht für wahr und sagte: „Es sind immer die unerwarteten Dinge, die von den Japanern getan werden. Und wenn dieser Bericht wahr ist, dann haben sie uns die Entscheidung aus den Händen genommen."

Um 14.05 Uhr telefonierte Roosevelt mit Hull. Dieser berichtete, daß soeben die Botschafter Nomura und Jurusu angekommen seien und im Empfangsraum der Diplomaten warteten.

Roosevelt rief den Kriegssekretär Henry Stimson an und unterrichtete ihn über Pearl Harbor. Aus dem State Department ging Hull zu Joseph Ballantine und sagte diesem, daß der Präsident einen noch unbestätigten Bericht habe, nach welchem die Japaner Pearl Harbor überfallen hätten und daß die japanischen Botschafter darauf warteten, ihn, Hull, zu sprechen. Er glaube zu wissen, was sie wollten.

Es war 14.20 Uhr als Jurusu und Nomura aufgefordert wurden, in Hulls Büro zu kommen. Der Staatssekretär grüßte die Eintretenden kühl und bat sie nicht, Platz zu nehmen. Der japanische Admiral sagte: „Ich bin beauftragt, Ihnen um 13.00 Uhr diese Note auszuhändigen", und überreichte Hull die japanische Kriegserklärung, die damit um beinahe 1 1/2 Stunden zu spät ausgehändigt wurde. (Dies war auf Schwierigkeiten zurückzuführen, die durch die Entschlüsselung des vierzehnteiligen Funkspruchs aus Tokio und vor allem die späte Sendung des 14. Teiles entstanden waren).

Hull prangerte die Falschheit dieser Note an und als Admiral Nomura antworten wollte, wies Hull auf die Tür. Die beiden Japaner verließen den Raum.

In Japan selbst wurde die Kriegserklärung durch Japan Broadcasting Corporation um 07.00 Uhr verkündet. Der Nachrichtensprecher Mario Tateno verlas sie: „Wir bringen Ihnen die neuesten Nachrichten! Die Heeres- und Marineabteilung des Kaiserlichen Hauptquartiers gibt bekannt, daß ab 06.00 Uhr an diesem Morgen, dem 8. Dezember, die kaiserlichen Armee- und Marinestreit- kräfte die Feinseligkeiten gegen die amerikanischen Streitkräfte im Pazifik begonnen haben."

Acht Stunden nach dem Angriff auf Pearl Harbor wurde dann auch der kaiserliche Erlaß veröffentlicht, in dem offiziell und förmlich verkündet wurde, daß sich das japanische Volk im größten Krieg seiner Geschichte befinde. Der Tenno verkündete: „Wir, durch die Gnade des Himmels in ununterbrochener Folge Kaiser von Ja- pan, seit immerwährender Zeit auf dem Throne sitzend, befehlen unserem loyalen und gehorsamen Volk: Wir haben den Vereinigten Staaten von Amerika und dem Britischen Empire den Krieg erklärt. Begierig, ihre zü- gellose Ambition der Herrschaft in Ostasien zu verwirk- lichen, haben Amerika und Großbritannien unseren friedvollen Handel mit den ostasiatischen Ländern zer- stört und die Zuflucht zur direkten Trennung ergriffen. Die Situation, wie sie derzeit ist, zwingt uns, zur Erhal- tung unseres Empires und zur Selbstverteidigung zu den Waffen zu greifen."

Wenig später sprach Premierminister Tojo über den Rundfunk zur Nation: „Der Westen unternahm alle An- strengungen, die Welt zu beherrschen. Diesen Feind zu vernichten und eine neue, stabile Ordnung und ein neues

Recht in Ostasien herzustellen, muß unsere Nation vorher einen unvermeidlichen, langen und opfervollen Weg gehen. Japan hat das Äußerste getan, um einen Krieg zu verhindern. Aber Japan hat in seiner 2600 Jahre währenden Geschichte noch keinen Krieg verloren. Ich verheiße Ihnen einen Sieg." (siehe Browne Courtney: a.a.O.)

Am 8. Dezember berichtete Präsident Roosevelt dem Kongreß von dem überfallartigen „und feigen" Angriff. Er erklärte, daß das Datum jenes Tages, an dem dieser Angriff stattgefunden habe, ein Datum sei, das für immer mit Schande bedeckt sei. „Es war eine vollkommen entehrende Tat", sagte der Präsident zornig. „Wir müssen der Tatsache ins Gesicht sehen, daß der moderne Krieg, wie er nach Naziart geführt wird, ein dreckiges Geschäft ist. Wir lieben es nicht, wir glaubten diesen Weg nicht gehen zu müssen, aber wir sind mitten drin."

Noch am selben Tage unterschrieb Präsident Roosevelt die Kriegserklärung an Japan. Viele Amerikaner hatten noch die Rede ihres Präsidenten vom 30. Okt. 1940 im Ohr, in der er verkündet hatte: „Ich habe es bereits gesagt und will es noch einmal sagen: Eure Jungens sollen nicht in einen fremden Krieg gehen!"

Zum erstenmal in der Geschichte aller Kriege wußte man an höchster Stelle eines Landes von einem bevorstehenden Angriff, ohne den Befehlshaber, der den ersten Schlag auszuhalten hatte, zu verständigen. So mußte Konteradmiral Kimmel auf Hawaii ungewarnt den Überraschungsschlag gegen Pearl Harbor über sich ergehen lassen. Admiral Stark wußte davon, und da er die entscheidende Meldung nicht weitergab, mußte er von höchster Stelle — von dem US-Präsidenten selber — dazu vergattert worden sein, diese Meldung nicht weiterzugeben.

Die Amerikaner, die keinen Krieg wollten, sollten „mit Wut im Herzen" in den Krieg gegen den heimtückischen Aggressor Japan ziehen.

Man hatte offenbar gehofft, mit nur geringen Verlusten rechnen zu brauchen, aber dem war nicht so. Die Gesamtpersonalverluste betrugen: 4566 Mann, bei der Marine einschließlich Marinekorps 3077 Offiziere und Mannschaften tot, 867 verwundet; bei der Armee und der Armeeluftwaffe: 226 Offiziere und Mannschaften tot, 396 verwundet.

Die Schiffsverluste: Schlachtschiffe: „Arizona", Totalverlust, „Oklahoma", Totalverlust, „California" am Liegeplatz gesunken, später gehoben und wieder in Dienst gestellt. „West Virginia" gesunken, später wieder gehoben und in Dienst gestellt. „Nevada" auf Grund gesetzt, repariert und später wieder in Dienst gestellt. „Pennsylvania", „Maryland" und „Tennessee" beschädigt, später wieder repariert und zum Einsatz gebracht.

Kleinere Schiffe: Kreuzer „Helena", „Honolulu" und „Raleigh" wurden schwer beschädigt, konnten aber repariert und wieder in Dienst gestellt werden. Zerstörer: zwei Boote total beschädigt und außer Dienst. Zwei weitere beschädigt, repariert und wieder in Dienst gestellt. Hilfsschiffe: ein Flugzeugtender, ein Werkstattschiff schwer beschädigt, aber wieder repariert und in Dienst gestellt. Zielschiff „Utah", das frühere Schlachtschiff, sank auf seinem Ankerplatz.

Flugzeugverluste: Auf den verschiedenen Flugplätzen von Oahu wurden 80 Flugzeuge der Marine und 97 Flugzeuge der Army vernichtet.

Die japanischen Verluste: 48 Flugzeuge abgeschossen, vier Kleinst-U-Boote vernichtet.

Dies war der erste handstreichartige Überfall der japanischen Seeluftstreitkräfte. Zur gleichen Zeit waren weitere japanische Kampfgruppen zu anderen Zielen unterwegs.

Die Vernichtung der Force Z

Die Force Z, die zunächst aus dem britischen Schlachtschiff „Prince of Wales" dem Schlachtkreuzer „Repulse" und den vier Zerstörern „Electra", „Express" und „Encounter" bestand, war im September 1941 aufgestellt worden. Sie sollte nach den Philippinen laufen und dort die englischen Belange sichern.

Die „Prince of Wales" ging am 25. September 1941 um 13.10 Uhr im Clyde ankerauf. Sechs Tage vorher war im Kriegskabinett die Entscheidung gefallen, sie im fernen Osten einzusetzen. Bei ihr waren zwei Zerstörer, die ebenfalls für den Fernen Osten bestimmt waren: „Electra" und „Express". Hinzu kam ein von den Aufklärungsstreitkräften ausgeliehener Zerstörer, die „Hesperus". Diese Kampfgruppe wurde zunächst unter der

241

Bezeichnung Force G geführt. Wenige Tage nach Beginn dieser Überführungsreise stieß der Zerstörer „Legion" hinzu. Churchill ließ veröffentlichen, daß er sein „modernstes Schlachtschiff zur Abschreckung der Japaner nach Fernost geschickt" habe. Dies ließ er auch Josef Stalin mitteilen.

Am 5. Oktober lief die „Prince of Wales" in Freetown ein. Befehlshaber der Kampfgruppe war Konteradmiral Sir Tom Spencer Vaugham Phillips, der zuvor Stellvertretender Chef des Marine-Admiralstabes gewesen war. Von Freetown ging es nach Kapstadt weiter.

Der im Indischen Ozean eingesetzte Schlachtkreuzer „Repulse" war inzwischen nach Ceylon gelaufen, um dort die „Prince of Wales" zu erwarten, die von dem Gros der Besatzung des Schlachtkreuzers nach wie vor als der „Judas" an der „Hood" gehalten wurde.

Von Colombo aus war die Kampfgruppe G in der vorgesehenen Aufstellung beisammen. Für die zurückgekehrte „Hesperus" war als vierter Zerstörer „Jupiter" hinzugestoßen.

Am 2. Dezember erreichte der Verband Singapur. Admiral Phillips war vorausgeflogen und erwartete ihn an der Marinebasis, wo die „Prince of Wales" anlegte, während alle anderen Einheiten auf dem Strom ankerten.

Am 3. Dezember war in der „Malaya Tribune" zu lesen, daß die japanische Marine es nunmehr nach Eintreffen des Fernostverbandes der Royal Navy nicht mehr wagen würde, sich auf ein Abenteuer im Südchinesischen Meer einzulassen und daß das Eintreffen dieser Schiffe die „japanischen Marineprobleme im Pazifik hoffnungslos erschweren" würden. Dieser Bericht des Militärexperten Major F. Eliot endete mit den Worten:

„Die Japaner sind nun in ihre eigene Falle geraten und haben weder zu Lande noch zur See oder in der Luft einen Schimmer einer Siegeschance, wenn sie jetzt gegen die sie einkreisenden Streitkräfte zu den Waffen greifen."

Da es für die japanischen Streitkräfte notwendig war, so rasch wie möglich auch auf den Philippinen Fuß zu fassen, mußten sie an einigen strategisch wichtigen Punkten an Land gehen. Da war einmal die Insel Bataan, 125 km nördlich Luzon. Eine Landung auf Aparri sollte von dort aus mit Flugzeugen unterstützt werden.

Vor allem aber galt es, den wichtigen US-Luftstützpunkt Davao an der Südküste von Mindanao in Besitz zu bekommen. Weitere vorangehende Landungsopertionen auf Legaspi und Vigan sollten ebenfalls durchgeführt werden.

In seinem Hauptquartier in Manila auf den Philippinen bemerkte auch der OB der Ostasienflotte der USA, Admiral Hart, daß die japanischen Feindseligkeiten unmittelbar bevorstanden.

Am Nachmittag des 6. Dezember traf hier Admiral Sir Tomas Phillips, der neue OB der British Far East Fleet, aus Singapur ein. Er berichtete, daß seine Aufklärer vor der Küste von Indochina einen japanischen Konvoi gemeldet hätten.

General MacArthur, der Oberbefehlshaber aller Truppen auf den Philippinen, und Admiral Hart fragten sich mit Sir Tom, was dieser Konvoi dort zu suchen habe.

War er mit dem direkten Ziel einer Landung bei Manila unterwegs? Oder war eine Landung in Thailand geplant?

Als die Besprechung zu Ende war, wandte sich Admiral Hart an seinen Besucher und fragte ihn, wann er nach Singapur zurückfliegen wolle. Als Admiral Phillips sagte, daß er morgen früh fliegen möchte, meinte Admiral Hart:

„Wenn Sie bei Ihrer Navy sein wollen, sobald der Krieg losbricht, dann empfehle ich Ihnen, sofort aufzubrechen." Der OB der britischen Fernost-Flotte brach sofort auf, und so kam er noch rechtzeitig in Singapur an, um den Todesschlag der Japaner gegen die US-Flotte in Pearl Harbor bei seiner Truppe zu erleben.

Die Angriffe der japanischen Trägerflugzeuge

Die Japaner unternahmen am 8. Dezember ihren geplanten Angriff auf die Ostküste der Halbinsel Malaya. Geführt von VAdm. Ozawa lief die Südexpeditionsflotte auf dieses Ziel zu. Als Unterstützungsgruppe fungierten die vier Schweren Kreuzer des 3. Kreuzergeschwaders unter KAdm. Jurita mit einem Zerstörerführer und 15 Zerstörern.

Die 3. Heeresflieger-Division und das Marineflieger-Geschwader 22 bildeten die Luftsicherung. Sechs U-Boote hatten einen Vorpostenstreifen gebildet und die Deckungsgruppe stand unter VAdm. Kondo bereit. In ihr befanden sich auch die beiden Schlachtschiffe „Kongo" und „Haruna", die von drei Schweren Kreuzern und acht Zerstörern geschützt wurden.

Die Landungen in Kota Bharu begannen am frühen Morgen des 8. Dezember. Bei Singora gelangten zur gleichen Zeit japanische Truppen unbehelligt an Land. Im Verlaufe dieses Tages erfolgten japanische Landungsunternehmen an fünf weiteren Stellen. So auch im Golf von Kra vor Thailand.

Gegen diese Landungsunternehmen wurde die Force G unter Admiral Sir Tom Phillips angesetzt.

Am 8. Dezember 1941 lief dieser Kampfverband, bestehend aus einem Schlachtschiff, einem Schlachtkreuzer und den vier Sicherungszerstörern aus, um die irgendwo im Norden stehenden feindlichen Transporter zu stellen und zu vernichten.

Leider hatte der gesamte Kampfverband nur ein einziges Bordflugzeug, das auf der „Prince of Wales" eingesetzt war.

Unmittelbar nach Bekanntwerden der schweren Verluste der Amerikaner in Pearl Harbor hatte Admiral Phillips um 12.30 Uhr auf der „Prince of Wales" eine Kommandanten-Besprechung einberufen. Neben ihm und seinem Stab waren auch der Kommandant des Flaggschiffs, Captain Leach, der des Schlachtkreuzers, Captain Tennant, und die Kommandanten der Zerstörer anwesend.

Neben den vier Zerstörern der Kampfgruppe befanden sich in Singapur zwei weitere Zerstörer: „Vampire" und „Tenedos". Hinzu kamen vier Kreuzer, von denen allerdings nur einer voll kampfbereit war.

Admiral Phillips erklärte, daß die Kampfgruppe noch am Abend auslaufen würde. „Repulse" und vier Zerstörer würden ihn begleiten. Er erklärte, daß sie nach Norden marschieren wollten, um in den Golf von Siam eindringen und den japanischen Schiffsverkehr an der Küste von Malaya und Siam am Morgen des 10. Dezember anzugreifen.

Als Geleitfahrzeuge wählte er die Zerstörer „Express", LtCdr. F. J. Cartwright, „Electra", „Tenedos" und „Vampire" aus, während der einsatzbereite Kreuzer „Durban" in Singapur bleiben sollte. Das Schlußwort hatte dann nach einer kurzen Diskussion Admiral Phillips:

„Wir können in Singapur bleiben. Wir können auch nach Australien laufen. Oder wir können ankerauf gehen und kämpfen. Gentlemen, wir laufen um Fünf Uhr aus, um zu kämpfen!"

Um 17.10 Uhr lief die Kampfgruppe aus. Als erster der australische Zerstörer „Vampire", dann die „Tenedos" gefolgt von der „Repulse", der „Prince of Wales", der „Electra" und der „Express". Alle Schiffe führten nun die Kriegsflagge, und vom Großmast der „Prince of Wales" wehte die Flagge des Befehlshabers, das rote St. Georgskreuz auf weißem Grund.

Am Morgen des 9. Dez. 1941 sichtete das japanische U-Boot I 56, zwischen Regen und Wolkenbänken auftauchend, nahe der Procondor-Insel zwei große Feindschiffe. Es waren die beiden Großkampfschiffe der Force G.

Am selben Morgen sichteten die Ausgucks auf der

„Repulse" ein dicht über dem Horizont sichtbar werdendes Flugzeug, das offensichtlich an den britischen Schiffen Fühlung hielt, aber nach etwa 30 Minuten wieder verschwand.

Nun wurde auf der „Prince of Wales" das Walrus-Amphibienflugzeug gestartet. Lt. Bateman, sein Pilot, erhielt Befehl, nach Kuantan zu fliegen, Küste und Hafen zu beobachten und nach Feindschiffen Ausschau zu halten. Der Leutnant sichtete nichts. Und auch als die Kampfgruppe G selber Landsicht hatte, wurde nichts festgestellt, was auf eine Invasion hindeutete.

Als dieser Kampfverband, der in Richtung der vermuteten Feindlandung bei Kuantan lief, in diesem Raum keine Kampfhandlungen bemerkte, drehte er zunächst nach Norden und lief schließlich auf Ostkurs.

Admiral Phillips beschloß nun, nach Singapur zurückzukehren. Von seinem Chef des Stabes in Singapur erhielt er kurz darauf die Nachricht: „Feind berichtet von seiner Landung auf Kuantan". Kuantan, ein Punkt an der Ostküste von Malaya, genau zwischen Singapur und Kota Bharu gelegen, war also das Ziel des Gegners gewesen.

Eine Stunde nach Mitternacht des 10. Dez. ließ Admiral Phillips direkten Kurs auf Kuantan legen, wo allerdings ebenfalls noch kein einziger Japaner gelandet war.

Um 02.10 Uhr wurde der Kampfverband, diesmal von I 58, gesichtet. Das Boot lief zum Angriff an und schoß sechs Torpedos auf den britischen Schlachtkreuzer „Repulse", die sämtlich vorbeiliefen. Nicht ein Mann an Bord des Schlachtkreuzers ahnte etwas von der Gefahr, der ihr Schiff gerade entkommen war. Die Meldung von I 58, die mit genauer Standortangabe erfolgte, ließ um 02.30 Uhr fünf japanische Flugzeuge in der Cam-Rhan-Bucht an der Ostküste von Französisch-Indochina starten. Sie tankten auf der Insel Pulo Kondor im Mekong-Delta auf und starteten von dort um 04.30 Uhr zum letzten Etappenflug zum Ziel.

Von Saigon aus wurde um 05.25 Uhr eine aus neun Maschinen bestehende Aufklärerstaffel eingesetzt, und zwischen 06.14 und 07.30 Uhr stiegen von den Flugfeldern um Saigon drei Angriffsgruppen mit 34 Bombern und 51 Torpedoflugzeugen zum Einsatz gegen diese Kampfgruppe auf.

Die Angriffsgruppen waren: 1. Genzan-Angriffsgruppe unter LtCdr. Nakanishi mit drei Staffeln zu neun, acht und neun Flugzeugen, von denen die 3. Staffel unter Lt. Nikaido Bomben, die beiden anderen Torpedos geladen hatten. 2. Die Kanoya-Angriffsgruppe unter LtCdr. Miyauchi mit den Staffeln 1, 2 und 3 und ebenfalls neun, acht und neun Flugzeugen. Alle drei Staffeln dieser Gruppe hatten Torpedos geladen. 3. die Mihoro-Angriffsgruppe mit vier Staffeln, von denen drei Bombenträger und die vierte Torpedoträger waren. Die neun Aufklärer des Typs Mitsubishi 96 G3M2 – Nell 23 – wurden vom Genzan-Geschwader gestellt.

Damit waren nach dem Start der letzten Maschinen um 08.00 Uhr insgesamt neun Aufklärer, 34 Bomber und 51 Torpedoflugzeuge unterwegs. Alle in der Luft befindlichen Verbände erhielten um 11.20 Uhr unmittelbar nach der neuesten Sichtung des englischen Schiffsverbandes dessen Standort. Ab 11.48 Uhr griffen die japanischen Flugzeuge an. Nicht weniger als 84 Maschinen kamen zum Schuß, Bomben- oder Torpedoabwurf.

Nach der Japanese Official History mußten die angreifenden Torpedobomber mit einer Geschwindigkeit von 150 kn/h, das sind etwa 180 Meilen, in einer mittleren Abwurfhöhe von 33 m angreifen. Die Torpedos wurden im allgemeinen aus Entfernungen zwischen 1500 und 600 m gelöst.

Die fünf Schiffe der Force G (Z) – der Zerstörer „Tenedos" war nicht mehr dabei, weil er zur Brennstoffübernahme nach Singapur zurückgeschickt worden war – wurden schwer eingedeckt. Die „Repulse" erhielt fast gleichzeitig zehn Torpedotreffer an Backbord vom Bug bis zum Heck und vier Treffer an Steuerbord vorn. Eine 250-Kilo-Bombe schlug mittschiffs ein. An vielen Stellen durchlöchert, von Explosionen durchgeschüttelt, sank die „Repulse" um 12.03 Uhr.

Die „Prince of Wales" erhielt je einen Torpedotreffer vorn und achtern an Backbord und fünf Treffer auf der Steuerbordseite. Achtern schlugen zwei 500-Kilo-Bomben ein. Das Schiff sank um 12.50 Uhr. Die drei Zerstörer wurden nur leicht beschädigt.

Die Force G (Z) war vernichtet. Admiral Phillips fiel. Nichts war mehr vorhanden, womit man Malaya verteidigen konnte. Alle noch fahrbereiten britischen Kriegsschiffe liefen entweder nach Niederländisch Indien, oder kehrten zu ihren alten Stützpunkten im Indischen Ozean zurück. Der Malayafeldzug sollte von nun an nur noch ein reiner Landkrieg sein.

Wie aber sah dieser vernichtende Angriff aus der Sicht der Betroffenen aus? Hier die Augenzeugenberichte beider Seiten:

Augenzeugenberichte

Kurze Zeit nach dem ergebnislosen Angriff von I 58 auf die „Repulse" kam Admiral Phillips auf die Brücke seines Flaggschiffes „Prince of Wales", um einen Ausblick nach den verdächtigen vier Booten zu tun, die etwa 100 Meilen vor Kuantan gesichtet worden waren. „Prince of Wales" und „Repulse" waren von drei Zerstörern exkortiert, während der vierte Zerstörer, die „Tenedos", zur Beölung nach Singapur zurückgelaufen war.

Um diese Zeit starteten in Saigon 85 japanische Hoch- und Torpedobomber sowie neun Aufklärer zu einem Angriff ohne große Chancen, die gemeldeten britischen Schiffe noch finden zu können. Die Aufklärer befanden sich bereits wieder auf dem Rückflug, als einer davon zwei Schlachtschiffe und drei Zerstörer südostwärts Kuantan sichtete und sofort eine Meldung mit Standortangabe durchgab.

15 Minuten später hatte man den Kontakt mit den 26 Torpedoflugzeugen der Kanoya-Kampfgruppe hergestellt, die nun, in drei Staffeln aufgeteilt, ihren Kurs nach den Angaben des Aufklärers änderten.

Leutnant Haruki Iki, Kapitän der 3. Staffel, der mit seinen neun Maschinen den Ehrentitel „Champion der

Marine" hielt, sichtete wenig später ein britisches Bordflugzeug und wußte, daß der Feind nun sehr nahe sein
mußte.

Die Genzan-Kampfgruppe erhielt die gleiche Nachricht. Hier rief Leutnant Sadao Takai, Kapitän der 2.
Staffel, über Sprechfunk seinen Männern zu, sie sollten
der 1. Staffel folgen.

Um 11.07 Uhr quäkten aus den Lautsprechern der
„Repulse" die Warnungen: „Feindliche Flugzeuge im
Anflug! – – – Alle Mann auf Gefechtsstationen!" Sekunden später war eine Reihe von neun aus Süden kommenden Torpedobombern zu sehen. Rasend schnell kamen sie näher. Plötzlich sahen die Männer auf dem
Wachdeck der „Repulse" eine wahre Wolke von Bomben fallen und größer und größer werden. Dann dröhnten schwere Schläge, die das Schiff durchschüttelten.
„Feuer auf dem Bootsdeck!" plärrte der Lautsprecher.
„Feuer unten im Schiff!" fügte er hinzu.

Die beiden Staffeln der Genzan-Gruppe erreichten die
Ziele und erhielten den Befehl des Kommodore: „An-
griffsformation!" – und Sekunden später: „Geht hinein!" Leutnant Takai ging auf 450 Meter herunter, er
hatte ein Schlachtschiff entdeckt. Flakfeuer peitschte
ihm entgegen. Er drehte in die Wolken zurück, um den
Gegner zu täuschen. Als er diese willkommene Deckung
wieder verließ, war er nur noch zwei Meilen von der „Repulse" entfernt.

Auf dem Schiff erscholl ein Hornsignal. Dann wieder
die Stimme aus dem Lautsprecher: „Fertig zum Schnellfeuer!" Einige Flak schossen auf die Maschinen von

Leutnant Takai. Die Torpedobomber drehten ein, flogen nun bereits das Schiff an und warfen ihre Torpedos. „Mit der Grazie eines tanzenden Elefanten dampfte die ‚Repulse' jeden einzelnen Torpedo aus." Auf der Brücke dieses Schiffes hatte Captain Tennant kurz nach dem Bombenangriff auf die „Prince of Wales" am Signalmast des Schlachtschiffes das Signal „Nicht unter Kontrolle" ausgemacht. Er fragte sofort: „Welche Schäden haben Sie? Was kann ich für Sie tun?" Aber er erhielt keine Antwort. „Prince of Wales" lag mit 13 Grad nach Backbord über und hatte seine Fahrt auf 15 Knoten verringert. Die Backbordschraubenwelle war beim ersten Angriff beschädigt worden, und die Steuerung des Schiffes funktionierte nicht mehr.

Captain Tennant signalisierte an Admiral Phillips: „Wir haben 19 Torpedos ausmanövriert. Schäden von einem Bombentreffer sind unter Kontrolle." Auch diesmal erhielt er keine Antwort. Jetzt ließ Tennant an Radio Singapur funken: „Feindliches Luftbombardement!" Ein drittes Mal ließ Captain Tennant Flaggensignale an Admiral Phillips übermitteln. Er reduzierte die Fahrt der „Repulse" auf 20 Knoten und lief näher an das Schlachtschiff heran, um diesem Hilfe anzubieten.

Gerade in diesem Augenblick tauchten weitere Torpedobomber auf. Es war eine Staffel der 3. Sektion, der Mihoro-Luftgruppe, geführt von Leutnant Katsusaku Takahashi. Dieser flog zuerst die „Prince of Wales" an, dachte ein paar Sekunden lang, diese sei ein japanisches Schiff, bis er beschossen wurde und die Admiralsflagge sehen konnte. Er drehte auf die „Repulse" ein. In weniger als 60 Meter Höhe fliegend, befahl er in 2500 Meter Distanz „Fertig". Dann schließlich „Feuer!". Der Navigatorbombenschütze drückte den Auslöseknopf, doch der Torpedo löste sich nicht.

Takahashi drehte und kam nun von der anderen Seite. Aber auch diesmal löste sich der Torpedo nicht. Zum dritten Angriff dreht der Leutnant abermals, um auch diesmal einen Fehlangriff zu fliegen. Aber ein Flugzeug seiner Staffel hatte die „Repulse" schwer getroffen.

Leutnant Iki flog mit seinen neun Torpedobombern in nur knapp 40 Metern Höhe in das Abwehrfeuer der „Repulse" hinein. In nur 540 Meter Distanz zum Schlachtkreuzer schoß er seinen Torpedo an der Steuerbordseite. Das Flugzeug hinter ihm wurde zum Feuerball, als der Torpedo unter Beschuß explodierte; auch die nächste Maschine explodierte. Am Bug des Schlachtkreuzers aber dröhnten die Torpedodetonationen, und masthohe Wassergeysire sprangen in die Höhe.

Die „Repulse" drehte sich wie verrückt. Ein Torpedo war an der Steuerbordseite eingeschlagen und zwei an der Backbordseite. Der vierte, Leutnant Ikis Torpedo, rief die größte Zerstörung hervor. Er traf nahe dem Waffenraum und beschädigte das Ruder des Schiffes. Die „Repulse" war zum Untergang verdammt.

Captain Tennants Bericht zu den Treffern auf der „Repulse" lautete: „Ich wußte, daß die ‚Repulse' das nicht überleben würde, und gab sofort Befehl, daß alle Mann an Deck kommen und Carley-Flöße klarmachen sollten.

Für einen Kommandanten ist die Entscheidung, jegliche Tätigkeit im Innern des Schiffes einzustellen, unendlich schwer, aber da ich die Bauart des Schiffes gut kannte, war ich sicher, daß es vier Torpedos nicht überstehen konnte." (Siehe: Middlebrook Martin und Mahoney Patrick: Schlachtschiffe).

Über Lautsprecher meldete sich also Captain Tennant: „Alles bereitet sich zum Verlassen des Schiffes vor!" Dann lobte er die Besatzung, daß sie sich so gut gehalten habe.

Als sich das Schiff weit überlegte, wandte er sich an seinen Stab, der ihn umringte. „Also, Gentlemen, es ist besser, wenn Sie jetzt das Schiff verlassen!" Er selber ging auf die Brücke. Einige Männer griffen nach ihm. Er wehrte sich, wurde aber aufgehoben und fortgetragen.

„Die Männer formierten sich in Ordnung zum Verlassen des Schiffes. Die ‚Repulse' sank tiefer und tiefer. Dann hob sich der Bug aus der See, und aus dem Verteidigungskontrollturm etwa 50 Meter über Wasser sprang einer der Wache haltenden Männer ins Wasser. Der nächste schlug auf dem Deck auf, und ein dritter prasselte in den Schornstein hinein. Am Heck sprangen einige Matrosen über Bord und wurden von den laufenden Propellern des Schiffes eingesaugt." Die „Repulse" sank genau 11 Minuten nach dem ersten Torpedotreffer. (Siehe: Toland, John: a.a.O.). Zwei Zerstörer bargen im Feuer die Überlebenden.

Die 26 angreifenden Flugzeuge der Kanoya-Einsatzgruppe hatten insgesamt neun Treffer erzielt, von denen fünf die „Prince of Wales" und vier die „Repulse" erreicht hatten. Sie hatte dabei drei Flugzeuge durch Abschüsse verloren, drei wurden schwer beschädigt und fünf leicht. Eines der schwer beschädigten Flugzeuge stürzte bei der Landung ab.

Die durch fünf Torpedos tödlich getroffene „Prince of Wales" trieb hilflos auf dem Wasser, als neun japanische Hochbomber auftauchten, das Schiff direkt anflogen und um 12.44 Uhr ihre Bomben warfen. Nur eine Bombe traf das Schlachtschiff und ließ es schwanken. Nach diesem Treffer erst begann die „Prince of Wales" zu sinken. Captain Leach befahl: „Alle Mann aus dem Schiff!" Admiral Phillips stand auf der Brücke und beobachtete die aussteigende Besatzung. „Good Bye, Sir!" rief Captain Leach ihm zu.

„Danke Ihnen, Leach! Viel Glück und Gott schütze Sie!" erwiderte der Admiral.

Als Captain Leach den Befehl „Alle Mann aus dem Schiff" gab, waren in der Runde um die Untergangsstelle der „Repulse" die Bergungsarbeiten im vollen Gange. Die Zerstörer „Electra" und „Vampire" retteten im Wasser schwimmende Überlebende. Aber die „Prince of Wales" schwamm noch genau acht Minuten.

Um 13.19 Uhr sank das Schlachtschiff mit dem Spitznamen „Die Unsinkbare" über das Heck und war eine Minute später von der Wasseroberfläche verschwunden. Mit dem Schlachtschiff gingen Captain Leach und Admiral Phillips in die Tiefe.

Bei der „Prince of Wales" fischte der Zerstörer „Express" die von Bord gegangenen Seeleute. Der Kommandant der „Electra", Commander C. W. May, wurde nach dem Untergang der „Prince of Wales" dienstältester Offizier. Er ließ um 13.18 Uhr jenen Funkspruch tasten, der Großbritannien erschütterte: „H.M.S. ‚Prince of Wales' gesunken?"

Es war 14.00 Uhr, als die Suche nach den Überlebenden und Toten der beiden untergegangenen Schiffe beendet wurde. Von da an wurden noch eine Stunde lang weitere Schiffbrüchige durch die „Vampire" geborgen, die ebenfalls, als sie voll belegt war, nach Singapur entlassen wurde, während „Electra" bis zum Schluß an der Untergangsstelle blieb. Um 16.00 Uhr lief dieser Zerstörer zu den letzten Schiffbrüchigen hinüber, die auf einem kleinen Floß zusammengedrängt hockten. Dann wurde noch ein letzter Mann gesichtet; in weitem Bogen hielt „Electra" auf ihn; auch er wurde an Bord genommen.

Die drei Zerstörer hatten insgesamt 2081 Mann aufgefischt. Der kleine australische Zerstörer „Vampire" konnte als vierter und einziger die genaue Zahl der von ihm Geretteten angeben. Es waren neun Offiziere, darunter Captain Tennant von der „Repulse", 213 Soldaten und der Kriegsberichter Gallagher vom Daily Express, sowie zwei Männer von der „Prince of Wales".

Die Liste der Toten: „Repulse": Gefallen 7 Offiziere und 486 Mann; „Prince of Wales": Gefallen 20 Offiziere und 307 Mann.

Im Marinehauptquartier Tokio fiel es nach den ersten eingehenden Meldungen schwer, diese Nachricht von der Versenkung eines Schlachtschiffes und eines Schlachtkreuzers durch eine Handvoll Flugzeuge zu glauben. Diese Versenkung auf offener See bedeutete nämlich für die Marine das Ende ihres Konzeptes des Seekrieges.

Die japanische Luftflotte hingegen frohlockte. Auf Kosten von nur vier abgeschossenen Flugzeugen hatte sie der britischen Force G (Z) eine vernichtende Niederlage beigebracht.

Am nächsten Tag überflog Leutnant Iki die Untergangsstelle der beiden britischen Schiffe und warf dort Blumensträuße für einen tapferen unterlegenen Gegner, aber auch für seine bei diesem Angriff gefallenen Kameraden ab.

Der Sturm der Japaner

Von Java bis Ceylon

In den nächsten Wochen und Monaten schien der japanische Angriffsorkan über die Amerikaner hinwegzubrausen und sie aus ihren Stellungen hinauszufegen. Dabei waren immer wieder auch die japanischen Großkampfschiffe im Einsatz, sei es als Deckungsverbände oder zur Küstenbeschießung, aber auch zum erwarteten Duell mit den amerikanischen Großkampfschiffen bereit, von denen allerdings ein Teil in Pearl Harbor auf Grund lag, oder schwer beschädigt war.

Der geheime amerikanische Operationsplan gegen Japan konnte nach dem Desaster in Pearl Harbor nicht mehr durchgeführt werden. Die Japaner eroberten Tarakan und Celebes. Ambon und Makassar fielen ihnen im energischen Sprung nach vorn zu. Es gab einige Umbesetzungen in den amerikanischen Führungspositionen. Admiral Hart wurde fortgelobt und durch Vizeadmiral Glassford ersetzt. Eine amerikanisch-britisch-niederländische Streitmacht unter der Bezeichnung ABDA unter dem niederländischen Admiral Doorman wurde aufgestellt und von den Japanern in den nächsten Wochen und Monaten systematisch vernichtet. Bali, Lombok und Timor in der Timorsee fielen den Japanern im zweiten Sprung zu. Der Kampf um Hongkong und Singapur endete ebenfalls mit einem japanischen Sieg.

Der Angriff auf Java, der für den 26. Februar 1942 geplant war, wurde von einer starken Deckungsgruppe unter Admiral Kondo mit den Schlachtschiffen „Kongo", „Hiei", „Haruna" und „Kirishima", vier Flugzeugträgern, drei Kreuzern und acht Zerstörern gesichert.

Die Seeschlacht in der Java-See wurde jedoch nicht von den Giganten der See bestritten, sondern von Kreuzern und Zerstörern, die aus dem Deckungsverband der Ostgruppe bestand und gegen Admiral Doormans Flotte antrat. Nach kurzem Artilleriekampf und Abschuß der Torpedos wurde als erster der niederländische Zerstörer „Kortenaer" getroffen und sank nach einer mächtigen Explosion binnen einer Minute. Dann fiel der Zerstörer „Electra" dem Artilleriefeuer der japanischen Kreuzer zum Opfer. Die „Houston" wurde beschädigt. In der dritten Phase dieser dramatischen Seeschlacht lief der Zerstörer „Jupiter" auf eine Mine und sank. Die beiden niederländischen Kreuzer „De Ruyter" und „Java" wurden von Torpedos getroffen und sanken. Die Japaner hatten in dieser Seeschlacht kein einziges Schiff verloren.

Im Kampf um Ceylon, mit dem der Krieg auch in den Indischen Ozean hineingetragen wurde — Singapur war inzwischen gefallen — konnte Admiral Somerville, der neue Befehlshaber der British Eastern Fleet, auf zwei große und einen kleinen Träger zurückgreifen. Ihm war auch der Veteran von Norwegen und aus dem Mittelmeer die unverwüstliche „Warspite", zugeführt worden. Daneben konnte er auf die rasch in dieses Seegebiet beorderten vier alten Schlachtschiffe „Ramillies", „Resolution", „Revenge" und „Royal Sovereign", zwei Schwere Kreuzer und 16 Zerstörer zurückgreifen.

Der Führer der japanischen Angriffsstreitkräfte gegen Ceylon, Admiral Nagumo, verfügte über fünf große Flugzeugträger, drei Schwere und einen Leichten Kreuzer, sowie acht Zerstörer.

Sein Kampfverband lief am 26. März aus Kendari auf Celebes aus. Sein Kurs war auf den Seeraum südlich von Java gerichtet.

Am frühen Morgen des 5. April 1942 begann 200 Seemeilen vor Ceylon der japanische Angriff. Von den Trägern starteten 36 Jäger, 90 Bomber und 54 Stukas gegen Colombo. Von hier aus stieß diesem starken Bomberverband ein englischer Flugzeugverband aus 42 Hurricanes und einer Reihe Swordfishes entgegen. In dem folgenden Luftduell wurden 19 angreifende Hurricanes und sechs Swordfishes abgeschossen. Die Japaner erlitten nur sieben eigene Verluste. Ihr Angriff auf Colombo schlug voll durch. Als dann die japanische Aufklärung südlich von Ceylon die beiden Schweren Kreuzer „Cornwall" und „Dorsetshire" erfaßten, starteten 80 Stukas, welche beide Schwere Kreuzer im Furioso ihrer Bomben versenkten.

Eine Reihe weiterer Duelle gegen Trinkomalee mit 170 Flugzeugen brachten für die Royal Air Force noch einmal schwere Verluste. Auf See wurden die Schiffe der britischen Flotte gebombt. Der Träger „Hermes", ein

Zerstörer, eine Korvette und zwei Flottentanker sanken. Der Anfang vom Ende der britischen Flotte im Indischen Ozean war erreicht.

Die Schlacht bei Midway und Truk

In der Schlacht um Midway, die am 26. Mai 1942 begann, fand die gewaltigste Flottenkonzentration aller Zeiten statt. Admiral Yamamoto leitete diese Luft-Seeschlacht persönlich.

Midway sollte durch VAdm. Kondo erobert werden. Dazu standen ihm neben einer Reihe von Kreuzern und Zerstörern in der ersten Schlachtreihe die Schlachtschiffe „Kongo" und „Hiei" und in der zweiten Reihe die Schlachtschiffe „Nagato", „Mutsu" und „Yamato" zur Verfügung. Dahinter gestaffelt stand eine weitere Gruppe mit den Schlachtschiffen „Ise", „Hyuga", „Fuso" und „Yamashiro". Ein Luftwaffen- und zwei Marine-Träger kamen mit Kreuzern und Zerstörern hinzu. Damit standen bei Midway nicht weniger als neun japanische Schlachtschiffe! Die Trägerflotte unter VAdm. Nagumo, die auch Pearl Harbor angegriffen hatte, verfügte über vier Träger mit 250 Flugzeugen. Ihnen standen als Sicherungsgruppe die Schlachtschiffe „Haruna" und „Kirishima" zur Verfügung. Weder sie noch die US-Schlachtschiffe kamen zum Schlagen.

Die Schlacht um Midway entwickelte sich zur bis dahin größten Träger-Luftschlacht der Kriegsgeschichte.

Die Träger-Flugzeuge entschieden den Kampf noch ehe die japanischen Großkampfschiffe mit dem Super-schlachtschiff „Yamato" eingreifen konnten. Die Träger „Akagi", „Soryu" und „Haga" sanken. Ein vierter Trä-ger, die „Hiryu", sank wenig später, von vier schweren Bomben getroffen.

Auf amerikanischer Seite wurde der schwer beschä-digte Flugzeugträger „Yorktown" von dem japanischen U-Boot I 168 unter Commander Yahachi versenkt, der auch noch den Zerstörer „Hammann" vernichtete.

Die Japaner hatten einen Teil ihrer Trägerwaffe verlo-ren und der Tenno widerrief am 11. Juli die Weisung Neukaledonien, die Fidji-Inseln und Samoa in Besitz zu nehmen, weil Midway nicht gefallen war.

Am 10. Juni hatte die US Pacific Fleet das Schlacht-schiff „North Carolina" und einige weitere Einheiten er-halten.

Die Japaner eröffneten am 21. August ihren neuen An-griff auf Truk. Drei Schlachtschiffe gehörten zu der zu-sammengezogenen Kampfgruppe; drei Flugzeugträger kamen hinzu. In diesem Rahmen kam es zu einer Träger-schlacht gegen die „Enterprise". Diese wurde von dem neu-en Schlachtschiff „North Carolina" und zwei Kreuzern ge-deckt, die den japanischen Fliegerangriff abschlugen.

Der Angriff auf Guadalcanal und den dortigen US-Flugplatz Henderson Field wurde mit einem Feuerüber-fall der Schlachtschiffe „Kongo" und „Haruna" mit sechs Zerstörern auf Henderson Field eröffnet. Nach 30 Minuten hatte sich Henderson Field in eine Gluthölle verwandelt.

15.000 Japaner landeten auf der Insel Guadalcanal, um die weitere blutige Seegefechte entstanden. So ließ Admiral Yamamoto in der zweiten Oktoberhälfte zwei starke Kampfverbände zur Inbesitznahme von Guadalcanal starten. Vier Träger, fünf Schlachtschiffe, 14 Kreuzer und 44 Zerstörer traten gegen die US-Streitmacht unter Admiral Halsey an. Wieder kam es zu einer Träger-Luftschlacht bei welcher die „Hornet" durch japanische Torpedoflieger versenkt wurde.

Die Schlachtschiffe, das schien sich herauszukristallisieren, waren nur für den Notfall da. Zu Duellen kam es in Zukunft nur sehr selten. Bei einem solchen Nacht-Duell vor Guadalcanal wurde das japanische Schlachtschiff „Hiei" mit dem Schlachtschiff „Kirishima", dem Kreuzer „Nagara" und 11 Zerstörern, mit dem Befehlshaber der Beschießungsgruppe VAdm. Abe an Bord, durch das Radar des Kreuzers „Helena" entdeckt. Der Schwere Kreuzer „Atlanta" aus der Kampfgruppe von KAdm. Callaghan, zu der auch die „Helena" gehörte und die als Vorhut für einen US-Transportverband dort stand, eröffnete das Feuer aus nur 16.000 Meter.

„Hiei" erwiderte das Feuer und nach mehreren Salven welche die „Atlanta" voll trafen, blieb diese brennend und sinkend liegen. Der Kreuzer „Portland" der ebenso wie die „San Francisco" und die anderen in den Kampf eingegriffen hatte, erhielt einen Torpedotreffer eines japanischen Geleitzerstörers. Aber das schwer beschädigte Schiff feuerte weiter auf die „Hiei". Der Zerstörer „Juneau" der Kampfgruppe Callaghan erhielt einen Torpedotreffer in den Kesselraum. Das Schiff schwamm mit gebrochenem Kiel auf der See.

„Atlanta", die von etwa 40 Granaten der „Hiei" getroffen worden war und darüber hinaus mehrere Torpedotreffer erhalten hatte, sank immer noch nicht. Ihr Kommandant, Captain Jenkins, war ebenso wie sein I. Offizier gefallen.

Es war ein wüstes Desaster, und als der Morgen graute, lagen im Sund von Guadalcanal acht sinkende amerikanische Schiffe. Aber das japanische Schlachtschiff „Hiei" trieb ebenfalls ruderlos und dem Untergang nahe, im Sund. Die Zerstörer „Akatsuki" und „Yudachi" wurden versenkt.

Als ein Beobachter des Trägers „Enterprise" am nächsten Morgen die „Hiei" sichtete und meldete, starteten Torpedoflieger und Bomber gegen den todwunden Giganten. Das Schlachtschiff wurde von zwei Lufttorpedos und einer Bombe getroffen und sank.

Der Sund mit dem eisernen Boden hatte weitere Zufuhr an Eisen erhalten.

Dies war eines der letzten Duelle zwischen Großkampfschiffen gewesen, und wenig später sollte auch der Oberbefehlshaber der japanischen Marine sein Ende finden.

Es war der Dechiffrierabteilung des US-Nachrichtendienstes Anfang April 1943 gelungen, einen FT-Spruch der Japaner zu entziffern, der besagte, daß Admiral Yamamoto die Luft- und Marinestützpunkte im Raume Buin auf Bougainville inspizieren würde.

Als am Morgen des 18. April neun Zero-Jäger der Japaner über dem Südende von Bougainville auftauchten, die zwei Bomber begleiteten, in denen Admiral Yamamoto mit seinem Stab diesen Flug unternahm, wurde diese Gruppe in dem Augenblick, als sie zur Landung ansetzte, von bereits in der Luft lauernden P 38 Fernjägern unter Captain Lanphier angegriffen.

Aus allen Waffen feuernd durchsiebten diese Jäger die beiden Bomber, die brennend in den Dschungel stürzten. Admiral Yamamoto fiel. Mit ihm ein Teil seines Stabes und dessen Stabschef VAdm. Ukagi. Japan hatte seinen großen Admiral verloren. Dieser Schlag war ebenfalls nur möglich gewesen, weil die USA die japanischen Schlüsselcodes kannte, deren frühzeitige Entschlüsselung übrigens auch bei Midway eine entscheidende Rolle gespielt hatte.

Admiral Koga wurde Nachfolger von Admiral Yamamoto.

Der Kampf der Giganten

Bei der Rückeroberung von Attu, dem Unternehmen „Landerab", das am 11. Mai 1943 begann, brachten die US-Schlachtschiffe „Nevada", „Pennsylvania" und „Idaho" durch die Beschießung der feindlichen Stellungen den Angreifern Entlastung und Unterstützung. Ebenso konnte die Schlachtschiffgruppe unter KAdm. Davis zur Sicherung der Landungsoperationen auf Rendova mit drei Schlachtschiffen Unterstützungsfeuer geben.

Bei der Eroberung des Marianengebietes wiederum waren sieben ältere US-Schlachtschiffe dabei. Sie gehörten zu den insgesamt 664 Schiffen, die diese gewaltige Operation durchzuführen hatten. Auf ihnen wurden 127.531 US-Soldaten in den riesigen Kampfraum transportiert. Diese Marianeninseln, welche die Japaner unmittelbar nach Pearl Harbor in mehreren Einzelangriffen in Besitz genommen hatten, galt es nun wieder zurückzugewinnen. Ziele waren Guam, Tinian und Saipan.

Um diese Angriffe zu vereiteln oder doch zu verzögern, ging am 13. Juni 1944 die japanische Flotte von Tawi-Tawi ankerauf. Diese 1. Einsatzflotte unter VAdm. Ozawa bestand aus drei großen Kampfgruppen, in denen nicht weniger als fünf Schlachtschiffe, neun Träger und 10 Schwere Kreuzer, sowie Leichte Kreuzer und Zerstörer standen.

Diesen gegenüber versammelten sich die fünf großen Kampfgruppen der Amerikaner mit sieben schweren und acht leichten Trägern und einer Reihe von Kreuzern und Zerstörern.

In der 5. Schlachtlinie waren unter dem Kommando von VAdm. Lee die Schlachtschiffe „Washington", „North Carolina", „Iowa", „New Jersey", „Indiana", „South Dakota", „Alabama", vier Kreuzer und 14 Zerstörer versammelt.

Damit standen den fünf Schlachtschiffen auf japanischer Seite sieben Schlachtschiffe der Amerikaner gegenüber.

Dies, so war allen Beteiligten klar, sollte der große Entscheidungsschlag werden. Zwei Tage nach Inseegehen der japanischen Flotte, ließ Admiral Toyoda jenen von Admiral Togo vor der Seeschlacht von Tsushima geprägten Funkspruch an die Flotte tasten:

„Das Schicksal des Reiches steht in dieser Schlacht auf dem Spiel. Es wird erwartet, daß jeder Mann das äußerste tun wird."

Admiral Ozawa ließ diesen FT-Spruch an alle Einheiten seiner Streitmacht übermitteln.

Am Abend des 17. Juni erhielt Admiral Ozawa den Bericht des eigenen B-Dienstes über den Aufmarsch der US-Streitkräfte nahe der Marianeninseln, und am Abend dieses Tages folgte ein Funkspruch aus Tokio nach, daß Guam von einer feindlichen Trägergruppe angegriffen werde.

Acht Minuten nach Mitternacht ließ Admiral Ozawa an alle Flotteneinheiten funken: „Ich melde ergebenst die vom Tenno durch den Chef des Stabes des Kaiserlichen Hauptquartiers übermittelte Weisung des Marinehauptquartiers: ‚Diese Operation hat entscheidende Bedeutung für das Schicksal des Reiches. Es ist zu hoffen, daß die Streitkräfte ihr Letztes geben werden, um ein noch herrlicheres Ergebnis zu erzielen, als es in der Schlacht von Tsushima erzielt wurde!'"

Die Gesamtzahl der einander gegenüberstehenden Einheiten deutete an, daß es ein Kampf auf Biegen und Brechen werden würde. Japans Trägerwaffe verfügte über 473 Flugzeuge, während die US-Seestreitkräfte auf ihren Trägern 956 Flugzeuge, darunter 475 Jäger, zum Einsatz bringen konnte. Dieses Mißverhältnis wurde durch die Tatsache herbeigeführt, daß die Japaner nur über fünf große und vier leichte Träger verfügten, während den US-Seestreitkräften über sieben große und acht leichte Träger zur Verfügung standen.

Als die Träger-Luftschlacht begann, erhielt als erstes Schlachtschiff die „South Dakota" einen Treffer einer 250-Kilo-Bombe. 17 der Angreifer wurden von ihrer Schiffsflak abgeschossen.

Von dem nächsten japanischen Angriff wurden von 111 Angreifern 70 durch die in der Luft befindlichen 120 US-Jäger abgeschossen. 20 Japaner aber durchstießen den Feuervorhang der Träger und Schlachtschiffe. Einer davon stürzte sich nach Abwurf seiner Torpedos auf das Schlachtschiff „Indiana" und schlug auf dessen Gürtelpanzer auf, ohne große Schäden zu verursachen.

Einige US-Träger wurden beschädigt. Als dann am 20. Juni 1943 Admiral Ozawa aus den mitlaufenden Tankern beölen ließ, griffen 216 US-Flugzeuge diesen Verband an. Nur 35 japanische Jäger befanden sich zur Abschirmung in der Luft. Die Angreifer stürzten sich auf die japanischen Träger. „Hiyo" wurde neben zwei Tankern versenkt. Die Träger „Zuikaku" und „Chiyoda" beschädigt.

Das Schlachtschiff „Haruna" schoß aus allen Rohren gegen den Angreifer, konnte aber nicht verhindern, daß es einige Treffer erhielt. Ebenso erging es dem Zerstörer „Maya". Insgesamt gingen 92 US-Flugzeuge teilweise auf dem Rückflug und bei der Wasserung verloren.

Der OB der Vereinigten Flotte in Tokio, Admiral Toyoda, gab den Rückmarschbefehl.

Nach den Kämpfen über Formosa und Luzon, zu denen die Träger-Kampfgruppe 38 unter VAdm. Mitcher am 6. Oktober 1944 mit 12 Flugzeugträgern und sechs Schlachtschiffen auslief, kam es zu wilden Luftduellen, bei denen die Japaner in 781 Einsätzen 331 Maschinen verloren. Danach kam es zu jener Schlacht, die als erste von drei aufeinander folgenden Seeschlachten den Abgesang der Schlachtschiffe Japans bildeten: Der Schlacht um Leyte.

Die letzten Kämpfe der Giganten im Pazifik

Zu Beginn der Schlacht um Leyte, in die wieder beide Seiten alles warfen, was sie hatten, wurde im Kaiserlichen Hauptquartier in Tokio der Operationsbefehl „Sho 1" ausgegeben. In dieser Operation führte die 5. japanische Flotte mit sechs Kampfverbänden, in denen sechs Schlachtschiffe standen. Das Schlachtschiff „Yamashiro" war Flaggschiff unter VAdm. Nishimura.

Die US-Streitkräfte, mit der 3. Flotte unter Admiral Halsey auf dem Schlachtschiff „New Jersey", verfügten über eine große Zahl an Trägern und in der Schlachtlinie zur Bewachung der Surigaostraße standen unter dem Kommando von KAdm: Oldendorf sechs Schlachtschiffe und eine Vielzahl von Kreuzern, Zerstörern und Schnellbooten.

Nach einigen gegenseitigen Abtastschlägen der Trägerluftwaffe gelang es vier Wellen amerikanischer Trägerflugzeuge am Nachmittag des 24. Oktober zum Gegner vorzudringen. Sie erzielten auf dem Schweren Kreuzer „Myoko" und dem Schlachtschiff „Musashi" einen Torpedotreffer. „Musashi" erhielt von der zweiten Angriffswelle vier Bomben- und zwei weitere Torpedotreffer. Beim dritten Angriff wurde sie von sechs Treffern an den Rand der Vernichtung gebracht. Sie hielt sich aber noch. Bei diesem dritten Angriff wurde auch das Superschlachtschiff „Yamato" von zwei Torpedos getroffen.

Als die vierte Angriffswelle die „Musashi" abermals mit zehn Bomben und sechs Torpedos traf, sank dieses Schlachtschiff nach insgesamt 30 Bomben- und Torpedotreffern. Alle übrigen japanischen Schlachtschiffe erhielten ebenfalls leichtere Treffer.

Während der Seeschlacht in der Surigaostraße, die zur gleichen Zeit stattfand, standen in KAdm. Oldendorfs 54. Schlachtlinie unter KAdm. Wyler die Schlachtschiffe „Mississippi", „Maryland", „West Virginia", „Tennessee", „California" und „Pennsylvania" zur Verfügung.

In der Nacht zum 25. Oktober sichteten einige Schiffe der 45. Motor-Torpedoboote-Flottille unter Cdr. Bowling um 22.50 Uhr den Gegner. Es war die japanische Kampfgruppe unter VAdm. Nishimura. Diese eröffnete das Feuer auf die Torpedoboote und traf zehn, von denen eines sofort sank. Die Boote wiederum erzielten mehrere Torpedotreffer. PT 137 unter Lt. Kovar gelang die Torpedierung des japanischen Kreuzers „Abukuma".

Am anderen Morgen ab 02.00 Uhr griff die Zerstörer-Gruppe unter Captain Coward an. Die Zerstörer stießen entschlossen vor und feuerten auf das japanische Schlachtschiff „Fuso". Insgesamt schossen sie binnen 75 Sekunden 27 Torpedos. Sie wurden vom japanischen Schlachtschiff „Yamashiro" beschossen.

Obgleich VAdm. Nishimura sicher sein durfte, daß dieser Gegner Torpedos geschossen hatte, befahl er keine Kursänderung. So wurde denn das Schlachtschiff „Fuso", das immer noch auf US-Zerstörer feuerte, von einigen dieser Torpedos getroffen. Neben diesem Schiff erhielten noch zwei japanische Zerstörer Treffer und sanken.

Die „Fuso" lief schwer getroffen nach Steuerbord aus dem Verband heraus und erhielt bei der zweiten Torpedosalve der US-Zerstörer weitere Treffer, die sie sinken ließen. Ein dritter japanischer Zerstörer, die „Asagumo", kehrte mit weggeschossenem Bug um.

Nunmehr wurde das Artilleriegefecht zu einem wilden Crescendo krachender Abschüsse und peitschender Einschläge. Zehn US-Kreuzer und das Schlachtschiff „West Virginia", das KAdm. Oldendorfs Schlachtreihe anführte, hatten sich in zwei Gruppen aufgeteilt. In diese so gebildete Falle lief die feindliche Angriffsgruppe, die aus noch einem Schlachtschiff, einem Kreuzer und einigen Zerstörern bestand, hinein.

Es war 03.23 Uhr, als die Radarschirme der US-Schiffe die Feindpositionen in 33.000 Yards registrierten. Zehn Minuten später, als sich dieser Gegner auf 26.000 Yards der US-Übermacht genähert hatte, wurde durch die US-Schlachtlinie das Feuer eröffnet. Nachdem die Schlachtschiffe fünf Salven geschossen hatten, erhielten auch die US-Kreuzer die Feuerfreigabe. Vom Führerkreuzer „Louisville" war der Gegner jetzt nur noch 15.600 Yards entfernt.

Das Flaggschiff von VAdm. Nishimura, die „Yamashiro", lief bei Feuereröffnung um 03.52 Uhr mit nur 12 Knoten Fahrt auf 20 Grad-Kurs und schoß sieben Minuten lang auf die sichtbaren Gegner.

„West Virginia" eröffnete mit ihrem neuen Mark-8-Kontrollradar um 03.53 das Feuer. Zwei Minuten darauf fiel die gesamte Schlachtschiffreihe mit „Tennessee" und „California" in dieses Feuer ein. Die übrigen drei alten Schlachtschiffe hatten mit ihren Radargeräten Schwierigkeiten, den Gegner zu finden.

In dem Moment, als die „Yamashiro" in 192 Grad gepeilt wurde und noch 20.900 Yards von der „Mississippi" entfernt stand, wurde auch der hinter dem japanischen Flaggschiff laufende Kreuzer „Mogami" entdeckt.

Um 04.06 Uhr ließ KAdm. Oldendorf einen vollen Turn laufen. Zwei Minuten darauf feuerte „Mississippi" aus 19.790 Yards eine volle Salve auf das große Ziel. Fünf Granaten schlugen in beide japanische Einheiten ein. „Mogami" schoß einige Minuten lang zurück. „Yamashiro" feuerte etwas längere Zeit.

Auf der linken Flanke hatte „Denver" bereits um 03.51 Uhr das Feuer aus nur 15.800 Yards eröffnet. Eine Minute darauf fielen „Minneapolis", „Columbia" und „Portland" in dieses Feuer ein. Die Salven der Kreuzer konzentrierten sich auf das japanische Schlachtschiff. Erst ab 05.58 Uhr verlegte „Portland" sein Feuer auf

„Mogami". „Denver" schoß auf den nunmehr sichtbar werdenden japanischen Zerstörer „Shigure".

Inzwischen war die „Yamashiro" von zwei Dutzend schweren und schwersten Granaten getroffen worden und brannte über alles. Nun liefen die beiden schnellen Kreuzer „Boise" und „Phönix" heran und eröffneten das Schnellfeuer auf das japanische Flaggschiff aus allen Waffen. „Yamashiro" schoß nur noch aus einigen Waffen zurück. Plötzlich erscholl eine gewaltige Explosion und dann blitzte und krachte es. Die 12,7 cm-Munition des japanisches Schlachtschiffes detonierte.

Der Schwere Kreuzer „Mogami" hatte auf Südkurs gedreht und versuchte − ebenfalls schwer angeschlagen − zu entkommen. Das schwer getroffene japanische Schlachtschiff, mit VAdm. Nishimura an Bord, drehte auf 90 Grad und versuchte − immer noch 15 Knoten laufend − zu entkommen. Aus einer Drehung heraus schoß „Mogami" um 04.01 Uhr Torpedos. Sie hatte mehrere Treffer von den US-Zerstörern erhalten. Dann detonierte eine Vollsalve des Kreuzers „Portland" auf der Brücke der „Mogami" und tötete alle dort anwesenden Offiziere. Der japanische Kreuzer war führerlos und erhielt unmittelbar darauf Treffer in Kesselanlage und Maschinenraum. Das Schiff blieb regungslos auf der See liegen.

Das Schlachtschiff „Yamashiro" hatte ebenfalls drei oder vier weitere tödliche Treffer erhalten. Es war ganz in Rauch und Flammen gehüllt, als es sich anschickte zur letzten Fahrt auf Tiefe zu gehen. Es verschwand binnen weniger Minuten von der Wasseroberfläche.

Von VAdm. Nishimuras beiden Schlachtschiffen war jetzt nur noch das Heck der in zwei Teile zerbrochenen „Fuso" zu sehen. Drei Zerstörer waren in dem wilden Gemetzel von der US-Übermacht zerschrotet worden. VAdm. Oldendorfs Kampfgruppe hatte lediglich den Zerstörer „Grant" verloren. Eine Reihe seiner Schiffe aber war teilweise schwer gezeichnet. Dennoch war diese Schlachtschiffsbegegnung in der Surigaostraße ein voller amerikanischer Sieg.

Die Schlacht bei und über Samar

Eine Kampfgruppe unter VAdm. Kurita war am 24. Oktober nach Einfall der Dunkelheit durch die San-Bernardino-Straße gelaufen, ohne von der US-Luftaufklärung gesichtet zu werden. Als sie am frühen Morgen des 25. Oktober ostwärts Samar auf die Task Group 77.4.3 unter KAdm. Sprague stieß, versuchte Kurita auszuweichen. Der Kreuzer „Kumano" wurde dennoch durch US-Zerstörer entdeckt und von einem geschossenen Torpedofächer schwer getroffen. Gestoppt blieb er liegen. Es gelang dem zur Hilfeleistung herbeieilenden Kreuzer „Suzuya" den Großteil der Besatzung zu bergen.

Die US-Kampfgruppe hatte ihren ersten Erfolg errungen. VAdm. Kurita ließ die Kreuzer „Tone" und „Chikuma" gemeinsam mit „Haguro" und „Chokai" auf die Flugzeugträger der Amerikaner zu operieren. Sie kamen in Schußposition und eröffneten das Feuer.

Von Norden griffen die japanischen Schlachtschiffe „Yamato" und „Nagato" in den Kampf ein. Ihre gutgezielten Salven rissen binnen kürzester Zeit in einem gnadenlosen Furioso die zu nahe herangelaufenen Zerstörer „Hoel", „Samuel B. Roberts", „Johnston" und „Gambier Bay" in Stücke.

Die beiden anderen Schlachtschiffe von VAdm. Kurita „Haruna" und „Kongo" griffen die Task Group 77.2.4 an. Deren Flugzeuge waren bereits gestartet und griffen die Kreuzer „Chokai" und „Chikuma" an. Sie durchstießen den Feuervorhang der beiden Kreuzer und warfen ihre Torpedos und Bomben. Beide Kreuzer wurden so schwer getroffen, daß sie sanken.

Als „Tone" und „Haguro", die von der Angriffsgruppe auf die Flugzeugträger übrig geblieben waren, bis auf 10.000 Meter an diese herangekommen waren und erste Treffer erzielt hatten, brach VAdm. Kurita unverständlicherweise den Kampf ab und befahl ihnen, abzulaufen.

Inzwischen war durch die rollenden US-Trägerangriffe auch der japanische Schwere Kreuzer „Suzuya" tödlich getroffen worden. Es stand zu erwarten, daß auch „Tone" und „Haguro" das gleiche Schicksal erleiden würden. Dies wollte Kurita verhindern.

In diesem Augenblick des Kampfes stürzten sich sechs japanische Kamikazeflieger, die den Feuervorhang der Gegner durchstoßen hatten, auf die US-Schiffe. Sie versenkten den Geleitträger „St. Lo" und beschädigten drei weitere Geleitträger schwer. Lediglich der Träger „Fanshaw Bay" entkam den Todesfliegern.

Ein weiterer kleiner Kamikazeverband griff mit fünf Maschinen von Mindanao aus die Task Group 77.4.1 an. Der US-Träger „Santee" wurde vom ersten Todesflieger getroffen. Dieser stürzte sich mit seiner Maschine auf das Flugdeck, durchschlug es und explodierte im Hangardeck. Als alle Männer mit den Löscharbeiten befaßt waren, griff das japanische U-Boot I 56 diesen Träger an und versenkte ihn mit einem Viererfächer.

In einer Reihe weiterer Operationen der nächsten Wochen standen auf beiden Seiten Schlachtschiffe im Pazifik im Einsatz. So auch beim ersten großen US-Trägerangriff auf Tokio. In fünf Task-Groups aufgeteilt stellte die Task Force 58 eine Streitmacht von acht Schlachtschiffen, sechs Flugzeugträgern, 15 Kreuzern und 77 Zerstörern dar. Acht U-Boote waren vorausgelaufen, um die japanischen Vorpostenboote zu versenken, die als Wachboote weit vor der Küste patrouillierten.

Am 16. Februar 1945 startete der erste große Trägerangriff. Am nächsten Tage wurde der Angriff wiederholt. Die US-Schlachtschiffe waren an beiden Tagen zur Küstenbeschießung angelaufen. Von der japanischen Küstenartillerie wurde die „Tennessee" mit einem schweren Treffer abgewiesen. Kreuzer „Pensacola" erhielt sechs Treffer.

Nach dieser Vorbereitung, bei der auch Napalmbomben geworfen wurden, die in Tokio schwere Flächenbrände hervorriefen, kamen die US-Streitkräfte bei Iwo Jima mit einer großangelegten Landungsoperation zur Sache.

Iwo Jima wurde erobert und am 14. März 1945 lief die

Task Force 58 unter VAdm. Mitscher zum Großangriff gegen das japanische Mutterland an. In vier Gruppen standen 16 Flugzeugträger, acht Schlachtschiffe, 18 Kreuzer und 68 Zerstörer. Am 18. März begann der erste Angriff. Vor Kure wurde eine Reihe Träger der Japaner getroffen. Daneben fielen auch Bomben auf die Schlachtschiffe „Yamato", „Hyuga", „Haruna" und andere kleinere Einheiten.

Eine Reihe US-Flugzeugträger wurde durch Kamikaszeflieger getroffen. Auf dem Träger „Franklin" waren 724 Tote und 265 Verwundete zu beklagen. 1700 Schiffbrüchige des sinkenden Trägers konnten von den Kreuzern geborgen werden.

Die Landungen auf Okinawa wurden am 23. März durch rollende Bombenangriffe und Schiffsbeschießungen eingeleitet, die bis zum 25. März andauerten. Die Schlachtschiffe „King George V." und „Howe" griffen mit ihrer Sicherungsgruppe in die Beschießung ein.

Am 24. März befahl das kaiserliche Hauptquartier in Tokio die „Operation Tengo". Sie hatte das Ziel, Okinawa und das gesamte südliche Japan zu verteidigen. Drei japanische Luftflotten unter dem Kommando von VAdm. Ugaki griffen die US-Schiffsverbände an. Elf Bomber erzielten einen schweren Treffer auf das Schlachtschiff „Nevada". Ein Kreuzer, vier Zerstörer und ein Minensucher wurden schwer getroffen und am Abend erhielt das Flaggschiff der 5. US-Flotte, die „Indianapolis", einen Treffer.

Der japanische Gegenangriff wurde am 6. April 1945 eröffnet. Der vor Okinawa stehende Gegner sollte mit einem mächtigen Schlag vernichtet werden. 198 Kamikazeflieger griffen an. Ihnen fielen 27 US-Schiffe zum Opfer. Das Schlachtschiff „Maryland" erhielt einen schweren Treffer, vier Träger wurden ebenfalls schwer getroffen. Aber keines dieser Schiffe sank.

Gleichzeitig lief auch die japanische Flotte zum Endkampf aus. Sie wurde am Morgen des 7. April von US-Aufklärern gesichtet. 280 US-Flugzeuge starteten gegen diesen großen Schiffsverband der Japaner. Der Angriff schlug voll durch. Der Kreuzer „Yahagi" erhielt 13 Bomben- und Torpedotreffer. Das Schlachtschiff „Yamato" wurde von zwei Bomben und einem Torpedo getroffen. Brände brachen aus und Kommandant KAdm. Ariga, der eine Munitionsexplosion befürchtete, befahl, Wasser in die Munitionsräume zu pumpen. Dieser Befehl konnte nicht ausgeführt werden. Der Posten des Wasserkontrollkommandos war zerstört. Flammen leckten bereits aus den Munitionsräumen empor. Jeden Augenblick konnte die Explosion erfolgen.

In dieser Situation erfolgte der Angriff der zweiten Bomberwelle der Amerikaner. Das Schlachtschiff „Yamato" wurde von einigen weiteren Bomben und Torpedos getroffen, und um 14.50 Uhr des 7. April schlug der 12. Torpedo der zweiten Angriffswelle in das japanische Gigantenschiff ein. Drei Bombentreffer kamen hinzu.

Drei japanische Zerstörer explodierten in den Volltreffern der Torpedoflugzeuge.

KAdm. Nomura, der befehlsführende 1. Offizier der „Yamato", gab den Befehl das Schiff zu verlassen; denn dieses hatte bereits sehr starke Schlagseite. Die Backbordreling, die normalerweise 7,5 Meter über der Wasseroberfläche lag, schöpfte bereits Wasser.

Als „Yamato" 30 Grad Schlagseite hatte, rief KAdm. Nomura KAdm. Ariga, dem Kommandanten des Schiffes, zu: „Das Ende ist nahe!"

Dieser unterrichtete mittels des Sprachrohres Admiral Ito, den Befehlshaber der Seestreitkräfte, daß es mit dem Schiff zu Ende gehe. Er sagte: „Flottenbefehlshaber, Ihre Person ist unersetzbar. Bitte, verlassen Sie das Schiff mit der Besatzung! Ich allein werde zurückbleiben."

Danach gab KAdm. Ariga in seiner Stellung als Kommandant den Befehl an die Besatzung, auf Oberdeck zu kommen. KAdm. Nomura stand noch auf der zweiten Brücke. Auch er wurde von Ariga aufgefordert, das Schiff zu verlassen. Ariga gab dem zaudernden 1. Offizier den dienstlichen Befehl von Bord zu gehen, die Schiffsdokumente mitzunehmen und der Vereinigten Flotte Meldung zu erstatten.

Admiral Ito war nicht zum Verlassen des Schiffes zu bewegen. Er schüttelte seinem Stabschef, Captain Morishita, die Hand und verabschiedete ihn.

Um 14.25 Uhr kam das Ende des japanischen Giganten. Das Schlachtschiff rollte plötzlich herum. Schreie wurden laut:

„Banzai – Banzai!"

„Yamato" lag wie ein gestrandeter Wal auf der Seite. Die noch an Bord befindlichen Männer rutschten das steile Deck hinunter. Dann sank das Schlachtschiff und unter Wasser erfolgte noch eine gewaltige Kesselexplosion.

Das größte und stärkste Schlachtschiff der japanischen Flotte, ja der Welt, war gesunken. Mit seinem Ende schien für alle Überlebenden dieses Schiffes und den Zuschauern auf den anderen Einheiten zugleich auch das Ende der Kaiserlichen Marine gekommen.

Commander Terauchi sah an Bord seines Zerstörers „Fuyutsuki", wie die „Yamato" sank und meldete dies seinem Senioroffizier, der sich an Bord befand. Captain Yoshida befahl ihm, nahe heranzugehen und die Überlebenden aus dem Wasser zu fischen.

Die hier im Wasser schwimmenden Schiffbrüchigen wurden von den US-Flugzeugen systematisch mit Bordwaffenfeuer beschossen, wie die Leuchtspurfäden anzeigten, die zu den im Wasser schwimmenden hinuntergriffen.

Das Superschlachtschiff „Yamato", der Gigant der See, hatte 2398 Soldaten mit in den Untergang gerissen. Der Führer der Kampfgruppe, VAdm. Ito, und der Kommandant des Schiffes, KAdm. Ariga, gingen mit ihm unter.

Insgesamt verloren die Japaner in dieser Seeschlacht 3665 Soldaten. Von den gegen sie eingesetzten 386 US-Flugzeugen gingen nur zehn verloren.

Damit war der Kampf der Giganten im Pazifik zu Ende. Wenden wir uns wieder den Ereignissen in Europa zu.

Auf dem Schlachtfeld Atlantik

Der Durchbruch
Schlachtschiffe im Marsch durch den Kanal

Bei einem Vortrag des Ob.d.M. Großadmiral Raeder im Führerhauptquartier am 29. Dezember 1941 war Hitler fest von einem bevorstehenden Großangriff der Briten auf Norwegen überzeugt und befahl dem Oberbefehlshaber der Kriegsmarine, die in Brest festliegenden Großkampfschiffe „Scharnhorst" und „Gneisenau" für die Verteidigung von Norwegen ausrüsten zu lassen. Dazu seien sie in die heimischen Gewässer zurückzuführen.

Großadmiral Raeder, der die Bedrohung Norwegens nicht für gegeben hielt und sich von Brest aus größere Chancen für seine Großkampfschiffe ausrechnete, hielt eine Rückführung nach Deutschland nur im Marsch durch die Dänemarkstraße für möglich.

Allein der Schwere Kreuzer „Prinz Eugen" könne möglicherweise durch den englischen Kanal zurücklaufen.

Hitler hakte hier mit seinem sprichwörtlichen Instinkt für zwar spektakuläre, aber doch machbare Operationen sofort nach.

„Warum wollen Sie nicht auch die beiden Schlachtschiffe auf diesem Wege zurückholen?" fragte er.

Raeder führte die knappe Zahl der Minensuchboote
und der Raumboote ins Feld; denn das gesamte Kanal-
gebiet war bis auf schmale Fahrrinnen vermint und die
Großkampfschiffe benötigten großen Spielraum beim
Manövrieren.

„Wenn die Rückverlegung unmöglich ist", erklärte
Hitler, „dann müssen die Schlachtschiffe außer Dienst
gestellt werden." (Siehe Robertson Terence: Channel
Dash, und Roskill: a.a.O.)

Großadmiral Raeder entsandte Admiral Schniewind
zum Marinegruppenkommando West, wo er mit diesem
Kommando und dem Befehlshaber der Schlachtschiffe,
VAdm. Ciliax, beriet, was zu tun sei. VAdm. Ciliax erklärte, daß bei dem augenblicklichen niedrigen Stand der
Gefechtsausbildung die Kanalroute ein niedrigeres Risiko sei. In den danach ausgearbeiteten Denkschriften legten alle Beteiligten der Skl bis zum 5. Januar 1942 ihre
Vorschläge vor.

Am 12. Januar 1942 hielt Großadmiral Raeder dem
Führer Vortrag über die Lage. Er wurde vom BdS,
VAdm. Ciliax, und dem Befehlshaber der Sicherung
West, Kommodore Ruge, unterstützt.

Als Vertreter der Luftwaffe, welche die Luftsicherung
dieser Operation durchzuführen hatte, waren General
Jeschonnek, der Chef des Generalstabes der Luftwaffe,
und Oberst Galland zugegen, der für den Jagdschutz zu
sorgen hatte.

Der Kanaldurchbruch wurde zwar nicht befürwortet,

aber es wurden Pläne entwickelt, unter welchen Voraussetzungen er gelingen könnte. Die Entscheidung wurde Hitler überlassen. Dieser befahl die Verlegung der gesamten Kriegsschiffsgruppe Brest durch den Kanal.

Am Nachmittag des 11. Februar 1942 ging beim Befehlshaber der Schlachtschiffe, VAdm. Ciliax auf der „Scharnhorst" der Befehl ein:

„Durchführung ‚Cerberus' heute Abend!"

Für 20.30 Uhr wurde „Seeklar" befohlen. Wegen eines Fliegeralarms mußte das Auslaufen verschoben werden. Aber um 22.48 Uhr legten die Einheiten ab. Um 23.45 Uhr sammelte der Verband auf der Reede von Brest und trat von dort aus mit 17 Knoten Marschfahrt den Weg nach Osten an. Eine Stunde nach dem Auslaufen zur „Übung" wie alle glaubten, befahl VAdm. Ciliax:

„Neuer Kurs 340 Grad, 27 Knoten Fahrt!"

Erst am 12. Februar um 02.12 Uhr wurde sämtlichen Besatzungen das Ziel dieser Unternehmung bekanntgegeben. Die Sicherung der drei Schiffe bestand aus sechs Zerstörern der 5. Z.-Flot. Auf Z 29 unter KKpt. Rechel war der F.d.Z. Konteradmiral Bey eingeschifft, der alle beteiligten Zerstörer und Torpedoboote führte. Kpt.z.S. Berger, Chef der 5. Z-Flot. befand sich an Bord des Zerstörers „Richard Beitzen". Von Cherbourg und Le Havre aus stießen sehr bald die 3. und 2. T.-Flottille hinzu. Dann tauchte auch die 4. S.-Flot. als Deckungsgruppe auf. Als Jagdschutz kreisten ständig 16 Jäger über dem Verband, die laufend abgelöst wurden.

Gegen 09.00 Uhr stand der Schiffsverband bereits nördlich der Seinebucht und war noch keinmal angegriffen worden. Um 12.50 Uhr passierten die Schlachtschiffe, von den Zerstörern und Torpedobooten gesichert, die Linie Dover-Calais. Um 13.18 Uhr setzte hier der erste Feuerschlag einer schweren englischen Küstenbatterie aus Dover gegen die deutschen Schlachtschiffe ein. Diese Batterie schoß 36 Salven ohne auch nur mit einer Granate zu treffen.

Die 5. T-Flot. unter FKpt. Moritz Schmidt stieß um 13.26 Uhr zum Verband, der die Höhe von Cap Gris Nez erreicht hatte. In diesem Gebiet kamen noch drei Schnellboot-Flottillen und 176 Flugzeuge der Luftflotte 3 hinzu. Dies sollte sich als ausgezeichneter Schutz erweisen.

Aus Dover waren nach der Sichtmeldung des deutschen Verbandes fünf Motor-Torpedoboote unter Führung von Commander Pumphrey ausgelaufen und griffen an. Sie wurden durch die deutschen Schnellboote abgedrängt. Drei in Ramsgate liegende MTB unter Cdr. Long durchbrachen jedoch die äußere S-Boot-Sicherung und schossen ihre Torpedos auf die Schlachtschiffe, die aber ausweichen konnten. Die beiden deutschen Zerstörer „Hermann Schoemann" und „Friedrich Ihn" schossen einige der angreifenden MTB zusammen.

Danach griff die Swordfish-Staffel 825 unter Cdr. Esmonde in Höhe von Gravelines an. Sämtliche Flugzeuge wurden abgeschossen. Es war ein undurchdringlicher Feuervorhang, der die deutschen Schlachtschiffe und den Schweren Kreuzer abschirmte.

Drei Bomber wurden ebenfalls abgedrängt. T 13 erhielt einen leichten Treffer, „Jaguar" wurde durch einen Nahtreffer beschädigt.

Gegen 15.30 Uhr lief „Scharnhorst" vor der Scheldemündung auf eine Grundmine. Alle Generatoren des Schiffes fielen aus. Das Schlachtschiff war ohne Strom. Ein Wassereinbruch wurde rasch behoben und nach einigen Minuten fieberhafter Tätigkeit ließ sich die „Scharnhorst" wieder steuern. Dennoch stieg der B.d.S. auf den Zerstörer Z 29 um. Die 3. T.-Flot. unter KKpt. Wilcke sicherte die „Scharnhorst". Z 29 erhielt Befehl mit Höchstfahrt nach vorn zu laufen, damit der B.d.S. wieder das Kommando übernehmen konnte. Der Zerstörer wurde laufend von Flugzeugen des Gegners angegriffen. Die Bordflak schoß einen zweimot. Bomber ab. Als sie den Verband erreichten, sah VAdm. Ciliax, daß „Prinz Eugen" den Kurs änderte und aus allen Rohren nach Backbord feuerte. Sein Ziel waren die Zerstörer der 21. Z.-Flot. der Engländer unter Captain Pizey und vier diesem unterstellte Zerstörer der 16. britischen Z.-Flot.

Auch die „Gneisenau" eröffnete nun das Feuer auf diese beiden Gruppen. Beide Schiffe erzielten mit den ersten Salven Treffer, wie die Brände und Rauchwolken anzeigten. Die feindlichen Zerstörer schossen ihre Torpedos verfrüht, so daß ihnen ausgewichen werden konnte.

Zerstörer „Worcester" wurde von der "Prinz Eugen" zusammengeschossen und erreichte mit Mühe, über alles brennend, einen englischen Hafen.

Als beim Kampf gegen anschließend angreifende Flugzeuge auf Z 29 die Backbordmaschine ausfiel, mußte Admiral Ciliax abermals umsteigen. „Hermann Schoemann" wurde herangerufen und übernahm den B.d.S. mit seinem Gefechtsstab.

Während dieses Manövers lief die „Scharnhorst", die inzwischen wieder klargeworden war, mit hoher Fahrt an den beiden gestoppt liegenden Zerstörern vorbei.

Von 13.45 Uhr bis zum Einfall der Dunkelheit gegen 19.30 Uhr wurden die feindlichen Fliegerangriffe fortgesetzt.

In Höhe Terschelling lief die „Gneisenau" auf eine Grundmine. Der Treffer minderte die Fahrt des Schlachtschiffes jedoch nicht herab. Gegen 22.35 Uhr lief dann die „Scharnhorst" ein zweitesmal auf eine Mine und blieb 30 Minuten lang gestoppt liegen, ehe die Fahrt mit 12 Knoten fortgesetzt werden konnte.

In den frühen Morgenstunden des 13. Februar liefen „Gneisenau" und „Prinz Eugen" in die Elbmündung, die „Scharnhorst" nach Wilhelmshaven ein.

Ein großes Wagnis war gelungen, von dem die britische „Times" am Morgen des 14. Februar in ihrem Leitartikel klagte:

„Nichts Demütigenderes ist unserer Seemannsehre seit dem 17. Jahrhundert widerfahren, dazu noch in heimischen Gewässern!"

Dennoch war sich die Skl darüber im klaren, daß Winston Churchills Brief an Präsident Roosevelt, daß sich die Lage in den heimischen Gewässern und im Atlantik seit dem Rückzug der deutschen Seestreitkräfte aus

Brest entspannt habe, den Tatsachen entsprach, denn sie schrieb in ihr KTB. „Der Durchbruch durch den Kanal war wohl ein taktischer Sieg. Die Räumung von Brest aber ein strategischer Rückzug."

Mit dem Kanaldurchbruch, so berauschend er auch war und gefeiert wurde, war die kurze Zeit der ozeanischen Seekriegsführung Deutschlands mit Großkampfschiffen vorübergegangen. In Norwegen waren diese Giganten der See zur Defensive verurteilt und dem Untergang geweiht.

Wie die „Gneisenau" endete

Die „Gneisenau" marschierte durch den Nordostsee-Kanal und ging auf der Deutschen Werft in Kiel ins Dock. Da die Beschädigungen am Schiffsboden gering waren, wurden sie rasch behoben. Die „Gneisenau" lief in den Werfthafen zurück, wo sich auch die „Scharnhorst" befand.

In der Nacht zum 27. Februar 1942 griffen britische Bomber Kiel an. Ihr Ziel war nicht die Stadt, sondern die beiden deutschen Großkampfschiffe. „Scharnhorst" überlebte diesen Angriff ohne jeden Kratzer. „Gneisenau" aber wurde von einer schweren Bombe getroffen, die hinter dem Turm Anton einschlug, das Ober- und Batteriedeck durchschlug und das Panzerdeck genau an jener Schwachstelle traf, wo ein Entlüftungsrohr in die darunter liegende Munitionskammer führte. Teile der detonierenden Bombe drangen durch diese Öffnung in die Munitionskammer ein. Diese flog mit Donnergetöse in die Luft, schleuderte den mehrere hundert Tonnen wiegenden Turm Anton in die Höhe und riß das Oberdeck in der gesamten Schiffsbreite auf.

Es war Glück im Unglück, daß auf der „Gneisenau" nur die Kartuschenmunition explodierte und die im Nebenraum lagernden 28 cm-Granaten zwar durcheinandergewirbelt, aber nicht zur Detonation gebracht wurden.

112 Männer der Besatzung starben. Die „Gneisenau" war für lange Zeit außer Gefecht gesetzt. Sie verließ am 4. April 1942 notdürftig repariert den Kieler Hafen mit eigener Kraft und lief nach Gotenhafen, wo die Reparaturarbeiten in verhältnismäßiger Sicherheit ausgeführt werden konnten.

Am 1. Juli 1942 wurden hier Flagge und Wimpel niedergeholt. Damit war dieses Schlachtschiff außer Dienst gestellt, und nur die „Scharnhorst" und die inzwischen in Dienst gestellte „Tirpitz" waren übrig geblieben.

Die „Gneisenau" wurde nicht wieder einsatzklar gemeldet. Schließlich wurde sie ausgeschlachtet und am 18. März 1945 bis zur Hafenausfahrt geschleppt, wo sie quergelegt wurde und fast von einem Molenkopf zum anderen reichte. Hier wurde sie von einem Spezial-Sprengkommando gesprengt und legte sich als Blockschiff auf Grund. Für die „Gneisenau" war der Zweite Weltkrieg zu Ende. Was aber war mit den beiden übrig gebliebenen deutschen Schlachtschiffen?

Die Indienststellung der „Tirpitz" –
Erste Einsätze

Am 25. Feburar 1941 wurde auf der Kriegsmarinewerft in Wilhelmshaven im Beisein Hitlers das Schlachtschiff „Tirpitz" von Kpt.z.S. Topp in Dienst gestellt. Es gab die üblichen drei Hurras! Flagge und Wimpel wurden geheißt und dieses Schiff von 42.900 tons, das mit Zweidrittel gefüllten Brennstofftanks und voller Munitionsausstattung 52.600 tons verdrängte und größer als alle anderen europäischen Kriegsschiffe war, konnte seine Ausbildungsfahrten antreten. Es verfügte über acht Geschütze des Kalibers 38 cm, die in gepanzerten Doppeltürmen installiert waren.

Am 29. Dezember 1941 umriß auf der bereits genannten Lagebesprechung Großadmiral Raeder bei Hitler die Aufgabe dieses Schlachtschiffes, dessen erstes Auslaufen zum Einsatz für den 10. Januar 1942 vorgesehen war:

„Das Schlachtschiff soll die deutsche Position in Norwegen stärken und den arktischen Raum vor der Flankenbedrohung durch feindliche Operationen gegen die nördliche norwegische Küste schützen."

Die „Tirpitz" würde allein schon durch ihre Anwesenheit im hohen Norden als „Fleet in being" verhindern, daß englische Großkampfschiffe hier abgezogen und im Mittelmeer eingesetzt würden. Die „Tirpitz" sollte eine ganze britische Flotte im hohen Norden binden.

Am 16. Januar 1942 ging die „Tirpitz" ankerauf und erreichte unangefochten den „Faetten-Fjord" bei Drontheim. Die „Scharnhorst" war immer noch nicht einsatzbereit, weil sie zusätzlich zu den Minentreffern bei Brunsbüttel noch ein Unterwasserwrack gestreift hatte, was weitere Schäden verursachte.

Lediglich „Prinz Eugen" war nach Norwegen in Marsch gesetzt worden. Sie aber war unmittelbar vor Erreichen ihres Zieles von dem britischen U-Boot „Trident" durch Torpedotreffer schwer beschädigt worden und fiel ebenfalls bis Jahresende aus. Damit befand sich die „Tirpitz" als einziges Großkampfschiff in Norwegen. Sie wurde zu ihren ersten Operationen, von dem Schweren Kreuzer „Lützow" und sechs Zerstörern gesichert, auf den Geleitzugverkehr aus England und Island nach Nordrußland − auf die PQ-Geleitzüge − angesetzt. Das erste Gefecht ergab sich als der PQ 12 vernichtet werden sollte. Ein englisches U-Boot meldete das Inseegehen der kleinen Kampfgruppe und Admiral Tovey, der Chef der Geleitsicherungsgruppe, dessen Stander auf dem Schlachtschiff „King George V." wehte, faßte den Entschluß, die „Tirpitz" anzugreifen. Er schwenkte mit seinem Flaggschiff und dem Flugzeugträger „Victorious" nach Norden aus. Die „Tirpitz" lief, nachdem die deutschen Seeaufklärer den Konvoi verloren hatten, vier Tage durch die See. Am fünften Tag, es war der 9. März 1942, riß die dichte Wolkendecke auf und ein Ausguck vom achteren Fla-Leitstand sichtete ein Flugzeug. Die sofort gestartete Arado drängte den englischen Fühlunghalter ab. Kurze Zeit darauf wurde eine Landmaschine gesichtet. Admiral Ciliax, Befehlshaber der Kampfgruppe, wollte dies nicht glauben. Noch während er den Meldenden persönlich befragte, dröhnten die Sirenen „FL-Fliegeralarm".

Es waren Swordfishes des Trägers „Victorious". Albacore-Flugzeuge kamen hinzu. 22 Maschinen warfen insgesamt 44 Torpedos. Als Admiral Ciliax weiterlaufen lassen wollte, entschied sich der Kommandant, Kpt.z.S. Topp, anders. Er befahl:

„Hartruder Backbord!"

Das Schlachtschiff entging nur durch diesen Befehl allen Torpedos. Die Blasenbahnen des Todes stießen scharf an Backbord und Steuerbord vorbei. Wäre die „Tirpitz" den von Admiral Ciliax befohlenen Kurs weitergelaufen, dann hätte sie etwa ein Dutzend Torpedotreffer erhalten und wäre mit Sicherheit versenkt worden.

Alle Geschütze des Schlachtschiffes hatten das Feuer eröffnet. Nur die 38 cm-Türme schwiegen. Aus 132 Rohren peitschten den Angreifern die Geschosse verschiedenster Kaliber entgegen. Vorn, achtern, an Steuerbord und Backbord des deutschen Schlachtschiffes stürzten getroffene Flugzeuge in die See.

Noch einmal griffen Torpedoflugzeuge an und die „Tirpitz" erwies sich als „Primaballerina", die die Torpedos umtanzte und nicht getroffen wurde. Der letzte Torpedo lief etwa 20 Meter hinter dem Schiff ins Leere.

Ein britisches U-Boot, das an die „Tirpitz" herangeschlossen hatte und einen Dreierfächer schoß, kam ebenfalls nicht zum Erfolg. Das Schiff wich allen Torpedos aus.

Mit äußerster Fahrt ablaufend, erreichte die „Tirpitz" die Lofoten und wäre um ein Haar gegen eine breite Felswand gelaufen, die das Ende des Fjords andeutete.

Der PQ 12 aber kam unbehelligt nach Murmansk durch und brachte den Sowjets weiteres wichtiges Kriegsmaterial.

Die „Tirpitz" wurde im Drontheim-Fjord dicht unter Land gelegt, gut getarnt und mit einer doppelten Netzsperre gegen Torpedos umgeben.

Britische Flieger griffen immer wieder an. Die „Tirpitz" wurde festgehalten und die britischen Geleitzüge nach Rußland liefen weiter. Erst die Operation „Rösselsprung", wie der Angriff gegen den Konvoi PQ 17 genannt wurde, sah die „Tirpitz" wieder im Einsatz. Generaladmiral Schniewind führte die Kampfgruppe I, zu der noch „Admiral Hipper", vier Zerstörer und zwei Torpedoboote kamen.

Als das Auslaufen der „Tirpitz" bekannt wurde, ließ der 1. britische Seelord, Admiral Pound, die Kreuzergruppe des KAdm. Hamilton vom Konvoi abziehen und gab den Befehl, den Konvoi aufzulösen, womit er die Handelsschiffe den deutschen Bombern und U-Booten überließ, die schon daran hingen.

Die Engländer wußten, ein wie gefährlicher Gegner die „Tirpitz" war und gingen kein Risiko ein. Der Verlust eines oder beider hier im hohen Norden eingesetzten britischen Schlachtschiffe hätte den Geleitzugverkehr zum Erliegen gebracht.

Nachdem einige britische Sichtmeldungen abgefangen

worden waren, hatte aber auch Großadmiral Raeder den Abbruch der Operation befohlen.

Wenige Wochen später versuchten die Engländer einen Angriff mit zwei bemannten Torpedos auf die „Tirpitz". Diese „Mark I" wurden zur Überfahrt nach Norwegen an Bord eines als Norweger getarnten Fischkutters gestellt. Unter der Küste, nahe dem Asenfjord, in dem die „Tirpitz" diesmal festgemacht hatte, wurden die Torpedos bei Nacht beiderseits unter dem Kutter-Kiel festgemacht. Doch während der nächtlichen Fahrt in den Fjord scheuerten die Stahltrossen bei grober See durch, die Torpedos sackten weg und der mit Torf beladene Kutter versenkte sich selbst. Die Besatzungen gingen in den norwegischen Untergrund.

Die „Tirpitz" hatte noch eine Atempause erhalten. Dieses Schlachtschiff schien dann plötzlich dazu verurteilt, als Schießscheibe der Engländer in den Fjorden zu vergammeln.

Während einer Führerkonferenz auf dem Berghof im November 1942 trug Großadmiral Raeder vor, daß die „Tirpitz" im Drontheimfjord liege, während die „Admiral Hipper" und der leichte Kreuzer „Köln" im Alta-Fjord lägen und wiederum der leichte Kreuzer „Nürnberg" mit drei Zerstörern in Drontheim vor Anker gegangen seien. Die vier übrigen Zerstörer der Nordgruppe befänden sich ebenfalls im Alta-Fjord.

Großadmiral Raeder zeigte auf, daß die im Sommer ruhenden Geleitfahrten der PQ-QP-Konvois wieder liefen und daß sie nicht stark bedeckt seien. Die „Tirpitz" sei im Januar 1943 einsatzbereit, nachdem ein Ruder-wechsel vollzogen sei.

Raeder fiel in Ungnade bei Hitler und wurde abgelöst. Hitler hatte den Entschluß gefaßt, sämtliche Schiffe über Zerstörergröße außer Dienst zu stellen.

„Das war der billigste Seesieg, den England jemals er-rungen hatte". So lautete der Kommentar von Admiral Krancke dazu.

Unter Ernennung zum Großadmiral wurde Karl Dö-nitz am 31.1.1943 zum neuen Oberbefehlshaber der Kriegsmarine.

Nach seinem Plan, den er Hitler am 26.2.1943 vor-trug, bat Dönitz um Aufhebung des „Verschrottungsbe-fehls". Grollend stimmte Hitler zu. Die „Tirpitz" jedoch gammelte weiter im Hohen Norden. 2400 Männer stan-den hier auf Deck eines Großkampfschiffes, das nicht eingesetzt wurde.

Erst eingangs September 1943 erhielt die „Einsame Königin des Nordens", wie die „Tirpitz" inzwischen ge-nannt wurde, einen Einsatzbefehl. Angriffsziel war Spitzbergen. Die Insel sollte angegriffen, sturmreif ge-schossen und dann Truppen gelandet werden, um sie im Handstreich zu nehmen.

Mit der „Tirpitz" lief auch die „Scharnhorst" aus. Hinzu kam eine starke Zerstörersicherung.

Mit Nordkurs knüppelten die Einheiten am 9. Septem-ber 1943 durch die See. Die Zerstörer mit der Landungs-Infanterie liefen dicht unter Land, während die beiden Großkampfschiffe weiter zurückblieben.

Auf einmal eröffneten die Land-Batterien auf Spitzbergen das Abwehrfeuer. „Scharnhorst" und die Zerstörer erwiderten das Feuer mit Breitseiten. Auf der „Tirpitz" wurden gerade die Flugzeuge katapultiert. Nachdem sie gestartet waren, fiel auch hier das Kommando:

„Feuer frei aus allen Waffen!"

Wieder hämmerte die Artillerie der „Tirpitz" los. Nach langer Zeit neigte sich dieses Gigantenschiff wieder beim Abschuß der Breitseiten nach Feuerlee über.

Mit kleiner Fahrt lief das Schlachtschiff schließlich in die Bucht hinein. Und als die britischen Offiziere und Soldaten diesen Giganten einlaufen sahen, da verließen sie ihre Geschütze und marschierten nach Barentsburg ab.

In den Landungsbooten flitzten die Heerestruppen an Land. Sie sammelten und wurden von allen Seiten mit Gewehr- und MG-Feuer empfangen. Aber als die Zerstörer nachzogen und an der Pier festmachten und Geschütze und leichte Panzer ausschifften, gab der Gegner – Engländer und Norweger – auf.

Die drei deutschen Stoßgruppen erreichten ihre Objekte: die Funkstellen, Wasserwerke, E-Werke und die Kohlenhalde.

Sprengungen hallten durch den Morgen. Die Kohlenhalde begann zu brennen. Die Sendetürme und Rhombenanlagen brachen zusammen. Rauch und Feuerdome stiegen himmelhoch empor. Gefangene wurden auf die Zerstörer gebracht. Die eigenen Verwundeten, wie auch die verwundeten Gegner wurden im Schiffslazarett der „Tirpitz" versorgt. Zerstörer Z 33 hatte von einer Landbatterie Treffer erhalten.

Barentsburg aber ging in Flammen auf. Sämtliche militärischen Anlagen wurden restlos vernichtet. Die riesigen Ölmengen, die von Tankern hierher gebracht wurden, brannten noch 48 Stunden später. Der Handstreich auf Spitzbergen – fast unbekannt – war zu Ende. Die britische Hauptfunkstelle auf Island bekam keine Antwort mehr und die „Tirpitz" lief von dieser Unternehmung zurück in den Alta-Fjord.

Am 11. September meldete der Wehrmachtbericht in dürren Worten diesen Handstreich des 9. September 1943.

Und nach diesem 11. 9. sollten weitere elf Tage vergehen, bis eine Bombe platzte, die leicht das „Aus" für die „Tirpitz" hätte sein können. Die Engländer hatten in zweijähriger Arbeit ein Kleinst-U-Boot entwickelt. Dieses X-Boot hatte vier Mann Besatzung. Es trug eine 2-Tonnen-Sprengladung, war 15 Meter lang und 30 tons schwer.

Sechs dieser X-Boote und zwar X 5 bis X 10 wurden im September 1943 auf die im Alta-Fjord liegenden deutschen Großkampfschiffe angesetzt und zwar:

X 5, X 6 und X 7 auf die „Tirpitz".

Diese drei Boote wurden von den U-Booten „Trasher", „Truculent" und „Stubborn" geschleppt.

X 8, im Schlepp der „Seanymph", sollte die „Lützow" angreifen. Gegen die „Scharnhorst" wurden wiederum zwei Boote angesetzt und zwar X 9 im Schlepp der „Syrtis" und X 10 im Schlepp der „Sceptre".

Das große Unternehmen begann. Würde es so enden, wie der Torpedoreiterangriff der Italiener gegen die beiden britischen Schlachtschiffe im Hafen von Alexandria im November 1941 geendet hatte?

X 9 ging beim Anmarsch am 15. 9. 1943 verloren. Die Schlepptrosse brach dicht hinter dem schleppenden Boot. Durch das Gewicht der 1500 m langen Trosse wurde das kleine Boot kopfüber in die Tiefe gezogen. Die vier Männer wurden von dem Wasserdruck zerquetscht. X 8 mußte zwei Tage später, dicht vor dem Ziel, beide Sprengladungen abwerfen, weil seine Auftriebsbehälter undicht geworden waren. Bei dieser Aktion explodierte eine der Ladungen, und das Boot mußte versenkt werden.

X 10 kam wegen technischer Mängel nicht zum Einsatz. Es wurde auf dem Rückmarsch im Schlepp der „Stubborn" versenkt.

Drei Kleinst-U-Boote waren übriggeblieben. Die für die „Tirpitz" bestimmten!

Der Angriff dieser drei Boote begann. Am Morgen des 23. September 1943 herrschte das übliche Treiben an Bord der „Tirpitz". Um 09.00 Uhr war die Besatzung teilweise angetreten. Es ging stur nach Dienstplan. Plötzlich entdeckte Bootsmannsmaat Dierksen auf dem Fla-Stand etwas im Wasser.

„Das sah wie ein U-Boot aus!" sagte er zu seinem Kameraden.

„Wird ein Schweinsfisch gewesen sein!" erwiderte der gelassen. „Wie sollte ein U-Boot durch die doppelte Netzsperre kommen?" Aber eine halbe Stunde später schrie einer der Backbordwachen auf: „U-Boot-alarm!"

Alarmsignale gellten durch das Schiff.

Wenig später tauchte dicht neben der „Tirpitz" ein graugestrichener U-Bootsturm auf, dann kam das ganze Boot heraus.

Einer der Posten warf Handgranaten auf das Boot. Die Fallreepswache schoß aus Karabinern. Gewehrkugeln prallten vom Bootsstahl ab und zwitscherten als Querschläger über die See. Ein junger Leutnant rannte mit einigen Männern zum zufällig abfahrtbereit liegenden Kommandantenboot, sprang hinein, ließ die anderen rasch nachkommen und fuhr schon auf das U-Boot zu. Sie gingen längsseits. Ein Obergefreiter sprang auf das U-Boot, machte eine Trosse fest.

Sie versuchten, das Boot aus seinem Kurs auf die „Tirpitz" wegzuziehen, vergebens.

Plötzlich öffnete sich das Turmluk dieses Kleinst-U-Bootes. Einige Männer booteten aus. Sie stiegen wie selbstverständlich in die Barkasse. Vier an der Zahl. Die Trosse brach und das Boot sackte weg. Die vier Gefangenen wurden an Bord der „Tirpitz" gebracht.

Kapitän z.S. Meyer, der neue Kommandant der „Tirpitz" vermutete eine „Schweinerei". Er wollte ankerauf gehen lassen.

Aber es war kein Schlepper zur Hand. Gleichzeitig ließ er auch die Tauchermannschaft ins Tauchboot einsteigen, um den Schiffsrumpf nach Haftminen abzusuchen.

In diesem Moment wurde ein zweites Kleinst-U-Boot, noch außerhalb der Netzsperre gesichtet. Die Dreisieben-Vierlinge eröffneten das Feuer. Granaten perforierten die Außenhaut des Bootes − es handelte sich um X 5, das sehr rasch sank und seine vier Besatzungsmitglieder mit in die Tiefe riß.

Sekunden später tauchte direkt am Netz ein drittes Boot auf. Es war X 7, das seine beiden Sprengladungen ungestört unter der „Tirpitz" angebracht hatte und den Rückmarsch antreten wollte, dabei aber in die Netzsperre geriet.

Was man an Bord der „Tirpitz" noch nicht wußte, war, daß auch X 6 − das man kurze Zeit in Schlepp gehabt hatte und dessen Besatzung inzwischen an Bord gebracht worden war, seine beiden Sprengladungen in Höhe des Turmes Berta ausgelöst hatte, bevor es geentert worden war.

Aus allen in die Richtung der Netzsperre reichenden Waffen ratterte das Schnellfeuer. Das U-Boot sackte weg, aber die Besatzung konnte noch eben ausbooten.

Während noch die Ankerspills der „Tirpitz" sich drehten, erdröhnte auf einmal eine wüste Detonation. Es „schüttelte den Schiffsriesen, wie eine Gigantenfaust". Männer wurden in die Luft geschleudert und fielen mit gebrochenen Beinen zurück. Glas klirrte auseinander.

„Wassereinbruch in E-Werk 8!" meldete einer der Wachgänger.

„Licht ausgefallen!"

„Notbeleuchtung ein!"

Dann war auf einmal Ruhe.

Erst gegen Mittag tauchte ein einzelner Engländer mit Tauchretter bis zur Brust aus dem Wasser auf. Es war der Kommandant des 3. Bootes, der jetzt aus dem gesunkenen Boot aufgetaucht war.

Die Operation „Source" war zu Ende. Aber die „Einsame Königin des Nordens" schwamm noch.

Obgleich es Kommandant Meyer noch gelungen war, die „Tirpitz" mit Hilfe der Ankerspills seitlich zu verholen, richteten die vier 2-Tonnen-Sprengladungen erheblichen Schaden an. Sie setzten das Schiff sechs Monate außer Gefecht.

Der letzte Kampf der „Scharnhorst"

Als der Eismeer-Konvoi JW 55A mit seinen 19 vollbeladenen Transportschiffen durch das Nordmeer in Richtung Weißes Meer auslief, stand eine U-Boot-Gruppe dort in See. Von den deutschen U-Booten erfaßte nur U 636 am 18. Dezember Geleitfahrzeuge, kam aber nicht näher an den Konvoi heran. Die Ferndeckungsgruppe dieses Konvois mit dem Schlachtschiff „Duke of York", mit Admiral Fraser, dem Commander in-Chief der Home Fleet, an Bord, sollte nach ihrer Beölung in Akureyri auf Island ebenfalls die 19 Schiffe des am 20. Dezember von Loch Ewe ausgelaufenen JW 55 B aufnehmen. Diese wurden von einer Escort Group aus Kreuzern und Zerstörern geleitet.

Am 22. Dezember wurde dieser Geleitzug von der deutschen Luftaufklärung erfaßt und am 23. von Ju 88 angegriffen.

Am 23. Dezember lief auch der im Kola-Fjord versammelte Konvoi RA 55 A aus. Auch er erhielt eine starke Escort Group. Außerdem operierte eine Deckungsgruppe aus Kreuzern unter dem Kommando von VAdm. Burnett in der Barentsee.

Am 25. Dezember wurde die deutsche Kampfgruppe „Nordmeer" unter KAdm. Bey aus dem Altafjord auf den Konvoi JW 55A angesetzt. Das Schlachtschiff „Scharnhorst" unter dem Kommando von Kpt.z.S. Hintze, mit dem Befehlshaber der Kampfgruppe, KAdm. Bey, an Bord, wurde von den Zerstörern Z 38, Z 29 und Z 34 gesichert. Als dieser Verband die Netzsperre des Longfjords passierte und in den Altafjord einschwenkte, schlossen sich Z 30 und Z 33 an. Kpt.z.S. Johannesson, Chef der 4. Zerstörer-Flottille, hatte seinen Stander auf Z 29 gesetzt, dessen Kommandant KKpt. von Mutius war.

Als der Verband über Stern Sundet, Störöy-Sundet und Lapphavet die offene See erreichte, wurde er von einem aus Süd wehenden Sturm zwischen Stärken 8 bis 9 empfangen, während die See mit 6 bis 7 von achtern auflief.

Ab 22.00 Uhr lief Z 29 als Führerzerstörer vor der „Scharnhorst" an der Spitze des Verbandes. Jeweils zwei Zerstörer liefen zur U-Boot-Sicherung an der Back- und Steuerbordseite. Mit 25 Knoten Marschfahrt steuerte die Kampfgruppe dem Auftreffpunkt auf den Geleitzug entgegen.

Die Fernsicherung des Konvois wiederum bestand, wie bereits erwähnt, aus der Force 2 mit dem Schlachtschiff „Duke of York", einem leichten Kreuzer und vier Zerstörern. Der C-in-C Home Fleet, Admiral Fraser, führte auf der „Duke of York".

Am Morgen des 26. Dezember befand sich die deutsche Kampfgruppe 115 Seemeilen südostwärts der Bäreninsel und KAdm. Bey vermutete den Geleitzug etwa 30 Seemeilen westlich seines Standortes. Er befahl ab 07.00 Uhr den Zerstörern einzelbootsweise Aufklärung gegen den Anmarschweg des Konvois zu laufen. Um 07.30 Uhr schrillten die Alarmglocken.

„Klarschiff zum Gefecht!" wurde gegeben. Kurz darauf wurde „Scharnhorst" von feindlichen Kreuzern beschossen, wie sie über FT den Zerstörern meldete.

Mit der ersten Salve des Gegners um 09.26 Uhr wurde bereits das vordere Funkmeßgerät des deutschen Schlachtschiffes getroffen. Damit war die „Scharnhorst" praktisch nach vorn blind.

Um 11.58 Uhr gab KAdm. Bey den Zerstörern Befehl, auf den Konvoi zu operieren, der von U 277, Oblt. z.S. Lübsen, gemeldet worden war.

Knapp eine halbe Stunde darauf stieß die „Scharnhorst" abermals auf die drei vorher gesichteten Kreuzer „Sheffield", „Norfolk" und „Belfast" der britischen Kampfgruppe 1 unter Vizeadmiral Burnett. In dem folgenden Gefecht gelang es der „Scharnhorst", den Kreuzer „Norfolk" mit zwei schweren Treffern zu beschädigen. Sie selbst erhielt keinen Treffer und lief wenig später, nachdem auch der Gegner das Feuer eingestellt hatte, mit Kurs auf die norwegische Küste ab.

Um 13.43 Uhr erhielt die 4. Z.-Flot. folgenden Befehl: „4. Z.-Flot. abbrechen!" Kpt.z.S. Johannesson ließ anfragen, ob damit die Suche oder die ganze Operation gemeint sei. Er erhielt die lakonische Antwort: „Einlaufen!"

Mit 12 kn Fahrt ging die 4. Z.-Flot. auf Südkurs. Auf dem Rückmarsch faßte der Funkraum von Z 39 weitere FT-Meldungen auf, die anzeigten, daß sich „Scharnhorst" im Gefecht mit dem Gegner befand. Kpt.z.S. Johannesson ließ kehrt machen, und als der Befehl der Flotte einging, das „Gefechtsfeld ‚Scharnhorst' von der Küste her ansteuern", dreht die Flottille auf 150 Grad und lief mit 27 Knoten Fahrt auf das Gefechtsfeld zu. Um 20.30 Uhr erhielt Kpt.z.S. Johannesson einen weiteren Funkspruch der Flotte und der Marinegruppe Nord:

„Sofort Operation abbrechen. Feindberührung vermeiden. Schären einlaufen."

Die Zerstörer drehten abermals, marschierten durch die Schären und ankerten nahe der „Tirpitz". Damit war die Unternehmung für die Zerstörer beendet. Was aber war mit der „Scharnhorst"?

Seit 16.00 Uhr hatte das deutsche Schlachtschiff wieder Kontakt mit dem Gegner. Im erneut aufflammenden Gefecht wurde es um 16.45 Uhr von einer 35,6 cm-Granate der „Duke of York" getroffen. Kurz darauf erhielt es einen weiteren Treffer mittschiffs. Dennoch schien die „Scharnhorst" dieses 20 Minuten dauernde Duell gut durchgestanden zu haben.

Nunmehr aber liefen vier Feindzerstörer zum Torpedoangriff an. Zwei kamen von Steuerbord, zwei von der Backbordseite. Sie schossen ihre Torpedos. „Scharnhorst" richtete ihr Feuer nun auf die Zerstörer. Alle vier Zerstörer meldeten Torpedotreffer. Mit schwer beschädigten Booten liefen sie ab.

„Duke of York" griff nun abermals in das Feuer ein. Erneut wurde die „Scharnhorst" schwer getroffen. Dann eröffneten die Kreuzer „Belfast" und „Jamaica" das Feuer. Die Zerstörer griffen ein weiteresmal an und schossen ihre Torpedos.

Als dann auch noch der Kreuzer „Belfast" zu einem Torpedoangriff herandrehte, war die „Scharnhorst" bereits gesunken. Es waren die Tropedos der insgesamt acht Zerstörer gewesen, die dem deutschen Schlachtschiff den Todesstoß versetzt hatten.

Die beiden Zerstörer „Matchless" und „Scorpion" liefen nun zur Rettung der Schiffbrüchigen zum Versenkungsort. Während die „Scorpion" 30 deutsche Seeleute rettete, wurden von der „Matchless" sechs Soldaten des Schlachtschiffes „Scharnhorst" geborgen. Alle übrigen, einschließlich des Kommandanten und des Kampfgruppen-Befehlshabers, waren mit dem Schiff untergegangen.

Admiral Sir Bruce Fraser sagte zu diesem Gefecht:

„Der Kampf gegen die ‚Scharnhorst' ist für uns siegreich beendet worden. Ich hoffe, daß meine Kommandanten in einer so verzweifelten Lage, wie jener der ‚Scharnhorst' ebensolche Manöver fahren, wie die deutsche Schiffsführung und, daß sie sich mit ihrer Besatzung ebenso tapfer schlagen, wie sie es heute im Kampf mit diesem Gegner erlebt haben."

Wie sah dieser Vernichtungskampf in seiner letzten Phase aus der Sicht des Gegners aus?

Bei dem ersten Zerstörerangriff, der von 18.27 bis 18.50 Uhr andauerte, liefen vier Zerstörer der S-Klasse an. Zwei Minuten nach dem Anlaufen änderte „Scharnhorst" ihren Kurs, und bis 18.40 Uhr hatten die in zwei Rotten angreifenden Zerstörer eine Distanz von 9000 Metern erreicht. Während „Savage" und „Saumarez" noch achtern der „Scharnhorst" liefen, befanden sich „Scorpion" und „Stord" an der Steuerbordseite des deutschen Schlachtschiffes.

Mit ihrer Mittel- und Leichten Artillerie eröffnete „Scharnhorst" auf die von achtern kommende Rotte das Feuer! Beide Zerstörer erlitten nur Splitterschäden. „Saumarez" erwiderte das Feuer, als er bis auf 6300 Meter herangekommen war und meldete einige Treffer.

Diese beiden Zerstörer zogen das gesamte Feuer der „Scharnhorst" auf sich, während die zweite Rotte mit „Scorpion" und „Stord" unbemerkt von der Steuerbordseite näherkam. Als dann auch diese zweite Rotte erkannt wurde, drehte das Schlachtschiff vor den geschossenen Torpedos dieser beiden Zerstörer ab. Nun schossen auch die beiden Zerstörer der ersten Rotte jeweils acht Torpedos, und „Scharnhorst" eröffnete auch auf sie das Feuer. In dieser Phase des Gefechtes kamen auch „Savage" mit einem Achterfächer und „Saumarez" mit einem Viererfächer zum Schuß.

„Saumarez" erhielt einige 28 cm-Treffer. Die Granaten detonierten glücklicherweise nicht, sonst wäre dieser Zerstörer verloren gewesen.

Ein Torpedo und kurz darauf noch einmal drei trafen die „Scharnhorst". Der erste detonierte vor der Brücke. Von den drei folgenden kam einer neben dem Kesselraum zur Detonation und setzte die Geschwindigkeit des Schiffes auf 22 Knoten herab. Ein weiterer Treffer schlug achtern ein und riß ein Leck, durch das Wasser in einige Abteilungen einströmte. Der dritte und schwerste Treffer traf das deutsche Schlachtschiff am Bug.

Während die Zerstörer nach Abfeuern ihrer Torpedos auf Nordkurs aus dem Feuerbereich der „Scharnhorst" hinausliefen, behielt diese ihren Südkurs bei. Ihre Geschwindigkeit nahm ab. Dies führte dazu, daß die „Duke of York" nun aufkam. Um 19.00 Uhr war der Verband mit der „Duke of York" und der „Jamaica" bis auf 9500 Meter herangekommen und eröffnete das Feuer. Mit den ersten Salven wurden Treffer im Ziel gemeldet. Die zweite Salve lag völlig deckend und verursachte Brände und Explosionen.

Die „Scharnhorst" erwiderte das Feuer. Aber die 28 cm-Munition mußte erst nach achtern zum Turm Cäsar geschafft werden, weil die Türme Bruno und Anton außer Gefecht gesetzt waren.

Bis 19.11 Uhr nahm die Geschwindigkeit der „Scharnhorst" bis auf 10 Knoten ab. Die unmerkliche Steuerbord-Schlagseite vergrößerte sich. Aber noch war es nicht sicher, daß dieses Schlachtschiff auch sank. So ließ Admiral Fraser um 19.12 Uhr an Vizeadmiral Burnett den Befehl übermitteln, am Gefecht gegen das Schlachtschiff teilzunehmen.

Drei Minuten darauf eröffnete auch „Belfast" das Feuer auf die „Scharnhorst". Mit ihrer dritten Breitseite erzielte sie zwei Treffer. Kurz darauf schwieg auch der Turm Cäsar des deutschen Schlachtschiffes. Nur noch zwei 15 cm-Geschütze konnten das geballte Feuer des Gegners erwidern.

Admiral Fraser befahl nun den neu ins Gefecht getretenen Kreuzern, die „Scharnhorst" mit Torpedos zu versenken.

Als erster griff „Belfast" an und schoß um 19.26 Uhr drei Torpedos aus den Steuerbord-Rohren. Danach drehte der Kreuzer nach Backbord, um auch diese Rohre einzusetzen.

Eine Minute vorher hatte bereits „Jamaica" zwei Torpedos aus den Backbordrohren geschossen und zwar aus 3200 Meter, ohne daß ein Treffer beobachtet wurde. Dann drehte sie und schoß zunächst 36 Granaten des Kalibers 15,2 cm auf das sehr nahe liegende und beinahe unbewegliche, sich nicht mehr wehrende Schiff.

Viele Treffer wurden gezählt. Das Feuer der „Scharnhorst" schwenkte auf die „Jamaica" ein. Um 19.37 Uhr feuerte „Jamaica" ihre drei Steuerbord-Torpedos und lief dann ab, um sich wieder der „Duke of York" anzuschließen. „Belfast" schoß um 19.35 Uhr die Backbordrohre leer.

Während dieser Zeit stellte die „Duke of York" das Feuer ab 19.30 Uhr ein. Die „Scharnhorst" machte jetzt höchstens noch fünf Knoten Fahrt. Sie lief mit wechselnden Kursen und als ihre Steuerbordschlagseite zu groß geworden und keine Schußmöglichkeit mehr bestand, befahl Kpt.z.S. Hintze:

„Alle Mann aus dem Schiff!"

Die englische 36. Zerstörer-Division, welche die „Scharnhorst" den ganzen Nachmittag über verfolgt hatte, war nun ebenfalls auf dem Gefechtsfeld angelangt. Commander Fisher auf „Musketeer" näherte sich nach Ablaufen der beiden Kreuzer und kam von achtern an die „Scharnhorst" heran, die nur noch drei Knoten Fahrt machte.

Die vier Zerstörer „Musketeer", „Matchless", „Opportune" und „Virago" griffen nun an. Um 19.35 Uhr schoß „Musketeer" aus nur 900 Meter vier Torpedos nach Steuerbord und sah drei Detonationen zwischen Schornstein und Großmast des Gegners aufblitzen. „Matchless" mußte ihren Anlauf wiederholen, als ein schwerer Brecher das Schwenkwerk der Torpedorohre beschädigte. „Opportune" schoß auf 1900 Meter vier Torpedos und wenig später aus 2300 Metern noch einmal vier und meldete jeweils einen Treffer. Als letzte kam „Virago" mit sieben Torpedos ab und meldete ebenfalls zwei Treffer.

Die „Scharnhorst" lag nun gestoppt und über alles brennend auf der See. Sie schoß nicht mehr. Explosionen brüllten aus Rauch und Feuer heraus, und um 19.45 Uhr flog mit einem fürchterlichen Getöse die Munitionskammer des todwunden Schiffes in die Luft.

Als dann „Belfast" um 19.48 Uhr zum zweiten Torpedoangriff heranlief und im Anlaufen zur Erhellung des Zieles Leuchtgranaten schoß, stellte der Kommandant fest, daß die „Scharnhorst" von der Wasseroberfläche verschwunden war. Sie schloß sich nun der „Scorpion" bei der Rettung eventueller Überlebender an. Es gelang der „Scorpion" 30 Männer zu retten. Der Zerstörer sichtete auch den tot im Wasser schwimmenden Kommandanten, Kpt.z.S. Hintze, und neben ihm dessen I. Offizier FKpt. Dominik. Dieser konnte die ihm zugeworfene Rettungsleine noch ergreifen, hatte aber nicht mehr die Kraft, sie festzuhalten, als er eingeholt werden sollte. Er starb noch im Wasser.

Der Konvoi JW 55B kam unangefochten durch.

Damit waren von den vier deutschen Schlachtschiffen nur noch die „Tirpitz" übriggeblieben.

Das Ende der „Roma" im Mittelmeer

Nachdem am Nachmittag des 8. September 1943 General Eisenhower in Algier den Abschluß des Waffenstillstandsvertrages mit Italien verkündete, ging — anders als bei den Franzosen, die sich ihre Schiffe nur mit Gewalt hatten entreißen lassen, — drei Stunden nach Mitternacht des 9. September in La Spezia die italienische Flotte ankerauf. Unter Führung von Geschwaderadmiral Bergamini, der seinen Stander auf dem Flaggschiff „Roma" gesetzt hatte, liefen die Einheiten, darunter auch die Schlachtschiffe „Vittorio Veneto" und „Italia" nach Maddalena auf Sardinien.

Hier traf drei Stunden später auch die aus Genua kommende 8. Division unter Divisionsadmiral Biancheri mit vier Kreuzern und einem Torpedoboot ein.

Da die Lage auf Sardinien ungeklärt war, ließ Admiral Bergamini um 13.40 Uhr auf Gegenkurs gehen.

Westlich der Straße von Bonifacio wurde der Flottenverband von deutschen Aufklärern erfaßt. Auf diese Sichtmeldung hin starteten in Istres bei Marseille 11 Do 217 der III. Gruppe des Kampfgeschwaders 100 unter Major Bernhard Jope und griffen den Schiffsverband an, der sich anschickte, zum Gegner überzulaufen, um mit seinen Schiffen dann möglicherweise gegen die deutschen Kleinkampfeinheiten im Mittelmeer eingesetzt zu werden.

Drei Besatzungen der 11. Staffel, deren Kapitän Oblt. Schmetz mit dabei war, griffen die „Roma" an. Der erste Treffer einer Gleitbombe FX 1400 traf das italienische Schlachtschiff schwer. Die zweite erzielte eine vernichtende Wirkung. Sie hämmerte in die Munitionskammer des Schlachtschiffes hinein und brachte diese zur Explosion. Das 230 Meter lange Schlachtschiff wurde durch einfach unbeschreibliche Detonationen in Stücke gerissen und sank. Von der Besatzung von 1948 Mann kamen 1352 ums Leben. Auch Admiral Bergamini, der diesen Verrat auf italienisch durchführte, und der Kommandant der „Roma", Kpt.z.S. Adone del Chima waren unter den Toten.

Die „Italia" erhielt einen Nahtreffer dieser gefährlichen F 1400, der noch von solcher Wirkung war, daß auch dieses Schlachtschiff ein Leck erhielt und mit 800

Tonnen Wasser im Schiff die Fahrt mit verringerter Geschwindigkeit fortsetzen mußte.

Von den Zerstörern wurde keiner getroffen, aber die Torpedoboote „Pegaso" und „Impetuoso" kollidierten vor Port Mahon auf den Balearen miteinander und versenkten sich dort selbst, weil ihre Kommandanten nicht unter ihren ehemaligen Feinden dienen wollten. Die von Castellamare kommenden Zerstörer „Antonio da Noli" und „Ugolino Vivaldi" wurden in der St. Bonifacio-Straße von deutscher Küstenartillerie beschossen und versenkt.

Die überlebende italienische Flotte lief nach Malta. Divisionsadmiral Oliva hatte ihr Kommando übernommen. Sie wurde am 10. September von den beiden britischen Schlachtschiffen „Warspite" und „Valiant" aufgenommen.

Geleitet durch das dritte Schlachtschiff im Mittelmeer, die „King George V." traf am 10. September noch ein weiterer italienischer Konvoi in Malta ein. Es war die 5. Division unter DivAdm. Da Zara mit den Schlachtschiffen „Andrea Doria" und „Caio Duilio", drei Kreuzern und einem Zerstörer.

Dieser Verband war am 9. September in Tarent ankerauf gegangen.

Damit nicht genug, liefen aus den übrigen Adriahäfen das Schlachtschiff „Giulio Cäsare", ein Flugzeugmutterschiff, ein Zerstörer und ein Torpedoboot nach Malta aus. Italiens Marine hatte, wenn auch durch die Kapitulation entsprechend aus dem Kampf ausgeschieden, in den Augen ihrer Verbündeten Fahnenflucht begangen.

Der Schonung ihrer Großkampfschiffe auf Kosten der Afrika-Transporte, die es in der Hand gehabt hätten, das Blatt im Mittelmeer und damit möglicherweise den gesamten Kriegsverlauf zu ändern, hatten sie das Überlaufen zum Feind hinzugefügt.

Der Einsatz der britischen Großkampfschiffe im Mittelmeer gegen die „Nachtschattenflotte" der Deutschen, deren größte Fahrzeuge die italienischen Beute-Zerstörer waren, setzte sich fort.

Bei der Landung der Operation „Slapstick" der 1. brit. Luftlande-Division in Tarent in der Nacht zum 9. September deckte VAdm. Power mit den Schlachtschiffen „Howe" und „King George V." das 12. Kreuzergeschwader.

Am 16. September gelang der III./KG 100 ein weiterer Erfolg, als die 11. Staffel unter Oblt. Schmetz um 13.35 Uhr das britische Schlachtschiff „Warspite" angriff. Drei Besatzungen warfen ihre FX 1400-Gleitbomben. Die Besatzung von Oblt. Schmetz erzielte einen Volltreffer. Bombenschütze war Uffz. Huhn. Der Veteran der See sank zwar nicht, war aber aus dem Rennen geworfen.

Auch das italienische Schlachtschiff „Littorio" wurde von einer Gleitbombe getroffen und erlitt einen Wassereinbruch.

Diese fernlenkbaren Flugkörper waren das Modernste was die deutsche Luftwaffe aufbieten konnte. Sie machten die Bekämpfung von Schlachtschiffen aus der Luft zu beinahe sicheren Erfolgen. Leider wurden auch sie von Dr. Kramer zu spät entwickelt. Diese Bombe konnte durch den Bombenschützen manuell nachgesteuert werden. Dies erfolgte durch elektronisch zu betätigende Flatterruder, die im Leitwerk der Bombe eingebaut waren. Diese Bombe hatte die Wirkung einer 1400-Kilogramm Panzersprengbombe.

Durch diese Bomben wurden also die „Warspite" und wenig später auch die „Valiant" im Mittelmeer beschädigt. Der britische Flakkreuzer „Spartan" wurde damit bei einem Luftangriff gegen die alliierte Flotte vor Anzio Nettuno am 23. Januar 1944 so schwer beschädigt, daß er kenterte.

Nach dem Überlaufen der italienischen Großkampfschiffe zum Gegner hatte dieser im Mittelmeer freie Hand. Nicht sehr viel später verschwanden die britischen Schlachtschiffe aus dem Mittelmeerraum, um auf anderen Kriegsschauplätzen eingesetzt zu werden.

Noch aber schwamm die „Tirpitz". Folgen wir dem Schicksal dieses letzten deutschen Giganten der See bis zu dessen bitterem Ende.

Das Ende der „Tirpitz"

Das Werkstattschiff „Neumark" kam mit 120 Arbeitern, um die Schäden der „Tirpitz" durch die Sprengladungen der britischen Kleinst-U-Boote zu reparieren. Aus Deutschland wurden 1200 Werftarbeiter nach Norwegen in den Alta-Fjord geschickt. Sie kamen auf der „Monte Rosa". Ende März 1944 war die „Tirpitz" wieder auslaufklar für 27 Knoten Fahrt.

Es kam der 3. April und mit dem ersten Büchsenlicht tauchten britische Torpedoflieger auf. Es waren Martlet-Maschinen.

Bomben fielen dicht bei dicht. Detonationswolken hüllten den Giganten ein. Die Artillerie feuerte. Bomben schlugen ein, fegten die Flak über Bord. Menschen wurden in das aufschäumende Hafenwasser geschleudert und versanken. Andere wälzten sich an Deck. Das Chaos war vollkommen. 168 Männer der Besatzung starben unter Qualen. 32 weitere folgten ihnen Stunden später nach, ihren Verwundungen erliegend.

Die „Tirpitz" aber — schwamm noch immer.

Zwar kämpften mittschiffs die Feuerlöschtrupps gegen die fauchenden Flammen. Nicht weniger als fünfzehn 500-Kilo-Bomben hatten das Deck und einige Räume in ein Schlachthaus verwandelt. Die Gesamtausfälle — einschließlich der Verwundeten — betrugen 600 Mann. Unter ihnen auch der neue Kommandant, Kapitän z.S. Junge, der Kapitän z. See Mayer abgelöst hatte.

Britische Bomber warfen in der kommenden Nacht tonnenweise gedruckte Fotos von der brennenden „Tirpitz" über Deutschland ab und meldeten sie als „abgebuddelt!"

Die Angriffe wurden fortgesetzt. Geschwaderweise griff die Royal Air Force an. Am 17.7. gelang es der „Tirpitz" noch eben, sich einzunebeln, bevor das Unheil über sie hereinbrach. Auch der Angriffsversuch des 22. 8. wurde abgewehrt. Zwei Tage später wurde wieder ein starker Bomberverband gemeldet. Diesmal schleppten die Maschinen Bomben von 750 Kilo Gewicht.

Turm „Bruno" wurde getroffen. Die Bombe prallte vom Turmpanzer ab. Sie durchschlug den Oberdeckpanzer, furchte sich einen Weg durch den Schildkrötenpanzer, durchbrach die Nebenschaltstelle und blieb im Mutterrichtsraum stecken. Sie war – nicht krepiert.

Von der Hauptschaltstelle lief Gefreiter Regener zur Nebenschaltstelle, wo er seinen Freund Breuer wußte. Als er dort ankam, sah er, daß der Funkmaat völlig zerfetzt war. Ihm waren 750 Kilo Eisen und Pulver auf den Kopf gefallen. Nie im Leben würde Regener diesen grausigen Anblick wieder aus dem Gedächtnis bannen können.

Der nächste Angriff erfolgte am 28. 8., vergebens.

Am 15. 9. griffen zum erstenmal Viermot.-Lancaster-Bomber an. Und sie schleppten ebenfalls zum erstenmal die Blockbrecher mit: 6-Tonnen-Bomben. Eine dieser Bomben durchschlug das überhängende Oberdeck der Back und explodierte auf dem Wasser. Wie von Gigantenfäusten wurde das gesamte Vorschiff gepackt und nach oben aufgerissen. Die „Tirpitz" schwamm noch, aber sie war erledigt, weil Hitler einer neuen Reparatur nicht mehr zustimmte.

Der Bau der neuen Elektro-U-Boote hatte Vorrang erhalten.

Nun sollte die „Tirpitz" auf flaches Wasser gelegt und

als Schwimmende Großkampfbatterie verwendet werden.

Mit dem Peilboot „Hohe" wurde eine flache und von der „Tirpitz" zu erreichende Stelle gefunden. Drei Meilen von Tromsö entfernt, nahe der kleinen Insel Hakoya. Hier ging sie vor Anker. Drei Flakabteilungen zogen nach und nach in den Norden, um den Schutz der „Tirpitz" zu übernehmen.

Die „einsame Königin des Nordens" hatte ihr „Totenbett" erreicht. Am 22.10.1944 griffen 40 Lancaster-Bomber das Schlachtschiff an. Auf 20 Kilometer Entfernung schoß die schwere Artillerie vier Bomben ab. Der Verband wurde auseinandergerupft, zerfiel und erreichte sein Ziel nicht. Die Bomben fielen ins offene Meer.

Dann kam der 12.11.1944 heran. Wieder wurde auf der „Tirpitz" die Flagge Gelb-Blau-Gelb gesetzt. „Alarm" hieß das. Nicht irgendein Alarm, sondern „Luftalarm!" Nun war der Kapitän z.S. Weber Kommandant.

Durch eine geschickte Täuschung wurden die in der Luft befindlichen Jäger der III. Gruppe des Jagdgeschwaders 5 unter Major Erler nach Bardufoß zum eigenen Flugplatz zurückgepfiffen; Täuschungsmaschinen griffen den Flugplatz Bardufoß an. Und man schloß daraus, daß der Angriff nicht der „Tirpitz" gelte.

Aber Lancaster-Bomber flogen dieses erklärte Ziel direkt an. Um 8.45 Uhr eröffnete die Schwere Artillerie der „Tirpitz" das Feuer. Wieder zerbarsten in den Katen der Fischer von Tromsö die Fensterscheiben. Nebeltonnen stießen graue Wolkengebilde aus. Da waren die Lancaster schon heran, sahen das Schiff auf der spiegelglatten Fläche der See. Dann hatte die erste Kette trotz einiger Ausfälle das Feuer durchstoßen. Die Bomben fielen, heulten der See und der „Tirpitz" entgegen, schmetterten in das Schiff hinein.

Grelle Stichflammen blafften gen Himmel. Riesige Wassersäulen stoben empor, und dann wurde der schwere Turm „Dora" emporgeschleudert. Hunderte Tonnen schwer hob er sich noch über den Qualm und die Flammen empor und klatschte dann zurück ins Wasser. Eine Breughelsche Höllenszenerie begann. Die kopfgroßen Stahlkugeln der Turmdrehlager flogen kilometerweit durch die Luft.

Die „Tirpitz" legte sich über, drehte sich in den folgenden Minuten weiter und weiter, bis sie schließlich mit 70 Grad Schlagseite lag. Und dann — allen stockte der Atem — dann kenterte sie. Ihre Aufbauten berührten den Grund und der rote Kiel stand mit einem schmalen Stück des Schiffsbodens aus dem Wasser heraus.

Im Wasser schwammen die Männer, die auf Deck gewesen waren und jene, die noch in letzter Sekunde herauskamen aus dem Todeschiff, aus dem 53.000 Tonnen schweren eisernen Sarg.

Die Sechstonnen-Blockbrecher hatten die „Tirpitz" aufgerissen. Kurz vorher hatte der Kommandant noch den Befehl gegeben, der allen die Handlungsfreiheit zurückgab:

„Alle Mann aus dem Schiff!"

Aber für die Männer unter Deck bestand Verschlußzustand. Alle Schotten waren dicht. Keiner kam heraus!

Im Bauch des Riesen kletterten die Menschen um ihr Leben. Sie mußten nach unten gelangen, denn unten, das war wenig später ja oben und konnte Rettung bedeuten. So flohen sie durch das Schiff, wurden aufgehalten durch klemmende Schotten; gingen weiter, versuchten es an anderer Stelle.

Und auf einmal war das Wasser da. Es kam heimlich, riß die Menschen fort, überflutete die Kammern. Die Luft wurde dick zum Schneiden. Einige schafften den Weg durch die Hölle und kamen nach unten, was jetzt oben bedeutete. Sie gaben Klopfzeichen, wurden gehört. So die Sechzehn unter der Ölzelle bei der Ölwerkstatt, die herausgeschweißt wurden. Im E-Schaltraum standen 37 Männer. Sie wurden Stunden später freigeschweißt.

In einer leeren Trinkwasserzelle hatten sich vier Soldaten in vorläufige Sicherheit bringen können. Flach in der nur 50 Zentimeter hohen Zelle liegend, in die von unten das Wasser hineinlief, warteten die vier, bis sie endlich gerettet waren.

Inzwischen wurde es draußen Nacht. Die Bergungstrupps, die von den freigeschnittenen Stellen aus ins Wrack eindrangen, spürten das Gas, das sich überall bildete. Sie schweißten sich den Weg frei. Sie fanden auch den Raum mit den 24 Eingeschlossenen, in dem das Wasser höher und höher stieg. Die Rettungsmannschaften trafen − nur wenige Meter von den 24 Männern auf einen ganz mit Wasser gefüllten Raum. Sie mußten das

Wasser erst mittels Pumpe absaugen. Und während sie den Wettlauf mit der Zeit begannen, hörten sie von diesen Todgeweihten das – Deutschlandlied.

In den Pausen der Strophen vernahmen die Bergungsmänner immer wieder ein scharfes Platschen. Und jedesmal blickten sie sich an, wissend:

Wieder ist ein Kamerad ertrunken.

Das Wasser war an dieser Stelle nicht abzusaugen. Es kam im gleichen Strom nach, wie es herausgepumpt wurde.

Schließlich waren noch zwei Männer drinnen. Sie sangen immer noch. Zwei dumpf klingende brüchige Stimmen:

„....brüderlich zusammenhält!"

Dann war es still um sie. Und die Männer draußen traten den Rückzug an; ohne sie, die sich bereits gerettet wähnten.

Das war es, was die Männer mitnahmen, Retter wie Gerettete: daß ihre eingeschlossenen Kameraden bis zuletzt felsenfest auf sie gewartet hatten, daß sie gewußt hatten: Was menschenmöglich ist, das wird hier getan.

Aber das Menschenmögliche war nicht – genug!

Nach 30 Stunden im eisigen Wasser wurden zwei Kameraden befreit, die auf ihre schnelle Rettung zu Gunsten gefährlicher eingeschlossener Kameraden gewartet hatten. Als diese beiden Seeleute herauskamen, gingen sie sofort wieder in den Bauch des Schiffes hinein, um andere Kameraden zu retten.

Achtundvierzig Stunden arbeitete jeder ohne längere

Pausen, als zum Essen notwendig waren. Sie fanden Tote, Tote, Tote. Nur 82 lebende Kameraden wurden geborgen.

1204 Besatzungsmitglieder blieben in dem Stahlsarg, der einmal die einsame Königin des Nordens gewesen war.

806 Männern war es gelungen, sich noch während des Kenterns in Sicherheit zu bringen, nachdem der Kommandant „Alle-Mann-aus-dem-Schiff" befohlen hatte.

Der Kommandant und sein gesamter Stab blieben im Schiff. Mit ihnen Bordpfarrer Dr. Seegeberg.

Das OKW isolierte die Geretteten. Die Katastrophe der „Tirpitz" sollte verheimlicht werden. Aber die britischen „Luftpostblätter" sorgten für ein rasches Bekanntwerden.

„Enson Dronning — Einsame Königin" wurde die „Tirpitz" genannt. Wie eine Königin alter Zeit ging sie mit ihrem gesamten Hofstaat unter.

Das Ende der Schlachtschiff-Ära

Die Ära der Schlachtschiffe hatte bis zum Schluß des Zweiten Weltkrieges genau 40 Jahre gedauert. Die Luftwaffen der verschiedenen Länder und vor allem die Träger-Flugzeuge aller Art hatten bewiesen, daß auch ein Schlachtschiff nicht unsinkbar war, wenn man die richtigen Waffen zur Hand hatte. Das gleiche konnte von den U-Booten gesagt werden.

Diese Wirkung hatte sich bereits im Ersten Weltkrieg gezeigt, wo Minen und Torpedos auch den Giganten der See große Verluste beigebracht hatten. Dennoch setzten alle seefahrenden Nationen nach dem Ersten Weltkrieg weiter auf Schlachtschiffe. Im Wettbewerb gegeneinander schufen sie immer größere und stärker bewaffnete Einheiten, denen der Mythos der Unsinkbarkeit angehängt wurde, der rasch genug wie Spreu im Winde zerstob, als nach Beginn des Zweiten Weltkrieges deutsche U-Boote auf Schlachtschiffe zum Schuß kamen und sie versenkten.

Ebenso erwies sich im Duell gegeneinander die Verwundbarkeit der Giganten der See, als die „Hood" nach kurzem Gefecht mit der „Bismarck" in die Luft flog.

Die japanische Planung des Baues eines neuen Superschlachtschiffes mit einer Bewaffnung von 50,8 cm-Geschützen wurde mit Kriegsbeginn gestoppt. So nahm es nicht wunder, daß nach Ende des Zweiten Weltkrieges der Schlachtschiffsbestand der Sieger drastisch verringert oder eingemottet wurde und nur wenige in Dienst blieben. Man sah die Schlachtschiffe nicht mehr als weiter entwicklungsfähig an, und betrachtete nach den Atombombenabwürfen über Japan die Luftwaffe als entscheidende Waffengattung.

So dienten schließlich fünf alte Schlachtschiffe bei den Atombombenabwürfen der Operation „Crossroad" im Seebereich des Bikini Atoll als „Versuchskaninchen". Hierbei stellte sich allerdings heraus, daß die Schlachtschiffe, selbst wenn sie nur 500 Meter vom Zentrum der Atomwaffen-Detonation entfernt lagen, nur leichte

Schäden erlitten. Die gepanzerten Geschütztürme wiesen keine Beschädigungen auf. Ein drittes, das 600 Meter vom Zentrum der Detonation entfernt lag, blieb völlig einsatzbereit.

Erst beim zweiten dieser makabren Versuche, bei dem die Detonation unter Wasser erfolgte, wurden durch die entstehenden Druckwellen schwere Schäden an den Schlachtschiffen bewirkt.

Der angebliche Bau neuer sowjetischer Schlachtschiffe zwischen 1949 und 1952 erwies sich als Zeitungsente.

Erst im Koreakrieg kamen wieder US-Schlachtschiffe zum Einsatz, um als Feuerunterstützungs-Gruppen die gelandeten US-Truppen zu unterstützen.

Danach aber übernahmen U-Boote und schließlich große Atom-Untersee-Schiffe die Rolle der Schlachtschiffe. Mit weitreichenden Flugkörper-Waffensystemen ausgerüstet, waren sie nicht so kostenaufwendig wie Schlachtschiffe und außerdem wegen ihres dauernden Unterwassermarsches unsichtbar. Mit den Polaris-U-Booten und den nachfolgenden Baumustern waren die neuen „Untersee-Schlachtschiffe" geboren.

Bis zum Jahre 1957 wurden sämtliche Schlachtschiffe aller Flotten außer Dienst gestellt und abgewrackt. Lediglich vier US-Schlachtschiffe wurden eingemottet.

1968 wurde das US-Schlachtschiff „New Jersey" erneut in Dienst gestellt. Man war in den USA der Überzeugung, daß Schiffe dieser Schlagkraft, in Vietnam eingesetzt, ganze Flugzeuggeschwader ersetzen könnten. Rechnerisch stimmte dies durchaus, denn eine Vollsalve dieses Schlachtschiffes entsprach der Bombenlast von 60 US-Kampfflugzeugen. Die Kosten für eine Wiederindienststellung entsprach mit 20 Millionen Dollar seiner Zeit nur jener von neun Schlachtflugzeugen.

Wenn in neuester Zeit die Frage der Reaktivierung der US-Schlachtschiffe erneut erwogen wird, so heißt dies nicht, daß die Schlachtschiffszeit Wiederauferstehung feiern würde. Es ist lediglich eine neue Verlegenheitslösung und wird als solche keinen Bestand haben.

Die großen Einsätze der Giganten der See sind für alle Zeit vorüber.

Quellen- und Literaturverzeichnis

Alman, Karl: Ritter der Sieben Meere, Rastatt 1963

ders.: Angriff, ran, versenken!, Rastatt 1963

ders.: Graue Wölfe in blauer See, Rastatt 1967

ders.: Günther Prien − Der Wolf und sein Admiral, Leoni 1981

ders.: U-Boot-Asse, Wien 1980

Auphan-Mordal: Unter der Trikolore, Oldenburg 1964

Baker, Richard, T.: Darkness of the Sun, New York 1947

Beach, Edward: Submarine, New York 1952

Bekker, Cajus: Angriffshöhe 4000, Oldenburg 1964

ders.: Die versunkene Flotte, Oldenburg 1967

ders.: Verdammte See, Oldenburg 1973

ders.: Flugzeugträger, Oldenburg 1962

Bidlingsmaier, Gerh.: Einsatz der schweren Kriegsmarine-Einheiten im ozeanischen Zufuhrkrieg, Neckargemünd 1963

Bredemeier: Schlachtschiff „Scharnhorst", Jugenheim 1962

Brennecke, Jochen: Schlachtschiff „Bismarck", Herford 1967 (3. Aufl.)

ders.: Schlachtschiff „Tirpitz", Hamm 1953

Breyer, Siegfried: Schlachtschiffe und Schlachtkreuzer 1905 − 1970, München, 1970

Bywater, Hector C.: The Great Pacific War, London 1952

Busch, Fritz-Otto: Das Geheimnis der „Bismarck", Hannover 1950

ders.: Tragödie am Nordkap, Hannover 1951

Capper: Battleships of the World, London 1959

Creswell, John: Sea warfare 1939 – 1945, London 1950

Dönitz, Karl: Zehn Jahre und 20 Tage, Bonn 1958

ders.: Deutsche Strategie zur See im Zweiten Weltkrieg, Frankfurt/Main 1970

Dupuy: The Naval War in the Pacific: on to Tokyo, New York 1963

Feis, Herbert: The Road to Pearl Harbor, Princeton 1950

Forstmeiner, Fr. und Breyer, Siegfried: Deutsche Groß-kampfschiffe 1914 – 1918, München 1970

Gröner, Erich: Die Schiffe der deutschen Kriegsmarine und Luftwaffe 1939 – 1945 und ihr Verbleib, München 1954

Hashimoto, Mochitsura: Sunk, New York 1954

Hough, Richard: The Hunting of Force Z, London 1963

Hümmelchen, Gerhard und Hillgruber, Andreas: Chronik des Zweiten Weltkrieges, Frankfurt 1968

Japanese War Diary: Diverse Battle Reports and War Operations Tokio 1941 bis 1945

Joint Army-Navy Committee: Japanese Shipping Losses during World War II by all Causes, Washington 1947

Kahn, David: The Code Breakers, New York 1967

King, Ernest und Whitehall, W. M.: Fleet Admiral King, London 1953

Kühn, Volkmar: Torpedoboote und Zerstörer im Einsatz 1939 – 1945, Stuttgart 1985 (4. Auflage)

Kurowski, Franz: Krieg unter Wasser, Düsseldorf 1979

ders.: Der Kreuzerkrieg auf allen Meeren, München 1986

ders.: Bordflieger im Einsatz, Leoni 1984

ders.: Seekrieg aus der Luft, Herford 1981

ders.: An alle Wölfe: Angriff, Friedberg 1986

Kusaka, Ryunosuke: The Combined Fleet, Memoirs of the Former Cheif of Staff Kusaka, Tokyo 1962

Liddell Hart u. Barrie Pitt: (Hrgb.): History of the Second World War, 8 Bd. London 1966 – 1968

Lockhart, Bruce: The Marine where there, London 1950

Lockwood, Charles A. and Adamson Christian: Battles of the Philippine Sea, New York 1967

Middlebrook Martin and Mahoney, Patrick: Battle ships, London 1977

Morison, Samuel Elison: United States Naval Operations in World War II, Vol. 1 – 15, Boston 1950 – 1957

Nakasone, Seizen: Tragedy of Okinawa, Tokyo 1951

Nishino, General: Isle of Death: Guadalcanal, Tokyo 1956

Pacific War Research Society: Japans longest Day, Tokyo-Palo Alto 1968

Prien, Günther: Mein Weg nach Scapa Flow, Berlin 1940

Potter, E. B. and Nimitz, Chester, W.: The great Sea War, Englewood Cliffs 1960

Roskill, S. W.: The War at Sea, Vol. I. bis III – IV, London 1954 – 1956 *ders.:* Royal Navy, Oldenburg 1961

Sato, Kenryo: The greater East Asia War Memoirs, Tokyo 1966

Saunders, Hrowe, H.: Duell im Pazifik, Von Pearl Harbor bis Hiroshima, Der Zweite Weltkrieg in Ostasien, Leoni 1981

Takagi, Sokichi: History of Naval Battles in the Pacific, Tokyo 1949

Toland, John: The Rising Sun, New York 1970

Tuleja, Thaddeus: Twilight of the Sea Gods, New York 1958

Walter, Robert: Naval War in the Pacific 1941 – 1945, ZS 1968

Watts, Antony, J.: Japanese Warships of World War II, Shepperton 1966

Zu den einzelnen Abschnitten dieses Buches wurden Marinesoldaten bis zum Großadmiral befragt, die wichtige Details und Hinweise gaben und damit zur Bestgestaltung des Buches beitrugen. Ihnen und der Zentralbibliothek der Bundeswehr sei an dieser Stelle besonders gedankt.

Dortmund, im November 1986
Franz Kuroswki.

Abkürzungsverzeichnis

a.a.O.   = am angegebenen Ort
a.D.   = außer Dienst
AK   = äußere Kraft voraus
AO   = Artillerie Offizier
B.d.A.   = Befehlshaber der Aufklärungsstreitkräfte
B.d.S.   = Befehlshaber der Schlachtschiffe
Cdr   = Commander
C-in-C   = Commander in Chief
DivAdm.   = Divisionsadmiral
Do   = Dornier
ES   = Erkennungssignal
F.d.Z.   = Führer der Zerstörer
FKpt.   = Fregattenkapitän
FT   = Funkentelegraphie
Fw   = Feldwebel
FX   = Fernlenkbare Gleitbombe
He   = Heinkel
hm   = Hektometer
HX   = Geleitzugroute Halifax-England
I.WO   = Erster Wachoffizier
I.O.   = Erster Offizier
Ju   = Junkers
JW   = Geleitzugroute Loch Ewe − Kola Fjord

KAdm.	=	Konteradmiral
KG	=	Kampfgruppe
KKpt.	=	Korvettenkapitän
kn	=	Knoten
Kptlt.	=	Kapitänleutnant
Kpt.z.S.	=	Kapitän zur See
KTB	=	Kriegstagebuch
L.I.	=	Leitender Ingenieur
LtCdr	=	Lieutenant Commander
Lt.z.S.	=	Leutnant zur See
MAS	=	Schnellboot
MC	=	Geleitzugroute Middle East – Capetown
MG	=	Maschinengewehr
MTB	=	Motortorpedoboot
OB	=	Oberbefehlshaber
Oblt.z.S.	=	Oberleutnant zur See
Ofw	=	Oberfeldwebel
OKW	=	Oberkommando der Wehrmacht
ON	=	Geleitzugroute England – North America
PQ	=	Geleitzugroute Island – Nordrußland
QP	=	Geleitzugroute Nordrußland – Island
qsa	=	Ihre Lautstärke ist…
RA	=	Geleitzugroute Kola Fjord – Loch Ewe
RAF	=	Royal Air Force
S	=	Savoya-Flugzeug
S	=	Schnellboot
SC	=	Geleitzugroute Sydney – England
Skl	=	Seekriegsleitung
SL	=	Geleitzugroute Sierra Leone – England
sm	=	Seemeilen

St.G.	=	Stukageschwader
T	=	Torpedoboot
T.-Flot.	=	Torpedoboots-Flottille
tons	=	Tonnen (Tonnage bei Kriegsschiffen)
Uffz.	=	Unteroffizier
VAdm.	=	Vizeadmiral
Z	=	Zerstörer
Z.-Flot.	=	Zerstörer-Flottille
zweimot.	=	zweimotorig

MOEWIG

Brian Ford

Geheime alliierte Waffen

Von der Atombombe bis zur chemischen Keule

Deutsche Erstausgabe

Brian Ford
Geheime alliierte Waffen

Fast immer waren mit den deutschen „Wunderwaffen" die V-1- und V-2-Flugkörper gemeint. Unter strikter Geheimhaltung entwickelten auch die Alliierten eine Vielzahl von Waffen. Für die Suche nach U-Booten wurden magnetische Detektoren verwendet, dann übernahmen Hochfrequenz-Peilgeräte die Ortung, mit Radar wurde ein Abwehrnetz gegen Bomber in den Himmel gespannt. Neuartige Raketen und Flugzeuge mit Düsentriebwerken wurden zum Schrecken der deutschen Piloten. Das „Highball"-Projekt sollte zur mächtigen Waffe gegen Schiffsziele werden. Doch all das wurde in seiner schrecklichen Wirkung noch weit von den Atombomben übertroffen, die über Hiroshima und Nagasaki gezündet werden sollten . . .
4349-4 DM 7,80/öS 65,—
Deutsche Erstausgabe